Q. 716.
175.

8829

CATALOGUE

DES LIVRES

DE LA BIBLIOTHEQUE

DE FEU M. DE QUERLON,

Dont la Vente commencera le Lundi 12 Mars 1781, & continuera les jours suivans, depuis trois heures de relevée, jusqu'au soir, dans une des salles des Augustins du Grand Couvent.

A PARIS,

Chez GOBREAU, Libraire, quai des Augustins, près la rue Git-le-Cœur.

M. DCC. LXXXI.

L'ordre dans lequel seront exposés les Livres contenus au présent Catalogue, se distribuera chez le même Libraire, quelques jours avant la vente.

AUX AMATEURS.

Annoncer le Catalogue des Livres qui compofoient la Bibliothèque de feu M. de Querlon, c'eft indiquer aux hommes de goût, aux véritables Gens de lettres, en un mot, aux Sçavans, une fource précieufe & féconde de richeffes littéraires en tout genre. Les connoiffances de cet homme célèbre, fon rare fçavoir & fon goût exquis furent fes feuls guides dans le choix de cette collection; & l'on peut dire qu'elle eft auffi piquante par fa variété qu'intéreffante par fon enfemble.

On convient généralement aujourd'hui que le génie de M. de Querlon s'étendoit à tout: la rédaction feule des Affiches de province, dont il a été chargé pendant plus de vingt-deux ans, en eft une preuve inconteftable.

Impartial & plein de cette fagacité qui faifit, d'un coup d'œil, & les beautés & les défauts d'un ouvrage, M. de Querlon fçut apprécier, avec jufteffe, les divers talens & leurs productions. Rendoit-il compte de ces dernieres au public, c'étoit toujours en lui en offrant des analyfes exactes & rédigées avec cette habile précifion qui, ne laiffant rien à defirer, caractérife, pour ainfi dire, d'un trait, l'homme de génie.

Il n'ignoroit point qu'il faut éclairer les efprits par des raisons & par des principes solides, qu'il faut censurer sans hauteur, & ménager, dans les hommes à talens, cette foiblesse qui les fait trembler pour leurs productions. Dirigé par ces sentimens, sa critique, loin de distiller le fiel amer, fut toujours aussi juste que saine, aussi lumineuse qu'insinuante, & aussi douce que délicate & polie.

Les différens Ouvrages dont M. de Querlon a enrichi la république des lettres, sont tous, de l'aveu des Connoisseurs, frappés au coin du bon goût & du discernement.

Son style est élégant & nombreux, clair & plein de noblesse. S'il exerce ses talens à faire passer dans nos mains les richesses & les beautés d'un Auteur dont la langue est étrangere, il n'est jamais au-dessous de son modéle; ses traductions sont brillantes & fidelles, & tout en rendant parfaitement l'esprit de son original, sans jamais s'y attacher servilement, il sçait en conserver toutes les beautés.

Pour finir, en deux mots, son éloge, il nous suffira de dire que tous les Sçavans qui le connoissoient ont pleuré sincérement sa perte; qu'il a emporté dans le tombeau leur estime & leurs regrets, & que c'est-là, sans doute, le plus noble trophée que l'on puisse jamais élever à sa mémoire.

CATALOGUE
DES LIVRES
DE FEU M. DE QUERLON.

THÉOLOGIE.
ECRITURE SAINTE.

TEXTES ET VERSIONS DE L'ECRITURE SAINTE.

1. Veteris ac Novi Teſtamenti, nova tranſlatio autore, *Pagnino Lucenſi. Lugduni*, 1527, gothiq. *in*-4.
2. Biblia Sacra Vulgatæ editionis Sixti V, juſſu recognita, &c. *Coloniæ Agrippinæ. Egmond*, 1682. *in*-8.
3. Biblia Sacra Vulgatæ editionis Sixti V, &c. juſſu recognita verſiculiſque diſtincta. *Lugduni. Valfrey*, 1710. 2 *vol. in*-8. *vél. verd.*
4. Biblia Sacra Vulgatæ editionis Sixti V & Clementis VIII, juſſu recognita. *Rothomagi*, 1769. *in*-8.
5. Pſalterium Davidicum vetus, operâ & ſtudio Wilhelmi Damaſi illuſtratum. *Antuerpiæ*, 1568. *in*-8. *pet. p.*
6. Pſalmi Davidis cum Canticis à *Genebrardo*, inſtructi. *Pariſiis*, 1581. *in*-8.
7. Liber Pſalmorum cum Canticis. *Pariſiis*, 1737. *in*-24. *maroq. roug.*

A.

THEOLOGIE.

8 Pſalmorum verſio Vulgata, & verſio nova ad Hebraicam veritatem facta. *Pariſiis*, 1746. *in*-24.

9 Proverbia, Eccleſiaſtes, Sapientia & Eccleſiaſtica. *Pariſiis*, 1758. *in*-18.

10 Novum Teſtamentum Græcum. *Pariſiis, Criſpin*, 1564. *in*-18. *vél bl.*

11 Novum Teſtamentum Græcum. *Coloniæ Allobrogum*, 1610. *in*-18.

12 Novum Teſtamentum Græcum ex regiis aliiſque optimis editionibus, cum curâ expreſſum. *Lugduni-Batavorum, Elzevir*, 1624. *in*-24. 2 *vol. chag. noir.*

13 Teſtamentum Novum ex deſiderii Eraſmi verſione. *Lugduni*, apud Gryphium, 1550. *in*-18. *lett. ital.*

14 Novum J. C. Teſtamentum Vulgatæ editionis, Sixti V, juſſu recognitum, cum annotationibus Holdeni. *Pariſiis*, 1660. 2 *vol. in*-12.

15 Manuale Novi Teſtamenti Græco-Latinum, autore, *Georgio Paſore*. Genevæ, 1667. *in*-12. *vél. bl.*

16 Novum J. C. Teſtamentum Vulgatæ editionis, &c. *Coloniæ Agrippinæ. Egmont*, 1668. *in*-24. *maroq. noir.*

17 Novum J. C. Teſtamentum Vulgatæ editionis Sixti V, juſſu recognitum, &c. *Pariſiis*, Vitré, 1744. *in*-8.

18 Novum J. C. Teſtamentum ad exempl. Vaticanum accuratè reviſum. *Pariſiis, Barbou*, 1767. *in*-12.

19 La ſainte Bible, contenant l'ancien & le nouveau Teſtament, en latin & en françois, avec des notes, par de *Sacy. Paris, Deſprez*, 1742. 21 *vol. in*-12.

20 La Genèſe en latin & en françois, avec une explication du ſens littéral, &c. *Paris*, 1732. *in*-12.

21 Pſeaumes de David, traduct. nouvelle, ſelon l'Hébreu & la Vulgate. *Paris, le Petit*, 1678. *in*-12.

22 Le Pſeautier de David, traduit en françois, avec des notes. *Paris*, 1729. *in*-12. *maroq. bleu.*

23 Traduction nouvelle des Pſeaumes de David, faite ſur l'Hébreu, par *Laugeois. Paris*, 1762. 2 *tom.* en 1 *vol. in*-12.

(La même, 2 *vol. in*-12.)

24 Nouvelle verſion des Pſeaumes, faite ſur le texte Hébreu, avec des argumens & des notes, par les

THÉOLOGIE.

Auteurs des Principes discutés. *Paris*, 1762. *in-*12.

25 Traduction des Pseaumes de David, selon la nouvelle version latine du texte Hébreu. *Lyon*, 1767. *in-*12.

26 L'Ecclésiaste de Salomon, traduit de l'Hébreu en latin & en françois, avec des notes. *Paris*, 1771. *in-*12. *broch.*

27 Traduction nouvelle du Proph. Isaïe, par *Deschamps*. *Paris*, 1760. *in-*12.

28 Les Prophéties d'Habacuc, traduites de l'Hébreu en latin & en françois. *Paris*, 1775. 2 *vol. in-*12. *br.*

29 Le Nouveau Testament de N. S. traduit en françois, avec le grec & le latin de la Vulgate à côté. *Mons*, 1673. 2 *vol. in-*8.

30 Nouveau Testament de N. S. J. C. suivi des Pseaumes de David notés, le tout en allemand. *Dordrecht*, 1698. *in-*18. *vél. rouge.*

31 Nouvelle traduction des Epîtres de S. Paul, par *Laugeois des Chastelliers*. *Bouillon*, 1772. *in-*12.

32 Livres apocryphes de l'Ancien Testament, en latin & en françois, avec des notes, suite de la Bible de Sacy. *Paris*, *Desprez*, 1742. 2 *vol. in-*12.

HARMONIES ET CONCORDES
ÉVANGÉLIQUES.

33 Harmonia, sive concordia quatuor Evangelistarum; autore, *Bernardo Lamy*. *Parisiis*, 1689. *in-*12.

34 Histoire & Concorde des quatre Évangélistes. *Paris*, 1730. *in-*12.

35 Harmonie des Pseaumes & de l'Evangile, avec des notes, par *Pluche*. *Paris*, 1764. *in-*12.

HISTOIRES ET FIGURES DE LA BIBLE.

36 Selectæ è Novo Testamento Historiæ, ex Erasmi paraphrasibus desumptæ. *Parisiis*, 1763. *in-*12.

37 L'Histoire de Moïse, tirée de la sainte Ecriture, des Saints Peres, &c. *Liége*, 1699. *in-*18. *fig.*

38 Vita Christi à Ludolfo de Saxonia Cartusiense. *Parisiis*, 1529. *goth. in* 8.

39 Histoire de la vie & des miracles de J. C. tirée

THEOLOGIE.

de l'Histoire de l'Ancien & du Nouv. Testament, par *Dom August. Calmet. Paris*, 1720. *in-12. fig.*

40 Précis historique de la vie de J. C. de sa Doctrine, de ses miracles & de l'établissement de son Eglise. *Paris*, 1760. *in-12.*

41 Histoire de la vie de Notre Seigneur J. C., depuis son Incarnation jusqu'à son Ascension, par *le Pere de Ligny. Avignon*, 1774. *3 tom. en 1 vol. in-8.*

42 Observations sur l'Histoire & sur les preuves de la résurrection de J. C., ouvrage trad. de l'Anglois de *Gilbert West. Paris*, 1757. *in-12.*

43 Historia Apostolica illustrata, ex actis Apostolor. & Episto. Paulinis, studiosè inter se collatis, collecta, &c. his additum est Historiæ Judaicæ compendium, operâ & studio Ludovici *Capelli. Genevæ*, 1634. *in-4. pet. pap.*

INTERPRÊTES, COMMENTATEURS ET PARAPHRASTES DE L'ECRITURE SAINTE.

44 Biblia Sacra cum universis fran. Vatabli annotationibus latina. Interpretatio duplex est. *Parisiis*, 1729. *2 vol. in-fol. pet. pap.*

45 Questions curieuses sur la Genèse, expliquées par les Peres de l'Eglise, &c. *Paris*, 1685. *in-12.*

46 Psalmorum Davidis & aliorum Prophetarum, libri V, argumentis & latina paraphrasi illustrati, Theodoro Beza autore. *Genevæ*, 1579. *in-18. vel. bl.*

47 Dissertations sur les Pseaumes & Préfaces, sur chacun des cinq livres sapientiaux, trad. du latin de *Bossuet*, par *M. Leroi. Paris*, 1775. *in-12.*

48 Interprétation historique & critique du Pseaume 68, *Exurgat Deus*, par l'Abbé *l'Advocat. La Haye, Paris*, 1767. *in-12. broch.*

49 Paraphrase morale des sept Pseaumes de la Pénitence, avec des réflexions, ouvrage traduit de l'Italien de Marchisio, par le Pere Gossard. *Turin*, 1768. *in-12.*

50 Aretino Pentito Cioe parafrasi Sovra y sette Psalmi della Penitenza di Davide. *In Lyone*, 1648. *in-18.*

THEOLOGIE.

51 Homélie ou paraphrase du Pseaume 50, en forme d'instruction, par le Pere *Calabre*. *Paris*, 1729. *in*-18.

52 Paraphrase du *Miserere* en forme de méditations, par le Pere *Seignery*, traduit de l'Italien. *Paris*, 1754. *in*-18.

53 Salomon regum sapientissimus descriptus & morali doctrina illustratus à Drexelio. *Antuerpiæ*, 1644. *in*-24.

54 La Pastorale sacrée, ou paraphrase du Cantique des Cantiques, selon la lettre, par *Cottin*. *Paris*, 1662. *in*-12.

55 Commentaire littéral sur les Proverbes, l'Ecclésiaste, le Cantique des Cantiques, & la Sagesse de Salomon, par le Pere *Dom Calmet*, *in*-4. relié, *vél. gris*.

56 Commentaire littéral sur le Livre de Job, par le Pere *Dom Calmet*. *Paris*, 1722. *in*-4. broch. en cart. & pap. bleu.

57 Essai sur le Livre de Job. *Paris*, 1762. 2 *tom.* en 1 *vol. in*-12. br.

58 Historia Ruth ex hebræo latinè conversa & commentario explicata. Ejusdem Historiæ translatio græca ad exemplar computense. Additus est tractatus an Ruben mandragoras invenerit, operâ ac studio. *Drusii Franekeræ*, 1586. *in*-8. pet. pap.

59 Le Nouveau Testament en françois, avec des réflexions morales sur chaque verset, *Amsterd.* 1736. 8 *vol. in*-12.

60 Conférences sur l'Oraison Dominicale, par le *Pere Bizault*. *Paris*, 1766. *in*-12.

61 Paraphrase de l'Oraison Dominicale, en forme de méditations, par le *Pere Seigneri*, trad. de l'italien. *Paris*, 1774. *in*-12.

62 Epistola beati Pauli Apostoli ad Romanos, explicata per Francisc. Audinum Societ. Jesus. *Parisiis*, 1743. *in*-12.

63 Hugonis Grotii, commentatio ad loca quædam Novi Testamenti quæ de Anti-christo agunt aut agere putantur, &c. *Amstelodami*, 1640. *in*-12.

THÉOLOGIE.
CRITIQUES SACRÉS.

Prolégomenes, ou introduction à l'Ecriture Sainte, & Traités critiques de l'inspiration & autorité des Livres sacrés. Conciliations de divers lieux difficiles de l'Ecriture Sainte.

64 Grammaire sacrée, ou régle pour entendre le sens littéral de l'Ecriture Sainte, par *Huré*. Paris, 1707. *in*-12.

65 Regles pour l'intelligence des Saintes Ecritures. Paris, 1716. *in*-12. *pet. pap.*

66 Mouaacha, ceinture de douleur, ou réfutation du Livre intitulé Régle pour l'intelligence des Saintes Ecritures, composée par Rabbi Ismael ben-Abraham, Juif converti. Paris, 1723. *in*-12.

67 Introduction à l'Ecriture Sainte, composée en latin par le *Pere Lamy*. Lyon, 1699. *in*-12.

68 Lettres de l'Abbé de Vilfroy à ses Eléves, pour servir d'introduction à l'intelligence des divines Ecritures. Paris, 1751. 2 vol. *in*-12.

69 Tables sacrées, ou nouvelle méthode pour lire avec fruit l'Ecriture Sainte dans le courant d'une année. Paris, 1761. *in*-8.

70 Lettre de l'Abbé l'Advocat, dans laquelle il examine si les textes originaux de l'Ecriture sont corrompus, & si la Vulgate leur est préférable. *Amst.* Caen, 1766. *in*-8. *br.*

71 Des titres primitifs de la révélation, ou considérations critiques sur la pureté & l'intégrité du texte original des Livres saints de l'Ancien Testament, par le Pere *Fabrici*. Rome, 1772. 2 vol. *in*-8.

72 Histoire critique du Vieux Testament, par le Pere *Richard Simon*. Paris, 1680. *in*-4. *pet. pap.*

73 Nouveaux éclaircissemens sur l'origine & la Pentatheuque des Samaritains, par *Dom Maurice de Poncet*. Paris, 1760. *in*-8.

74 Jugement & observations de l'Abbé l'Advocat, sur les traductions des Pseaumes de Pluche, de Gracien & des RR. PP. Capucins. Paris, 1763. *in*-12.

THEOLOGIE.

75 Réflexions chrétiennes sur les Livres historiques de l'Ancien Testament. *Paris*, 1773. *in*-12.
76 Réponses critiques à plusieurs difficultés proposées par les nouveaux Incrédules, sur divers endroits des Livres saints, par *Bullet*. *Paris*, 1773. 3 *vol. in*-12.
77 Dissertation sur l'Apocalypse, &c. par *Et. Rondet*. *Paris*, 1776. *in*-12. *br.*

CONCORDANCES ET DICTIONNAIRES DE L'ECRITURE SAINTE.

78 Concordantiæ Bibliorum sacrorum Vulgatæ editionis, Hugone Cardinali autore. *Parisiis, Delanoue*, 1635. *in*-8. *gr. pap.*
79 Dictionnaire Universel de l'Ecriture sainte, par *Charles Huré*. *Paris*, 1715. 2 *vol. in-fol.*
80 Dictionnaire abrégé de la Bible. *Paris*, 1755. *in*-12. *pet. pap.*
81 Dictionnaire portatif de la Bible, pour servir d'introduction à l'Ecriture Sainte. *Auxerre*, 1758. 2 *vol. in*-8.

LITURGIES.

Liturgies proprement dites. Mélanges de Liturgies, & Traités singuliers de la Liturgie ancienne & moderne, & des Cérémonies de l'Eglise.

82 Ordo perpetuus divini officii, juxta ritum Breviarii ac Missalis S. R. Ecclesiæ. *Divione*. 1759. *in*-12. *pet. pap.*
83 Recueil de toutes les Prieres de l'Ecriture Sainte, rangées dans le même ordre où elles se trouvent dans l'Ancien & le Nouveau Testament. *Paris*, 1767. *in*-18.
84 L'Année Chrétienne, contenant les Messes des Dimanches, Féries & Fêtes de toute l'année, par *le Tourneux*. *Paris*, 1718. 13 *vol. in*-12. *maro. r.*
85 Ordinaire de la Messe, avec la maniere de l'entendre quand on la dit sans chant, & quand on la chante. *Paris*, 1773. *in*-18.

THEOLOGIE.

86 Livre d'Eglise, ou Heures grecques & latines, *Rome*, 1557. *in*-18.

87 Horæ Diurnæ Breviarii Romani. *Parisiis*, 1747. *in*-24.

88 Diurnale Parisiense. *Parisiis*, 1760. 2 *vol. in*-12. *pet. pap. maroq. noir.*

89 Heures Canoniales contenues dans le Commentaire du Pseaume 118, &c. *Paris*, 1672. *in*-12.

90 Le petit Eucologe, ou Livre d'Eglise, contenant les Offices de toute l'année. *Paris*, 1747. *in*-24. *maroq. noir.*

91 L'Office de la Semaine Sainte à l'usage de Rome & de Paris. *Paris*, 1743. *in*-24. *maroq. roug.*

92 Office des Morts avec les Messes, l'ordre des Funérailles & la note du chant, suivant l'usage Romain. *Paris*, 1775. *in*-8. *veau bron.*

93 Catholicæ preces ex ipsis sacrorum Bibliorum versibus sparsis & diffusis collectæ, &c. *Parisiis*, 1602. *in*-18. *maroq. roug.*

94 Preces matutinæ ac Vespertinæ ex sacris scripturis & Liturgicis libris depromptæ, edente Rondet. *Parisiis*, 1778. *in*-12.

95 Enchyridion seu manuale Christianum. *Parisiis*, 1750. *in*-18.

96 Manuel de Prieres. *Paris*, 1775. *in*-12.

97 Rhapsodiæ sive preces diurnæ in gratiam puerorum & Scholarum congestæ. *Parisiis*, 1542. *in*-12. *pap. verd.*

98 Deliciæ seu Paradisus animæ precibus familiaribus ornatus, &c. *Bruxellis*, 1705. *in*-24.

99 Les Litanies du Saint Nom de Jesus & celles de la Sainte Vierge, avec des réflexions en forme de paraphrases. *Paris*, 1776. *in*-18.

100 L'Office de la Vierge Marie, à l'usage de l'Eglise Cathol. Apost. & Rom. *Paris, Métayer*, 1586. *in*-4. *lavé, réglé & fig.*

101 Prieres journalieres à l'usage des Juifs Portugais ou Espagnols, par *Mardochée Venture. Nice, Paris*, 1772. *in*-12.

102 Recueil curieux & édifiant sur les Cloches de l'Eglise, avec les Cérémonies de leur Bénédiction. *Cologne*, 1757. *in*-12.

CONCILES.

THEOLOGIE.

CONCILES.

Traités des Conciles. Conciles généraux & particuliers; Conciles nationaux; Synodes.

103 Summa omnium Conciliorum & Pontificum collecta, per Barth. *Carranzam. Parisiis*, 1678. *in-*8.
104 Conciliorum generalium Synopsis, *in-*8. *mss.*
105 Traité succinct de l'Ecriture Sainte & des Conciles Œcuméniques. *Villefranche*, 1758. *in-*12. *pet. pap.*

Saints Peres Grecs & Latins; collections & extraits des Saints Peres.

106 Sacro-sancti Concilii Tridentini Canones & decreta. *Lugduni*, 1572. *in-*8. *pet. pap.*
107 Dictionnaire portatif des Conciles. *Paris*, 1758. *in-*8. *pet. pap.*
108 Bibliothéque portative des Peres de l'Eglise. *Paris*, 1758. 9 vol. *in-*8.
109 L'Epître de Saint Clément, Disciple de Saint Pierre, Apôtre, tirée d'un manuscrit du Nouveau Testament syriaque, & publiée avec la version latine à côté, par J. J. Westen, 1763, avec d'autres pieces. *in-*8. *rel. œcon.*
110 Georgii Pachymeræ paraphrasis in omnia Dionisii Areopa. opera quæ extant. *Parisiis*, 1561. *Grec. in-*8. *pet. pap.*
111 Minutii felicis octavius, & Cypriani de Idolorum vanitate, 1603. *in-*8. *pet. pap.*
112 Tertulliani opera cum notis & observationibus Nic. Rigaltii. *Lutetiæ*, 1634. *in-fol.*
113 Origenis contra Celsum, lib. VIII. ejusdem philocalia cum annotationibus Spenceri græcè & latinè. *Cantabrigiæ*, 1658. *in-*4.
114 Divi Cypriani Episcopi opera, cum annotationibus Jacob. Pamelii. *Parisiis*, 1607. *in-fol. t. III.*
115 Varia. Epistola Sancti Leonis ad Flavium græcè & latinè——de studio, stylo & artificio Epistolico——Nili Episcopi parænetica. *Hamburgi*, 1614. *in-*8. *pet. pap. vél. bl.*

B

THEOLOGIE.

116 Lucii Cæcilii Firmiani Lactantii, de mortibus persecutorum liber, cum notis Stephani Baluzii & variorum, ex recensione Pauli Bauldri. *Trajecti ad Rhenum*, 1693. *in-8. fig.*

117 Lactantii Firmiani Opera, quæ extant, omnia, accedunt carmina vulgò ascripta Lactantio, cum notis Thysii. *Lugd. Bat.* 1652, *in-8.*

118 Eusebii Pamphili Opera quæ extant omnia, cum annotationibus, *Joannis Dodræi. Parisiis*, 1581. *in-fol.*

119 Sancti Augustini de gratiâ Dei, libero arbitrio hominis & prædestinatione sanctorum, opera selecta. *Parisiis*, 1758. 2 *vol. in-12.*

120 Sancti Augustini de civitate Dei, lib. XXII, cum Commentariis Joan. Vives. *Basileæ*, 1542. *in-fol.*

121 Divi Aurel. Augustini Confessionum, lib. XIII. ad calcem additæ sunt variæ lectiones. *Parisiis*, 1776, *in* 24. *mar. roug.*

122 Les Confessions de Saint Augustin, traduites en françois par Arnauld d'Andilly, avec le latin à côté. *Paris, le Petit*, 1667. *in-8.*

123 Les Soliloques & le Manuel de Saint Augustin. *Paris*, 1756. *in-12.*

124 Les Lettres de Saint Augustin, traduites en françois sur l'édition des Peres Bénédictins, par Dubois. *Paris*, 1737. 6 *vol. in-12.*

125 Sanctorum presbyterorum Salviani & Vincentii opera, ex emendatione *Baluzii. Parisiis*, 1684. *in-8.*

126 Prosperi Aquitanici opera, accuratâ exemplarium collatione à mendis repurgata. *Coloniæ Agrippinæ*, 1630. *in-8. pet. pap.*

127 Sancti Prosperi de gratiâ Dei & libero arbitrio hominis & prædestinatione sanctorum, opera omnia. *Parisiis*, 1760. *in-12.*

128 Tullius Christianus sive divi Hieronymi Stridonensis Epistolæ selectæ. *Parisiis*, 1718. *in-12.*

129 Divi Gregorii Episcopi Turonici opuscula. *Parisiis*, 1740. *in-12. vél.*

130 Aurel. Prudentii Clementis quæ extant, ex recensione & cum annotationibus Christoph. Cellarii. *Halæ Magdeburgicæ*, 1603. *in-12.*

THEOLOGIE.

131 Aurelii Prudentii Clementis opera. *Amstelodami*, 1625. *in*-24.
132 Théodoret, Evêque de Cyr. De la Providence & son excellent Discours de la divine charité, traduit en françois par l'Abbé *Lemaire*. *Paris*, 1740. *in*-8.
133 Sancti Theophili ad Autolicum libri XIII. recogniti & notis illustrati. Græcè & lat. *Auxonii*, 1684. *in*-18.
134 Sancti Bernardi Clarævall. Abbatis opera omnia. *Parisiis*, 1667, *in*-8. 10 *vol.*
135 Sentences & Instructions Chrétiennes, tirées des Œuvres de Saint Bernard, par *de Laval*. *Paris*, 1734. *in*-12.
136 Les plus tendres sentimens d'un cœur envers Dieu, tirés du livre des Confessions de S. August. *Paris*, 1743. *in*-18.
137 Lettres de Saint Charles Borromée, Archevêque de Milan, suivies de l'original italien. *Venise*, 1762. *in*-12.
138 Patrum Ecclesiæ, de Paucitate adultorum fidelium salvandorum si cum reprobandis fidelibus conferantur, mira consentio. *Parisiis*, 1759. *in*-12.
139 Défense de la Tradition & des SS. PP. par Bossuet. *Paris*, 1763. 2 *vol. in*-12.

THEOLOGIENS.

Théologiens Scholastiques & Dogmatiques, ou qui ont traité de la Grace & du Libre-arbitre; de l'Eglise; des choses Ecclésiastiques; des Conciles & du Pape; des Sacremens; de leur administration & des quatre dernieres fins de l'homme.

140 Tractandæ ac perdiscendæ Theologiæ ratio. *Parisiis*, 1758. *in*-12.
141 Méthode pour étudier la Théologie, ouvrage de feu M. *Dupin*, revu par l'Abbé *Dinouart*. *Paris*, 1768. *in*-12. *broc.*
142 Divinæ fidei analysis seu de fidei Christianæ resolutione libri duo, autore *Henrico Holden*. *Parisiis*, 1767. *in*-12.

THEOLOGIE.

143 Exposition de la Doctrine de l'Eglise Catholique, par *Bossuet*. *Paris*, 1671. *in-12. pet. pap.*

144 Exposition de la Doctrine Catholique sur les matieres de Controverses, par *Bossuet*. *Paris*, 1761. *in-12.*

145 Exposition de la Doctrine de l'Eglise Gallicane. *Geneve*, 1757. 2 part. en 1 vol. *in-12.*

146 Theses Theologico-hebraicæ, samaritanæ & grecæ in Sorbonâ propugnandæ. *Parisiis*, 1674. — Theses Theologicæ contrà polygamiam. *Genevæ*, 1764. — Hanckelii francelliæ dissertatio de divortiis jure naturali neutiquam prohibitis. *Gottingæ*, 1748. *in-4.*

147 Tractatus de Mysterio Verbi incarnati autore. *Robb. Parisiis*, 1762. *in-8.*

148 Motifs de ma foi en J. C. par un Magistrat, (M. de Vouglans). *Paris*, 1776. *in-12.*

149 Explication de quatre paradoxes qui sont en vogue dans notre siecle, par le P. *Daniel Concina*. *Avignon*, 1751. *in-16.*

150 Instructions militaires, ou explication d'un grand nombre de difficultés relatives à la conscience, qui se rencontrent dans le métier de la guerre, &c. par le P. *d'Audierne*. *Rennes*, 1772. 4 part. *in-12. br.*

151 La Constitution *Unigenitus*, & l'acte d'appel des quatre Evêques. 1753. *in-12. pap. roug.*

152 Thesaurus Sacerdotum & Clericorum, autore, *Denize*. *Parisiis*, 1768. *in-16.*

153 Dissertatio de susceptorum baptismalium origine, autore Isaaco Jundt. *Argentorati*, 1754. *in-4. pet. pap. papier verd.*

154 Conférences sur la Pénitence, par le P. *de la Borde*. *Paris*, 1757. *in-12.*

155 Pratique du Sacrement de Pénitence, ou méthode pour l'administrer utilement, par *Habert*. *Paris*, 1755. *in-12.*

156 Instruction sur les dispositions qu'on doit apporter aux Sacremens de Pénitence & d'Eucharistie, dédiée à Madame de Longueville. *Paris*, 1688. *in-12.*

157 De la fréquente Communion, par Arnauld. *Paris*, 1653. *in-8.*

158 Essai de Morale sur les quatre dernieres fins de l'homme, &c. *Paris*, 1723. *in-12.*

THEOLOGIE.

159 Traité sur le petit nombre des Elus. *Paris*, 1760. *in*-12.

THEOLOGIENS MORAUX.

160 Synopsis Doctrinæ sacræ seu insigniora & præcidua, ex Veteri & Novo Testamento, loca quæ circà fidei & moralis Christianæ dogmata versantur, &c. *Lutet. Parisior*, 1763. *in*-8.

161 Regula Cleri ex sacris litteris excerpta, studio & operâ *Simonis Salamo & Melchio Gelabert. Francopoli-Rutenorum*, 1760. *in*-12.

162 Réflexions Chrétiennes sur les livres historiques de l'Ancien Testament. *Paris*, 1768. *in*-12. *br*.

163 Stimulus pastorum ex sententiis Patrum concinnatus, per *Bartholomeum à Martyribus. Francopoli*, 1765. *in*-12.

164 Abrégé de la Morale de l'Evangile, ou Pensées Chrétiennes sur le texte des quatre Evangélistes. *Paris*, 1672. *in*-12.

165 Abrégé de la Morale Chrétienne & des principales vérités de la foi, &c. *Paris*, 1765. *in*-12.

166 Sentimens de Piété, où il est traité de la nécessité de connoître & d'aimer Dieu, &c. par M. de Fénélon. *Paris*, 1734. *in*-12.

167 Abrégé de la Pratique de la perfection Chrétienne, tirée des Œuvres du *Pere Rodriguez. Paris*, 1762. 2 *vol. in*-12.

168 Les Catéchèses des Chrétiens, en langue grecque. *Léipsick, in*-8. *vél. blanc.*

169 Cantipratani Bonum Universale de Apibus. *Duaci*, 1627. *in*-8. *vel. bl.*

170 D. Erasmi de Virtute amplectendâ oratio; de preparatione ad mortem; de morte declamatio, &c. *Lugd. Batav.* 1641, *in*-12. *pet. pap.*

171 Modus orandi Deum, per D. Erasmum. —Ejusd. de misericordiâ Dei, de sarciendâ Ecclesiæ concordiâ, &c. *Lugd. Batav.* 1641. *in*-12. *pet. pap.*

172 De la meilleure maniere d'entendre la sainte Messe, par *le Tourneux. Paris*, 1741. *in*-18.

173 Traité sur la Priere publique & sur les disposi-

tions pour offrir les Saints Myſteres & y participer avec fruit. *Paris*, 1713. *in*-12.
174 Le Pédagogue Chrétien, par le P. *Doutreman.* Rouen, 1691. *in*-4.
175 Explication littérale de l'ouvrage des ſix jours. *Bruxelles*, 1731. *in*-12.
176 Enchyridion militis Chriſtiani, autore D. Eraſmo. *Lugd. Batav.* 1641. Ejuſdem de matrimonio Chriſtiano. *Lugd. Batav.* 1650. *in*-12. *pet. pap.*
177 Le Soldat Chrétien, Ouvrage poſtume de l'Abbé Fleury. *Paris*, 1772. *in*-18.
178 Raynaudi diſſertatio, de ſobriâ alterius ſexus frequentatione per ſacros & religioſos homines. *Lugduni*, 1653. *in*-8. *vél. bl.*
179 De l'abus des nudités de gorge. *Paris*, 1677. *in*-12. *bro.*
180 Liberté de conſcience reſſerrée dans les bornes légitimes. *Londres*, 1755. 2 part. en 1 *vol. in*-12.
181 Penſées de Paſcal ſur la Religion & ſur quelques-autres ſujets. *Paris*, 1683. *in*-12.
182 Penſées & Réflexions de M. l'Abbé de Rancé, Abbé de la Trappe. *Paris*, 1767. *in*-12.
183 L'Eſprit de Duguet, ou Précis de la Morale Chrétienne, tiré de ſes Ouvrages. *Paris*, 1764. *in*-12. *broc.*
184 Hiſtoires & Paraboles du P. *Bonaventure. Paris*, 1766. *in*-16.
185 Penſées ſur différens ſujets de morale & de piété, tirées des Ouvrages de *Maſſillon. Paris*, 1749. *in*-12.
186 Mélange de traductions de différens Ouvrages de morale, Italiens & Anglois. *Paris*, 1779. *in*-12. *petit pap.*
187 Le Chrétien étranger ſur la terre, ou les ſentimens & les devoirs d'une ame fidelle. *Paris*, 1771. *in*-12.
188 Principes de la pénitence & de la converſion, ou vie des pénitens, par l'Abbé *Beſoigne. Paris*, 1764. 2 *vol. in*-12.
189 Aquavivæ induſtriæ ad curandos animæ morbos ac formandos ſuperiores, & Epiſt. Sancti Ignatii de virtute obedientiæ. *Pariſiis*, 1732. *in*-24. *vél. bl.*

THEOLOGIE.

190 Nécessité de penser à la mort, ou Instructions chrétiennes pour le temps de la maladie. *Paris*, 1757. *in-12*.

191 Elévations du Chrétien malade & mourant conforme à Jesus-Christ, par *Peronnet*. *Paris*, 1761, *in-12*.

192 Les Consolations de l'ame fidelle contre les frayeurs de la mort, par *Drelincourt*. *Leyde*, 1760. 2 *vol. in-12*.

193 Theologia erronea sive propositiones à Pontific. & ab Eccles. damnatæ, ab anno 1566. *Parisiis* 1739. *in-12*.

194 Ludov. Montaltii, Litteræ Provinciales de morali & politicâ Jesuitarum disciplinâ, &c. *Coloniæ*. 1658. *in-8*.

195 Lettres Provinciales, ou Lettres de Louis de Montalte. *Colog.* 1685. *in-12*.

196 Les Provinciales, ou Lettres de Louis de Montalte. 1754. *in-12. petit pap.*

197 Traité des Restitutions des Grands, par M. Joly, 1665, *in-12. pet. pap.*

THEOLOGIENS CATÉCHÉTIQUES.

198 Instruction Chrétienne, ou Catéchisme Grec, par le P. *Paul Delagny*, Capucin. *Paris*, 1668. *in-8*.

199 Petit Catéchisme, ou Sommaire des trois premieres parties de la Doctrine Chrétienne, traduit du François en la langue des Caraïbes, & suivi du Dictionnaire Caraïbe François, par le P. *Raymond*, *Auxerre*, 1664. *in-8. petit pap. vel.*

200 Catéchisme sur les fondemens de la Foi, par M. *Aymé. Paris*, 1776. *in-18*.

201 L'Année Sainte, Ouvrage instructif sur le Jubilé, suivie de la Paraphrase de plusieurs Pseaumes & Cantiques. *Paris*, 1776. *in-12*.

202 Catéchisme des Indulgences & du Jubilé. *Paris*, 1759. *in-12*.

203 L'Esprit de Nicole, ou Instructions sur les vérités de la Religion, tirées des Ouvrages de ce Théologien. *Paris*, 1765. *in-12. broc.*

THEOLOGIE.

Théologiens Parénétiques ou Prédicateurs.

204 Histoire de la prédication, ou la maniere dont la parole de Dieu a été prêchée dans tous les siecles, par *Joseph-Romain Joly. Amsterd. Paris*, 1767. *in*-12.

205 Sermonum Sancti Vincentii, pars tertia, quæ de Sanctis appellari solet. *Lugduni*, 1521. *in*-8. *goth.*

206 Sermones Joannis de Turre Crematâ. *Parisiis*, 1510. *in*-8. *vél. bl. goth.*

207 Sermones per Adventum & tempus Quadragesimale declamati, per R. Patrem *Maillard. Parisiis*, 1511. *in*-8. *goth.*

208 Sermones Quadragesimales Joannis *Clerée. Parisiis*, 1530. *in*-8. *vél. bl. goth.*

Théologiens Mystiques & Ascétiques.

209 De Imitatione Jesu Christi, lib. IV. *Parisiis. Leonard.* 1697. *in*-32.

210 Thomæ à Kempis de Imitatione Christi, lib. IV. *in*-18.

211 De Imitatione Christi, libri IV, ex recensione Joan. *Vallart. Parisiis. Barbou.* 1760. *in*-18.

212 De Imitatione Christi, lib. IV, ex recensione Joan. *Vallart. Parisiis. Barbou.* 1764. *in*-12. *fig.*

213 Imitation de Jesus-Christ, traduite en vers par *Pierre Corneille. Rouen*, 1656. *in*-4. *pet. pap.*

214 Imitation de Jesus-Christ, traduite & paraphrasée en François par *Pierre Corneille. Paris*, 1670. *in*-18.

215 Imitation de Jesus-Christ, traduite & revue par *Dufresnoy. Paris*, 1731. *in*-18.

216 Eusebii Amort moralis certitudo, pro Thom. Kempensi contrà exceptiones novi Gersenistæ Ratisbonensis, &c. *Augustæ Vendelicorum*, 1764. *in*-4. *petit pap.*

217 Dissertation sur l'Auteur du Livre intitulé, de l'Imitation de Jesus-Christ, *Verceil. Paris*, 1775. *in*-12. *broch.*

218 Explication du Mystere de la Passion de N. S. J. C., suivant la concorde. J. C. accusé devant Pilate. *Amsterdam*, 1731. *in*-12.

THEOLOGIE.

219 Traité de la Croix de N. S. J. C., ou explication du Myſtere de la Paſſion, par *Duguet. Paris*, 1733, 14 *vol. in-*12.

220 L'Evangile médité & diſtribué pour tous les jours de l'année, ſuivant la concorde des quatre Evangéliſtes. *Paris*, 1773. 12 *vol. in-*12.

221 Paradiſus animæ Chriſtianæ, Lectiſſimis omnigenæ pietatis deliciis amenus, ſtudio & operâ. Jacob. *Merlo Horſtii. Coloniæ Agrippinæ*, 1732. *in-*8.

222 L'Eſprit de Sainte Thérèſe, recueilli de ſes Œuvres. *Lyon*, 1775. *in-*8. *broc.*

223 Divoti affetti d'un anima verſo Dio, in proſa & in verſi. In *Torino*, & in *Parigi*, *Barbou*, 1768. *in-*12. *petit pap.*

224 Les commencemens & les progrès de la vraie piété, traduits de l'Anglois de *Doddridge. Lauſane*, 1758. 2 *vol. in-*12.

225 Année Spirituelle, **contenant**, pour chaque jour, tous les exercices qui peuvent nourrir la piété d'une ame chrétienne. *Paris*, 1760. 3 *vol. in-*12. *pet. pap.*

226 Méditations pour tous les jours de l'année, par le P. *Griffet. Paris*, 1759. *in-*12.

227 Méditations ſur la rémiſſion des péchés, pour le tems du Jubilé. *Paris*, 1776. *in-*12.

228 Chriſtiani cordis gemitus ſeu ſoliloquia. *Pariſiis*, 1732. 2 *vol. in-*12.

229 Le Bonheur de la mort chrétienne, retraite de huit jours, par le P. *Queſnel. Beauvais*, 1701. *in-*12.

130 La Dévotion aiſée, par le P. *Lemoine. Paris*, 1768. *in-*12. *pet. pap.*

231 Devoſioni alla Sanctiſſima Vergine Maria, raccolte dal Bernardino Martigiani, in *Roma*, 1707. *in-*24. *chag. noir.*

232 Peccator ad ſanctam peccatricem confugiens, id eſt devotio diurna ad Sanctam Mariam Magdalenam. *Auguſtæ*, 1739. *in-*18.

233 Sentimens de piété, par le P. *Cheminais. Paris*, 1756. *in-*24.

234 Lettres chrétiennes & ſpirituelles de *Duverger de Hayranne*, Abbé de Saint-Cyran. 1744. 2 *vol. in-*12.

C

THEOLOGIE.

Théologiens Polémiques, ou qui ont écrit pour la défense de la Religion Chrétienne, & contre les Hérétiques anciens & modernes.

235 Argumenta quibus innititur Chrift. Relligio. *Parifiis*, 1766. *in*-12.
236 La Religion Chrétienne, démontrée par la conversion & l'apoftolat de Saint Paul ; Ouvrage traduit de l'Anglois de *Lyttelton. Paris*, 1754. *in*-12.
237 La Religion Chrétienne prouvée par un feul fait, ou Differtation où l'on montre que des Catholiques à qui Hunneric, Roi des Vandales, fit couper la langue, parlerent miraculeufement le refte de leur vie. *Paris*, 1763. *in*-12 *br.*
238 Grotius, de veritate Religionis Chriftianæ. *Amft.* 1675. *Elzevir. in*-12.
239 Certitude des principes de la Religion contre les nouveaux efforts des Incrédules, par M. *Regnier. Paris*, 1778. 2 *vol. in*-12. *broc.*
240 La certitude des preuves du Chriftianifme, ou réfutation de l'examen critique des Apologiftes de la Religion Chrétienne, par *Bergier. Paris*, 1767. 2 *vol. in*-12. *br.*
241 La Religion naturelle & la révélée, ou differtations philofophiques, théologiques & critiques contre les Incrédules. *Paris*, 1756. 6 *vol. in*-12.
242 L'Infuffifance de la Religion naturelle, prouvée par les vérités contenues dans les livres de l'Ecriture Sainte, par le P. *Griffet. Liege*, 1770. 2 *vol. in*-12.
243 De la Religion Chrétienne, traduite de l'Anglois d'*Adiffon*, avec des notes & des differtations du Traducteur, par *Seigneux de Correvon. Lauzane*, 1757. 2 *vol. in*-8. *broc.*
244 L'autorité des Livres du Nouveau Teftament contre les Incrédules, par M. l'Abbé *Duvoifin. Paris*, 1775. *in*-12.
245 Apologétique de Tertullien, ou défenfe des premiers Chrétiens contre les calomnies des Gentils. *Paris*, 1715. *in*-12.
246 Thomæ Bartholini de latere Chrifti aperto, differtatio. Accedunt Salmafii & aliorum de cruce Epif-

THEOLOGIE.

tolæ. *Lugduni Batavorum*, 1646. *in-8. petit pap. vél. bl.*

247 Thomæ Bartholini de cruce Christi hypomnemata IV. *Amstelod.* 1670. *in-12. pet. pap. fig.*

248 Vue de l'évidence de la Religion Chrétienne, considérée en elle-même, traduite de l'Anglois par M. *le Tourneur. Paris*, 1769. *in-12.*

249 L'Athéisme dévoilé dans un nouveau discours sur l'Histoire Naturelle, 1763. — Discours apologétique de la Religion Chrétienne, au sujet de plusieurs assertions du contrat social, par l'Abbé *Darnavon. Paris*, 1773. — Questions sur les miracles, par un proposant, ou extrait de diverses Lettres de M. de Voltaire avec des réponses, par M. *Nedham. Londres. Paris*, 1769. — Description historique de la tenue du Conclave & de toutes les cérémonies qui s'observent depuis la mort du Pape jusqu'à l'exaltation de son successeur. *Paris*, 1774, *in-8.*

250 La Religion vengée de l'incrédulité par l'incrédulité elle-même, Par l'*Evêque Dupuy. Paris*, 1772. *in-12.*

251 Principes de la Religion & de la Morale, extraits des Sermons de Saurin, par l'Abbé *Pichon. Paris*, 1768. 2 *vol. in-12. br.*

252 Les droits de la vraie Religion, soutenus contre les maximes de la nouvelle philosophie, par M. l'Abbé *Floris. Paris*, 1774. 2 *vol. in-12. broc.*

253 La Regle de Foi vengée des calomnies des Protestans, par le P. *Hubert Hayer. Paris*, 1761. 3 *vol. in-12.*

254 L'Esprit des Apologistes de la Religion Chrétienne, par M. *Baudon*, Prêtre du diocèse de Reims. *Bouillon.* 2 *vol. in-12.*

255 Théologie des Insectes, ou démonstration des perfections de Dieu dans tout ce qui concerne les insectes, traduit de l'Allemand de Lesser, par *Lyonnet, Paris*, 1745. 2 *tom. en* 1 *vol. in-8 fig.*

256 Théologie de l'eau, ou essai sur la bonté, la sagesse & la puissance de Dieu, manifestée dans la création de l'eau, traduit de l'Allemand de Fabricius. *Paris*, 1743. *in-8.*

C ij

THÉOLOGIE.

257 Pensées Théologiques relatives aux erreurs du tems, par le P. *Jamin*. Bruxelles, 1773. in-12.

258 Petri Morini Opuscula & Epistolæ. *Parisiis*, 1674. in-12.

259 Dissertation critique sur la vision de Constantin, par M. l'Abbé *du Voisin*. Paris, 1774. in-12.

Théologiens hétérodoxes, ou écrits des anciens & nouveaux Réformateurs.

260 Joan. Dallæi de jejuniis & quadragesimâ liber. *Daventriæ*, 1654. in-16.

261 Pensées Angloises sur divers sujets de religion & de morale. Amsterd. 1763. in-12.

262 L'Alcoran de Mahomet, traduit de l'Arabe, par *du Ryer*. la Haye, 1685. in-12. pet. pap.

263 La Religion des Mahométans, tirée du Latin de Reland, & augmentée d'une Confession de foi Mahométane. *la Haye*, 1721. in-12. *fig.*

264 Religion ou Théologie des Turcs, par Echialle, Mufti, avec la profession de foi de *Mahomet*. Bruxelles, 1704. 3 part. en 1 vol. in-12. *fig.*

265 Recueil des rits & cérémonies du pélerinage de la Mecque, suivi de divers écrits relatifs à la Religion, aux sciences & aux mœurs des Turcs, par *Galand*. Amsterd. Paris, 1754. in-8. pet. pap.

266 La Vie de Mahomet, avec des réflexions sur la Religion Mahométane, par le Comte de *Boulainvilliers*. Amsterd. 1731. in-8. pet. pap. fig.

JURISPRUDENCE.

DROIT CANONIQUE.

Introduction au Droit Canonique. Hiérarchie de l'Eglise; sa puissance temporelle & spirituelle, & sa Jurisdiction.

267 Histoire du Droit Canon, pour servir d'introduction à l'étude du Droit Canonique, par *Durand de Maillanne*. Lyon, 1770. in-12. broch.

JURISPRUDENCE.

268 L'Esprit de Gerson, ou Instructions catholiques touchant le Saint Siége. *Londres, 1710. in-12.*

269 Traité du Gouvernement spirituel & temporel des paroisses, par M. *Jousse. Paris, 1769. in-12. br.*

270 Mémoire Ecclésiastique & politique, concernant la translation des Fêtes aux Dimanches. *Philadelphie, 1765. in-12.*

Traités concernant le Mariage, les Bénéfices, Immunités, &c.

271 Fran. Mariæ Muscettulæ, dissertatio theologico-legalis, de sponsalibus & matrimoniis quæ à filiis familiâs contrahuntur. *Bruxellis, 1771. in-4.*

272 De repudiis & divortiis, autore *Beza. in-8. vel. bl.*

273 Traité des Bénéfices de *Frapaolo Sarpi. Amst. 1687. in-8.*

274 Traité des dispenses du Carême, dans lequel on découvre la fausseté des prétextes qu'on apporte pour les obtenir. *Paris, 1710. 2 vol. in-12.*

275 Recueil de pieces inscrit sur le dos, Matieres Ecclésiastiques. *in-12. reliure. œcono.*

276 Recueil de pieces intéressantes & curieuses, inscrit sur le dos, Mélange de matieres Ecclésiastiques. *in-12. rel. œcon.*

Droit Ecclésiastique de France. Traités de la Puissance Royale & Ecclésiastique.

277 Histoire du Droit Public Ecclésiastique François. *Londres, 1737. 2 vol. in-12.*

278 Institution au Droit Ecclésiastique, par *Fleury*, avec les notes de *Boucher d'Argis. Paris, 1762. 2 vol. in-12.*

279 Les Loix Ecclésiastiques de France dans leur ordre naturel, par *d'Héricourt.* 1771. *Paris, in-fol.*

280 Les Libertés de l'Eglise Gallicane, par *Durand de Maillane. Lyon, 1771. 5 vol. in-4. br. cart.*

281 Maximes & Libertés Gallicanes, rassemblées & mises en ordre avec leurs preuves, &c. *La Haye, 1755. in-12.*

JURISPRUDENCE.

282 Mémoire fur les Libertés de l'Eglife Gallicane. *Amft. in*-12.

283 Traité des droits de l'Etat & du Prince, fur les biens poffédés par le Clergé. *Amft.* 1755. 6 *vol. in*-12.

284 Traité de l'autorité des Rois touchant l'adminiftration de l'Eglife, par *le Vayer de Boutigny. Londres*, 1754. 2 *vol. in*-12.

285 De l'autorité du Clergé & du pouvoir du Magiftrat politique, fur l'exercice des fonctions Eccléfiaftiques. *Amft.* 1766. 2 *vol. in*-12. *br.*

286 Traité du pouvoir du Magiftrat politique fur les chofes facrées, trad. du latin de Grotius. *Londres*, 1751. *in*-12. *br.*

287 Code de la Religion & des Mœurs, ou recueil des principales Ordonnances depuis l'établiff. de la Monarch. Françoife, concernant la Religion & les Mœurs, par l'Abbé *Meufy. Paris*, 1770. 2 *vol. in*-8. *pet. pap. br.*

Droit Eccléfiaftique des Réguliers.

288 Les Moines empruntés, par Pierre *Jofeph. Cologne*, 1696. *in*-12. 2 *tom. en* 1 *vol.*

289 Factum pour les Religieufes de Sainte-Catherine les-Provins, contre les Peres Cordeliers. 1668. *in*-18. *vel. bl.*

290 Statuts & Réglemens des Pénitens blancs de Notre-Dame du Confalon de Lyon. *Lyon*, 1730. *in*-12.

DROIT CIVIL.

Droit de la nature & des gens.

291 L'Efprit de la Légiflation, traduit de l'Allemand. *Londres, Paris*, 1768. *in*-12.

292 Inftitutions du Droit de la Nature & des Gens, trad. du Latin de Wolf, avec des notes, par Elie *Luzac. Leyde*, 1772. 5 *vol. in*-12. *broc.*

293 Effai fur l'Hiftoire du Droit Naturel. *Londres*, 1757. 2 *vol. in*-8. *pet. pap.*

294 Les Fondemens de la Jurifprudence naturelle,

JURISPRUDENCE.

traduits du Latin de Peſtel. *Utrecht*, 1774. *in*-8. *br.*

295 Recherche nouvelle de l'origine & des fondemens du Droit de la Nature, par Fred. Henr. Strube *de Piermont. Petersbourg*, 1740. *in*-8.

296 Joan. Seldeni mare clauſum, ſeu de dominio maris, lib. II. *Londinenſe*, 1636. *in*-18. *cart.*

DROIT CIVIL PUBLIC.

Droit des Souverains; Négociations; Traités de Paix; Diplomatique.

297 De l'uſage & de l'autorité du Droit Civil. *Paris*, 1695. *in*-8. *pet. pap.*

298 Lettres ſur la Théorie des Loix Civiles, où l'on examine s'il eſt bien vrai que les Anglois ſoient libres. *Amſterd.* 1770. *in*-12. *br.*

299 Hugonis Grotii de jure Belli ac pacis libr. XIII. cum notis Gronovii. *Amſtel.* 1680. *in*-8.

300 Hiſtoire du Traité de la paix, conclue ſur la frontiere d'Eſpagne & de France, entre les deux Couronnes en 1659, ou paix des Pyrenées. *Cologne*, 1665. *in*-12. *pet. pap. vel. bl.*

301 Hiſtoire du Traité de Weſtphalie, ou des négociations qui ſe firent à Munſter pour établir la paix entre les Puiſſances de l'Europe, par le P. *Bougeant. Paris*, 1751. 6 *vol. in*-12.

302 Hiſtoire des Négociations pour la paix conclue à Belgrade en 1739, par l'Abbé *Laugier. Paris*, 1768. 2 *vol. in*-12. *broc.*

303 Diplomatique pratique, ou Traité de l'arrangement des Archives, par *Lemoyne*, ſuivie d'un Supplément contenant une méthode pour apprendre à déchiffrer les anciennes écritures & arranger les archives. *Metz*, 1765. 2 *vol. in*-4. *cart.*

304 Dictionnaire des Titres originaux pour les fiefs, le domaine du Roi, l'hiſtoire, la généalogie, &c. *Paris*, 1764. 5 *tom. en* 3 *vol. in*-12.

Traités ſinguliers du Droit Public, concernant les perſonnes & les choſes.

305 Gabr. Palæoti, tractatus ſingularis de nothis ſpu-

riifque filiis ; acceffit tractatus de liberâ hominis nativitate feu de liberis naturalibus, autore Ponto Heutero Delfio. *Hagæcomitis*, 1655. *in-*8.

306 Joan. Baptift. Pacichellii de jure hofpitalitatis univerfo. *Coloniæ Ubiorum*, 1675. *in-*8. *pet. pap.*

307 Sam. Strykii Tractatus legalis de jure fenfuum. *Francofurti*, 1685. *in-*4.

308 De nocte & nocturnis officiis, tam facris quam prophanis, lucubrationes hiftorico-phylologico-juridicæ, autore *Crufio. Bremæ*, 1660. *in-*18.

DROIT CIVIL OU ROMAIN.

Introductions au Droit Civil. Traités généraux de Droit Civil, Corps de Droit, &c.

309 Polieti Jurifconfulti, Hiftoria fori Romani reftituta, illuftrata & aucta corollariis, &c. *Duaci*, 1573. *in-*8. *vel. bl.*

310 Effai fur le Sénat Romain, trad. de l'Anglois par *Chapman. Paris*, 1765, *in-*12. *broc.*

311 Traité du Sénat Romain, trad. de l'Anglois de Midleton. *Amfterd.* 1755. *in-*8. *pet. pap.*

312 Valentini Forfteri Jurifconfulti, de Hiftoriâ juris civilis Romani, lib. XIII. *Aurelianæ Allobrog.* 1609. *in-*8. *pet. pap. vel. bl.*

313 Hiftoire du Droit Romain, par *de Ferriere. Paris*, 1760. *in-*12.

314 Geor. Bruckfulbergii, memoriale juridicum, id eft feries nexufque librorum & titulorum juris Romani, &c. *Lugd. Batav.* 1676. *in-*24.

315 Gothofredi manuale juris. *Genevæ*, 1672. *in-*18.

316 Pithœi comes juridicus. *Parifiis*, 1611. *in-*12. *pet. pap.*

317 Efprit des Loix Romaines, Ouvrage trad. du Latin de Gravina, par M. *Réquier. Amfterd. Paris*, 1766. 3 *vol. in* 12. *br.*

318 Efprit des Loix Romaines. *Amfterd. Paris*, 1775. 3 *vol. in-*12. *br.*

319 Car. Sigonii de antiq. jure civium Roman. lib. duo. Ejufdem de antiquo jure Italiæ, lib. XIII. *Parifiis*, 1573. *in-*8. *pet. pap. vel. bl.*

JURISPRUDENCE.

320 Corpus Juris Civilis, édit. nova prioribus correctior. *Amstelod. Blaeu.* 1700. 2 vol. *in-8.*

321 Justiniani Imperat. edicta: item Justinii Tiberii ac Leonis Augustorum novellæ constitutiones, interprete Henric *Agglæo. Lugduni*, 1571. *in-16. vel. noir.*

322 Justiniani Institutionum sive elementorum, lib. IV. emendatissimi, cum in eosdem libros Cujacii notis; accedunt legum capita à Cujacio prætermissa, &c. operâ & studio Fabroti, &c. *Parisiis*, 1745. *in-12.*

323 Institutions de l'Empereur Justinian, par *Pélisson*, Lat. & Franç. *Paris*, 1664. *in-12. pet. pap. vel. bl.*

324 Bermondi, Commentarii in Titulum *de Publicis concubinariis. Spiræ*, 1598. *in-8.*

325 De inani actione propter inopiam, dissertatio Theoretico-practica, ad librum sextum pandect. autore Eyndhoven. *Trajecti ad Rhenum*, 1688. *in-8. pet. pap.*

326 Pet. Relandi, fasti consulares ad illustrationem Codicis Justinianæi ac Theodosiani, &c. *Trajecti Batavorum*, 1715. *in-8.*

327 Sommaire alphabétique des principales questions de Droit, de Jurisprudence & d'usage des Provinces du Droit-écrit, par *Mallebay de la Mothe. Paris*, 1770. *in-16.*

328 Guillelmi Onciaci questiones juris philosophicæ. *Lugduni* apud *Gryphium.* 1583. *in-24.*

329 Essais de Jurisprudence sur toutes sortes de sujets. *Paris*, 1757. 2 vol. *in-12. broc.*

330 Vocabularium juris utriusque operâ & studio B. Phil. *Vicat. Neapoli*, 1760. 4 vol. *in-8.*

DROIT FRANÇOIS.

Loix & Ordonnances anciennes & nouvelles du Royaume de France.

331 Catalogus Legum antiquarum, unà cum adjunctâ summariâ interpretatione, per Joan. Ulric. *Zasium*, diligenter collectus cum annotationibus *Charondæ. Lutetiæ*, 1554. *in-24. vel. bl.*

JURISPRUDENCE.

332 Ordonnance de Louis XIV, touchant la Marine. *Paris*, 1687. *in*-24.
333 Ordonnance du Roi concernant la Marine. *Paris*, 1766. *in*-12.
334 Commentaire sur l'Ordonnance des Eaux & Forêts, du mois d'Août 1669. *Paris*, 1772. *in*-12. broché.

Ordonnances, Codes & Statuts des différents Corps & Communautés.

335 Loix forestieres de France, Commentaire historique & raisonné sur l'Ordonnance de 1669, par *Pecquet. Paris*, 1753. *in*-4. 2 vol.
336 Statuts & Réglemens généraux pour les Maîtres en Chirurgie des Provinces du Royaume. *Paris*, 1772. *in*-4. *reliure écon.*
337 Recueil de Réglemens pour les Corps & Communautés d'Arts & Métiers. *Paris*, 1779, *in*-4. *grand pap.*

Coutumes générales & particulieres. Arrêts & décisions Souveraines.

338 Texte des Coutumes de la Prévôté & Vicomté de Paris. *Paris*, 1740. *in*-24.
339 La Coutume de Paris mise en vers, avec le Texte à côté. *Paris*, 1768. *in*-12. *pet. pap.*
340 And. Tiraquelli ex Commentariis in Pictonum consuetudines sectio, de Legibus connubialibus & jure maritali. *Lugduni*, 1560. *in-fol.*
341 La Coutume & la Jurisprudence coutumiere de Bretagne, par *Poullain du Parc. Rennes*, 1759. *in*-12.
342 Hærodii Andega, Jurisconsulti, decretorum, rerumve apud diversos populos ab omni antiquitate judicatarum, lib. II, moribus Gallicis accommodati. *Parisiis*, 1567. *in*-8. *pet. pap.*
343 Vues d'un Politique du seizieme siecle, sur la législation de son tems, ou choix des Arrêts qui composent le Recueil de Raoul Spifame, par *Aufray. Amsterd. Paris*, 1775. *in*-8.

JURISPRUDENCE.

Traités particuliers du Droit François, touchant les personnes & les choses, &c.

344 Renati Choppini, de privilegiis rusticorum, lib. XIII. *Parisiis* 1606. *in-fol. pet. pap.*
345 Traité du Contrat de Mariage, par *Pothier. Paris*, 1768. 2 *vol. in-*12. *broc.*
346 Essai sur la Jurisprudence de la Médecine en France, par *Verdier. Alençon. Paris*, 1763. *in-*8. *pet. pap. broch.*
347 Principes généraux de Jurisprudence sur les droits de chasse & de pêche. *Paris*, 1775. *in-*16.
348 Traité du droit de chasse. *Paris*, 1681. *in-*12.
349 Dictionnaire des Eaux & Forêts, par *Massé. Paris*, 1766. 2 *tom. en* 1 *vol. in-*8. *pet. pap. broc.*
350 Instruction facile sur les conventions, ou notions simples sur les divers engagemens qu'on peut prendre dans la société, par *Demonlevel. Paris*, 1760. *in-*12.
351 Elémens généraux de Police, par *Gottlobs Dejusti. Paris*, 1769. *in-*12.

Droit Criminel, Plaidoyers & Causes célébres.

352 Dei Delitti e delle pene. *Harlem. Paris*, 1766. *in-*8. *pet. pap. broc.*
353 Traité des délits & des peines, trad. de l'Italien. *Paris*, 1773. *broc. in-*12.
354 Traité des vertus & des récompenses, suite du Traité des délits & des peines, traduit de l'Italien par *Pingeron*, avec l'Italien à côté. *Paris*, 1768. *in-*12. *broch.*
355 Traité des injures dans l'ordre judiciaire, par *Dareau. Paris*, 1775. *in-*12. *broc.*
356 Traité des violences publiques & particulieres, par *Murena*, avec une dissertation du même Auteur, sur les devoirs des Juges, traduit de l'Italien par *Pingeron*, avec l'Italien à côté. *Paris*, 1769. *in-*12.
357 Polydori Ripæ, Tractatus de nocturno tempore, proindeque de iis quæ noctu sive consultò sive temerè fiunt atque committuntur; accedit praxis cri-

28 JURISPRUDENCE.

minalium, &c. *Francofurti*, 1602. *in-8. pet. pap.*

358 Hennin Girennemanni de jure retorsionis contrà verbales injurias Commentarius ; accedit Tractatus de divortiis, &c. *Genæ*, 1630. *in-4. pet. pap. vel. bl.*

359 Henr. Boceri, Tractatus de quæstionibus & totiuris reorum. *Tubingæ*, 1612. *in-8. pet. pap. vel. bl.*

360 Apologie & défense de Lysias, Orateur, sur le meurtre d'Ératosthène surpris en adultere, traduit du Grec par *Jacques des Comtes de Ventimille*. *Lyon*, 1576. *in-8. pet. pap.*

361 Des Procès tragiques, contenant cinquante-cinq Histoires, avec les accusations, demandes & défenses d'icelles, par *Alexandre Vanden Bussche*, dit le *Sylvain*. *Anvers*, 1580. *in-18. vel. bl.*

362 Pieces originales & procédures du procès fait à Robert-François Damiens. *Paris*, 1757. 5 *vol. in-12.*

363 Petri Pithœi adversariorum subsecivorum, lib. II. *Basileæ*, 1574. *in-8. pet. pap. vel. bl.*

364 Plaidoyers & Œuvres diverses de *Patru*. *Paris*, 1681. *in-8.*

365 Œuvres posthumes de Glatigny, contenant les harangues au Palais, &c. *Lyon*, 1757. *in-8. pet. p.*

366 Nouveau Recueil des Factums du procès d'entre l'Abbé Furetiere & quelques-uns des Membres de l'Académie, avec les preuves des faits contenus audit procès. *Amsterdam*, 1694. 2 *vol. in-12. pet. p.*

DROIT ÉTRANGER.

Jurisconsultes généraux.

367 Abregé Chronologique de l'Histoire & du Droit public d'Allemagne, par *Pfeffel*. *Paris*, 1766. 2 *vol. in-8. broc.*

368 Bulle d'Or, ou Constitutions de l'Empereur Charles IV, au sujet des élections des Empereurs, &c. *in-12.*

369 Biinomikon sive de jurisperitis, lib. II. Auto. Joan. Bertrando. *Tolosæ*, 1617. *in-4.*

370 La République des Jurisconsultes, Ouvrage de *Gennaro*, traduit par l'Abbé *Dinouart*. *Paris*, 1668. *in-8. pet. pap.*

SCIENCES ET ARTS.
PHILOSOPHIE.

Introduction à la Philosophie, & Traités généraux & préparatoires qui renferment l'histoire, l'origine & les progrès de la Philosophie.

371 Historia philosophiæ, vitas, opiniones, resque gestas & dicta philosophorum sectæ cujus-vis continens, autore Th. *Stanleio.* Ex Angl. Sermone in latinum translata. *Lypsiæ*, 1711. *in-4.*

372 Histoire de la Philosophie païenne, ou Sentimens des Philosophes & des Peuples païens sur Dieu, sur l'ame, & sur les devoirs de l'homme. *La Haye*, 1724. 2 *vol. in-12.*

373 Histoire critique de la Philosophie, par *Deslandes*. *Amsterd.* 1756. 3 *vol. in-12.*

374 Discours du nom de Philosophe, par un Gentilhomme. *Bruxelles*, 1660. *in-18.*

375 Grammaire des Sciences philosophiques, ou Analyse abregée de la philosophie moderne, traduite de l'Anglois de *Martin. Paris*, 1764. *in-8. fig.*

Philosophes anciens, Grecs & Latins.

376 Histoire des Philosophes anciens, avec leurs portraits, par *Saverien. Paris*, 1771. 5 *vol. in-12.*

377 Bibliotheque des anciens Philosophes, contenant la vie de Pithagore, ses symboles, la vie d'Hieroclès & ses vers dorés, &c. par *Dacier. Paris*, 1771. 5 *vol. in-12.*

378 Hieroclis Commentarius in aurea pythagoreorum carmina, interprete Curterio Græcè & Latinè.— Aurea Pythagoreorum carmina latinè conversa, autore Theodoro *Marcilio. Parisiis*, 1583. *in-16.*

379 Jamblichi Chalcidensis ex Syria cæle, de vita Pithagoræ & Protrepticæ orationes ad philosophiam, lib. II, Græcè & Latinè, 1598. *in-4. pet. pap.*

30 SCIENCES ET ARTS.

380 Vie de Pithagore, ses symboles, ses vers dorés; & la vie d'Hyeroclès, par *Dacier*. *Paris*, 1706. 2 vol. *in-12*.

381 Les Œuvres de Platon, traduites en François, avec des remarques & la vie de ce Philosophe, par *Dacier*. *Amsterd*. 1700. 2 vol. *in-8. pet. pap*.

382 Loix de Platon. *Amsterd*. 1769. 2 vol. *in-12*.

383 La République de Platon, ou Dialogue sur la Justice. *Paris*, 1762. 2 vol. *in-12*.

384 Dialogues de Platon. *Amsterdam*, 1770. 2 vol. *in-12*.

385 Traités de Maxime de Tyr, Philosophe Platonicien. *Paris*, 1617. *in-4*.

386 Discours philosophiques de Maxime de Tyr, traduits du Grec, par *Formey*. *Leyde*. 1764. *in-12*.

387 Aristotelis Stagiritæ philosophorum omnium longè Principis, opera omnia Græcè & Latinè, apud Guill. *Læmarium*, 1597. 2 vol. *in-8. vel. bl.*

388 Aristotelis aliorumque problemata quibus de novo accessêre Jul. Cæs. Scaligeri problemata Gelliana. *Amstelod*, 1650, *in-12. pet. pap.*

389 De Variâ Aristotelis in Academiâ Parisiensi fortunâ, extraneis hinc indè adornata præsidiis liber, autore *de Launoy*. *Lutetiæ Parisiorum*. *in-8. pet. pap*.

390 An. Senecæ philosophi, opera quæ extant omnia à Justo Lypsio emendata & scholiis illustrata *Antuerpiæ. Plantin*, 1605. *in-fol.*

391 Annæi Senecæ Philosophi opera omnia ex lypsii emendatione; & M. Annæi Senecæ Rhetoris quæ extant. *Amstelod. Blaeu*. 1634. *in-18*.

392 Ann. Senecæ philosophi, opera omnia ex Lypsii & Gronovii emendatione; & Ann. Senecæ Rhetoris quæ extant. *Amstelod. Elzevir*, 1659. 3 vol. *in-12. pet. pap.*

393 Selecta Senecæ Philosophi opera. *Parisiis*, 1761. *in-12*.

394 Traité des bienfaits de Seneque, précédé d'un Discours sur la traduction, par M. *Dureau de Lamale*. *Paris*, 1776. *in-12. broc.*

395 Analyse des Traités des bienfaits & de la clémence de Seneque, précédée d'une vie de ce philosophe. *Paris*, 1776. *in-12. broc.*

SCIENCES ET ARTS.

396 Anti-Seneque, ou le souverain bien. *Amsterd.* 1751. *in-4.*
397 Aphtonii Sophistæ progymnasmata, cum scholiis Laurichii. *Amsterod.* 1666. *in-16.*
398 Lypsii Philosophia & Phisyologia stoica. *Lugduni Batavor.* 1644. *in-8.*
399 Clavis philosophiæ & alchymiæ fluddanæ, &c. *Francofurti*, 1633. *in-fol. pet. pap.*

PHILOSOPHES MODERNES.

400 Histoire des Philosophes modernes, avec leurs portraits gravés dans le goût du crayon, d'après les desseins des plus grands Peintres, par *Savérien*. *Paris*, 1762. 8 *vol. in-12.*
401 Origine des découvertes attribuées aux modernes, où l'on démontre que nos plus célebres philosophes ont puisé leurs connoissances dans les Ouvrages des Anciens, par *Dutens*. *Paris*, 1776. 2 *vol. in-8.*
402 Entretiens philosophiques & critiques sur plusieurs points de morale & d'histoire; ou examen des principes de la Philosophie moderne dans les matieres de religion & de critique. *Avignon. Paris*, 1775. 2 *part. en un vol. in-12. broch.*
403 Dialogues entre les Philosophes modernes. *Geneve*, 1778. 2 *vol. in-12. broc. cart.*
404 Historia Mulierum Philosopharum, scriptore *Ægiaio Menagio*. *Lugduni*, 1690. *in-12.*
405 Histoire critique de l'Eclectisme, ou des nouveaux platoniciens, 1766. 2 *vol. in-12.*
406 Renati Descartes, Principia Philosophiæ. *Amstel. Elzevir*, 1644. *in-4. fig.*
407 Observations philosophiques sur les systêmes de Newton, le mouvement de la terre & la pluralité des mondes; Dialogue des Morts sur le séjour des vivans par l'Abbé *Flexier Derival*. *Paris*, 1778. *in-12. broc. cart.*
408 Traité de Paix entre Descartes & Newton, précédé des vies de ces deux Philosophes, par le P. *Paulian*. *Avignon*, 1763. 3 *vol. in-12. broc. cart.*
409 Les Monades ou Institutions Leibnitiennes. *Lyon*, 1767. *broc.*

32 SCIENCES ET ARTS.

410 Esprit de Leibnitz, ou Recueil de pensées choisies, &c. extraites de ses Œuvres, *Lyon*, 1772. 2 vol. *in*-12.

411 Introduction à la philosophie, par *Sgravesande*. *Leyde*, 1745. *in*-12.

412 Floretum philosophicum seu ludus Meudonianus in terminos totius philosophiæ, autore Ant. *le Roi*, &c. *Parisiis*, 1649. *in*-4. *pet. pap.*

413 Verneii apparatus ad philosophiam & theologiam, ad usum Lusitanorum adolescentium. *Romæ*, 1751. *in*-8. *broc.*

414 Les Principes de la saine philosophie conciliés avec ceux de la religion, ou la philosophie de la religion, par M. l'Abbé *Para*. *Paris*, 1774. 2 vol. *in*-12. *broch.*

415 Philosophiæ à Benedicto Stey versibus traditæ lib. VI. *Venetiis*, 1744. *in*-8.

416 Philosophia ad usum scholæ accommodata, autore *Dagoumer*. *Lugd.* 1757. 6 vol. *in*-12. *vel. bl.*

417 Institutiones philosophicæ in novam methodum digestæ. *Antissiodori. Parisiis*, 1761. 3 vol. *in*-12. *vel. bl.*

418 Ant. Seguy Philosophia ad usum scholarum accommodata. *Parisiis*, 1771. 5 vol. *in*-12. *broch.*

419 Thèses sur l'amour, trad. de l'Italien de Scip. Maffei. *in*-8. *broc. cart.*

420 Fragmens extraits des Œuvres du Chancelier Bacon, traduits de l'Anglois de Shaw, par *Mary du Moulin*. *Amsterdam. Paris*, 1765. *in*-12. *broch.*

421 Lettres philosophiques sur les physionomies. *La Haye*, 1748. *in*-8. *pet. pap.*

422 Pensées anti-philosophiques. *Paris*, 1770. *in*-16.

423 Anti-Dictionnaire philosophique pour servir de commentaire & de correctif au Dictionnaire philosophique, &c. *Paris*, 1775. 2 vol. *in*-8. *pet. pap. br.*

LOGIQUE ET DIALECTIQUE.

424 Verneii de re Logicâ, libri sex. *Romæ*, 1757. *in*-8. *broc.*

425 La Logique, ou l'art de penser, de MM. de Port-Royal. *Paris*, 1730. *in*-12.

SCIENCES ET ARTS.

426 La Logique, ou système de reflexions qui peuvent contribuer à la netteté & à l'étendue de nos connoissances, par *Crouzas. Amst.* 1720. 3 *vol. in-12.*
427 La Clef des Sciences & des beaux Arts, où la Logique. *Paris*, 1757 *in-8. pet. pap broc.*
428 La Logique ou l'art de penser, dégagé de la servitude de la dialectique, par l'Abbé *Jurain. Paris*, 1765. *in-8. pet. pap. broch.*
429 Logique & principes de Grammaire, par *Dumarsais. Paris*, 1769. 2 *vol. in-12.*
430 Leçons de Logique, par *de Felice. Yverdon.* 1770. 2 *vol. in-8. pet. pap. broc.*

ETHIQUE OU MORALE.

Traités généraux de Philosophie morale. De la connoissance de soi-même & de celle des autres hommes.

431 Joan. Meursii Theophrastus sive de illius libris qui injuriâ temporis interciderunt, liber singularis. Accedit Theophrastearum lectionum libellus. *Lug. Batav. Elzevir*, 1640. *in-16.*
432 Epicteti Enchiridion, Græcè & Latinè. *Parisiis*, 1653. *in-18.*
433 Epicteti Encherydion cum cebetis Thebani tabulâ; accedunt Demophili similitudines & Democratis philosophi aureæ sententiæ, Græcè & Latinè. *Amstelod.* apud Westenium, 1750. *in-24.*
434 Le Tableau de Cebès, où il est traité de la maniere de parvenir à la félicité naturelle. *Paris*, 1653. *in-8. pet pap. vel. bl.*
435 Le Manuel d'Epictete, & les Commentaires de Simplicius, traduits en François, avec des remarques, par *Dacier. Paris*, 1776. 2 *vol. in-12.*
436 La morale d'Epicure, tirée de ses propres Ecrits, par l'Abbé *Batteux. Paris*, 1758. *in-8. pet. pap.*
437 Pugillaria Imperat. Antonini Græcè scripta disjecta membratim & quantum fieri potuit restituta, pro ratione argumentorum; sequitur interpretatio Gatakeri similiter ordinata, curante *le Joly*, Græcè & Latinè. *Parisiis*, 1774. *in-12.*
438 Boetii, Consolationis philosophiæ, libri V,

SCIENCES ET ARTS.

Ejufdem opufcula facra ex recenfione & cum notis Vallini. *Lugd. Bat.* 1656. *in-*8. *pet. pap.*

439 Daniel. Heinfii de Contemptu mortis, lib. IV, *Lugduni. Batavor. Elzevir*, 1521. *in-*16.

440 Effais hiftoriques fur la morale des Anciens & des Modernes, par *le Pileur d'Apligni. Paris*, 1772. *in-*12.

441 La Philofophie applicable à tous les objets de l'efprit & de la raifon, par l'Abbé *Terraffon. Paris*, 1754. *in-*12.

442 Recueil de Differtations fur quelques principes de philofophie & de religion, par le P. *Gerdil*, Barnabite. *Paris*, 1760. *in-*12. *broc.*

443 De la Sageffe, par Pierre *Charron. Paris*, 1604. *in-*8. *vel. bl.*

444 Mélanges de Phyfique & de Morale, contenant l'extrait de l'homme phyfique & moral, des réflexions fur le bonheur, &c. *Paris*, 1763. *in-*12.

445 Differtation fur le prétendu bonheur des plaifirs des fens, pour fervir de réplique à la réponfe de Bayle, pour juftifier ce qu'il a dit fur ce fujet en faveur du P. Mallebranche, &c. *Cologne*, 1687. *in-*8. *pet. pap.*

446 Effai de Philofophie morale, par *Mauduit. Berlin*, 1749. *in-*8. *pet. pap.*

447 Nouvelles converfations de morale. *Paris*, 1688. 2 *vol. in-*12.

448 Petit Code de la raifon humaine, ou expofition fuccinte de ce que la raifon dicte à tous les hommes. *Londres*, 1773. *in-*8 *vel. verd.*

449 Extrait du Journal de mes voyages, ou Hiftoire d'un jeune homme, pour fervir d'école aux peres & meres, par M. *de la Blancherie. Paris*, 1775. 2 *vol. in-*12.

450 Comes Senectutis. *Parifiis*, 1709. *in-*12.

451 De la Vieilleffe, par M. *Robert. Paris*, 1777. *in-*12.

452 Comes Rufticus ex optimis latinæ linguæ fcriptoribus excerptus, autore *le Pelletier. Parifiis*, 1708. *in-*8. *pet. pap.*

453 Joannis Voffii, de cognitione fui, libellus & de ftudiorum ratione opufcula. *Amftelod.* 1654. *in-*24.

454 Traité de Plutarque, fur la maniere de difcerner un flatteur d'avec un ami, & le banquet des fept

SCIENCES ET ARTS. 35

Sages, avec une version françoise & des notes, par *la Porte du Theil*. Paris, 1772. in-8. broc.

Traités des Vertus Morales & Sociales.

455 Traité de morale, ou devoirs de l'homme envers Dieu, envers la Société & envers lui-même, par M. *Lacroix*. Paris, 1775. 2 vol. in-12. broc.
456 Traité de l'amitié, par de *Sacy*. Paris, 1774. *in*-12. pet. pap.
457 Les Amusemens de l'amitié rendus utiles & intéressans. Paris. 1729. *in*-12.
458 De la délicatesse, par le P. *Bouhours*. Paris, 1671. *in*-12. pet. pap.
459 Discours sur la bienséance, avec des maximes & des réflexions pour réduire cette vertu en usage. Paris, 1713. *in*-12.
460 De la sociabilité, par l'Abbé *Pluquet*. Paris, 1767. 2 vol. *in*-12.
461 Observations sur les commencemens de la société, par *Millart*, traduit de l'Anglois. *Amsterd.* 1773. *in*-12.
462 Le fruit de mes lectures, ou pensées extraites des anciens Auteurs profanes relatives aux différens ordres de la Société. Paris, 1775. *in*-12.
463 Tableau de l'humanité & de la bienfaisance, ou précis historique des charités qui se font dans Paris. Paris, 1769. *in*-16.

DES PASSIONS ET DES VICES.

464 Veneres & Cupidines Venales Augustini Niphi. Accedit Baptista Platina de remedio amoris. *Lugd. Batav.* 1646. *in*-24.
465 Les Passions de l'ame, par René *Descartes*. Paris, 1664. *in*-12. pet. pap.
466 De l'usage des passions, par le *Pere Sénault*. Paris, *in*-12. pet. pap. vél.
467 Memoirs of a Woman of Pleasure. London, 1749. 2 vol. *in*-12.

E ij

Critiques des caractères & des mœurs.

468 Theophasti notationes morum ex recensione Isa. Casauboni græcè & latinè & ab eo, in latinum sermonem versæ. *Lugduni*, 1612. *in-8. pet. pap.*

469 Les caractères de la Bruyere. *Paris*, 1750, 2 *vol. in-12. pet. pap.*

470 Vitæ humanæ Proscenium : in quo sub personâ Gusmani Alfarachi virtutes & vitia fraudes, &c. repræsentantur. Gaspare Ens editore. *Dantisci*, 1652. *in-16.*

471 Réflexions sur les défauts d'autrui, par l'Abbé *de Villiers. Paris*, 1734. 2 *vol. in-12.*

472 Le Spectateur ou le Socrate moderne, où l'on voit un portrait naïf des mœurs de ce siecle, trad. de *l'Angl. Paris*, 1754. 9 *vol. in-12.*

473 Suite du Spectateur, ou le Socrate moderne, Ouvrage trad. de l'Angl. du livre intitulé le Monde, par Adam fitz Adam. *Leyde*, 1758 2 *vol. in-12.*

474 Le Moniteur François. *Avignon. Paris*, 1760. *in-12.*

475 Considérations sur les mœurs de ce siecle. 1751. *in-8. pet. pap.*

Mélanges de Philosophie morale, ou avis, pensées, maximes & réflexions morales.

476 Divini Platonis Gemmæ, sive illustriores sententiæ ad excolendas mortalium mores, &c. *Parisiis*, 1556. *in-18.*

477 Pensées de Séneque recueillies par *Angliviel de la Beaumelle*, traduites en françois, & suivies des Eglogues latines de Sénéque. *Paris*, 1768. *in-12.*

478 Les Préceptes de Phocylide, trad. du grec. *Paris*, 1698. *in-12.*

479 Pensées de l'Empereur Marc-Aurele-Antonin, ou leçons de vertus que ce Prince se faisoit à lui-même, par *de Joly. Paris*, 1773. *in-12. pet. pap.*

480 Réflexions morales de l'Empereur Marc-Antonin, avec des remarques. *Paris*, 1691. 2 *vol. in-12.*

SCIENCES ET ARTS.

481 Instructions de Saint Louis à sa famille royale, aux personnes de sa Cour & autres, par l'Abbé *de Villiers. Paris,* 766. *n*-12.

482 Les Pensées, Maximes & Réflexions morales du Duc de la Rochefoucault, édition augmentée par Delaroche. *Paris*, 1765. *in*-12. *pet. pap.*

483 Pensées diverses contre le système des Matérialistes, à l'occasion d'un écrit intitulé Système de la Nature, par M. *de Rochefort. Paris* 1771. *in*-12.

484 Histoires édifiantes pour servir de lecture aux jeunes personnes de l'un & de l'autre sexe, &c. *Paris*, 1757. *in*-12.

385 Réflexions chrétiennes, & maximes morales, tirées de l'Ecriture Sainte, &c. *Paris*, 1698. *in*-12.

486 Maximes chrétiennes tirées des Lettres de Saint Augustin. *Paris*, 1734. *in*-12.

487 Enchiridion militis Christiani salub rrimis præceptis refertum. autor. Desid. Erasmo. 1523. *in*-8. *pet. pap.*

488 Avis à une personne engagée dans le monde, Ouvrage ascétique, par l'Abbé *Clément. Paris*, 1759. *in*-18.

489 Legs d'un pere à ses filles, par Gregory, trad. de l'Anglois. *Londres, Paris,* 1774. *in*-8. *pet. pap.*

490 Avis d'un pere à sa fille, par le Marquis d'Hallifax, trad. de l'Angl. *Londres*, 1756. *in*-12.

491 Dialogues socratiques, ou instructions sur divers sujets de morale. 1754. *in*-12. *pet. pap.*

492 Mélanges de maximes, de réflexions & de caractères; on y a joint une traduction des *conclusioni d'Amore* de Scipion *Maffey*, avec le texte à côté. *Bruxelles, Paris,* 1755. *in*-8.

493 Mes loisirs. *Paris*, 1756. *in*-12.

494 Pensées de Milord Bolingbroke, sur différens sujets. *Amst. Paris*, 1771, *in*-8. *pet. pap. br.*

ÉCONOMIE.

495 Xenophontis œconomicus; apologia Socratis symposium, hiero, Agesilaus, cum animadversionibus Bachii, grecè. *Lypsiæ*, 1749. *in*-8.

38 SCIENCES ET ARTS.

496 L'économique de Xénophon & le projet de finance du même Auteur, trad. en françois, avec des notes, par *Dumas*. Paris, 1768. *in* 12. *br.*

497 L'économie ou la regle de la vie humaine, trad. de l'Anglois, par *Defpres-Fays*. Londres, 1751. *in-16.*

498 Économie de la vie humaine. *Edimbourg*, 1752. *in-8. pet. pap.*

499 Le Manuel de l'homme, ou économie de la vie humaine, trad. de l'Anglois. Paris, 1773. *in-12. pet. pap.*

500 Principes & obfervations économiques, par *Deforbonois*. Amft. 1767. 2 vol. *in-8. pet. pap. br.*

501 Effai fur l'hiftoire économique des mers occidentales de France, par *Tiphaigne*. Paris, 1760. *in-8.*

Principes & Syftêmes d'éducation phyfique & morale.

502 Recherches fur les habillemens des femmes & des enfans, ou examen de la maniere dont il faut vêtir l'un & l'autre fexe, par Alph. *Leroi*, Médec. Paris, 1772. *in-12. br.*

503 Differtation fur l'éducation phyfique des enfans, par *Ballexferd*. Paris, 1762. *in-8. br.*

504 Les enfans élevés dans l'ordre de la nature, ou abrégé de l'Hiftoire naturelle des enfans du premier âge, par M. *de Fourcroix*. Paris, 1774. *in-12. pet. pap.*

505 Plan d'éducation publique. *Paris*, 1770. *in-12. br.*

506 De l'éducation des filles, par *de Fénelon*. Paris, 1763. *in-12. pet. pap.*

507 La Gamologie, ou de l'éducation des filles deftinées au mariage, par *de Cerfvol*. Paris, 1772. 2 part. en 1 vol. *in-12.*

508 L'Education, maximes & réflexions de Moncade. Rouen, 1691. *in-12.*

509 Emile, ou de l'Education, par J. J. Roufleau. Amft. 1762. 4 vol. *in-12. fig.*

510 Les Plagiats de J. J. Roufleau, fur l'éducation, par D. Cajot, Bénédictin. *La Haye, Paris,* 1766. *in-12.*

SCIENCES ET ARTS.

511 Réglemens donnés par Madame la Duchesse de Liancourt à Mademoiselle de la Roche-Guyon sa petite-fille, pour sa conduite & celle de sa maison, &c. *Paris*, 1779. *in-12.*
512 Discours du Comte de Bussy-Rabutin à ses enfans, sur le bon usage des adversités, &c. *Paris*, 1694. *in-12.*
513 Colloquia sacra ad linguam simul & mores puerorum formandos, libr. IV. *Parisiis*, 1749. *in-18.*
514 Choix des lettres du Lord Chesterfield à son fils, trad. de l'Anglois, par M. *Peyron. Londres, Paris*, 1776. *in-12. br.*
515 Dialogues sur les mœurs des Anglois & sur les voyages, considérés comme faisant partie de l'éducation de la jeunesse. *Londres, Paris*, 1765. *in-12. broch.*
516 Eraste ou l'ami de la jeunesse. *Paris*, 1773. *in-8. pet. pap.*

POLITIQUE.

Introduction & Traités généraux de la Politique.

517 Dictionnaire politique de Wolkna. *Londres*, 1762. *in-8. pet. pap.*
518 Entretiens de Phocion sur le rapport de la morale avec la politique, trad. du grec de Nicoclès, avec des remarques. *in-12.*
519 Justi-Lipsii politicorum, sive civilis doctrinæ, libri sex qui ad principatum maxime spectant. *Lugduni-Batav.* 1650. *in-24.*
520 Pietra del paragone politico di Trajano Boccalini in *Cosmopoli.* 1664. *in-32. fig.*
521 Opere di Niccolo Macchiavelli. *Londra*, 1768. 8 *vol. in-12. pet. pap. fig.*
522 Opere inedite di Nicc. Machiavelli. *Londra*, 1760. *in-4. pet. pap.*
523 Essai sur divers sujets de politique & de morale, par *Maller.* 1760. *in-12.*
524 Essais sur l'esprit de la législation favorable à l'agriculture, à la population, au commerce, &c. *Paris*, 1766. 2 *tom. en* 1 *vol. in-8. br.*

40 SCIENCES ET ARTS.

525 Essais politiques, par le Marquis de *** *Amst. Paris*, 1766. 2 *vol. in*-12. *br.*
526 Annales politiques de Castel, Abbé de Saint-Pierre. *Londes*, 1758. 2 *vol. in*-12.
527 Discours politiques de Hume, trad. de l'Angl. *Amst.* 1754. 2 *vol. in*-12.
528 Politique tirée des propres paroles de l'Ecriture Sainte, par *Bossuet. Paris*, 1709. 2 *vol. in*-12.

Traités singuliers du Royaume, de la République & de leur administration.

529 Constantini imperat. de administrando imperio liber; cum interpretatione ac notis Joan. *Meursii. Lugd. Batav.* 1611. *in*-8. *vél. bl.*
530 Agapethi Diaconi ad Justinianum Imper. & Basilii Macedonis Imp. ad Leonem Philosoph. filium adhortationes de benè administrando Imperio. grec. & lat. *Basileæ*, 1633. *in* 8. *pet. pap.*
131 Principes de tout Gouvernement, ou examen des causes de la splendeur ou de la foiblesse de tout Etat, &c. par M. *d'Auxiron. Paris*, 1766. 2 *vol. in*-8. *pet. pap.*
532 La Science du Gouvernement, par *de Réal. Paris* 1762 & années suivantes, 8 *vol in*-4.
533 L'Utopie de Th. Morus, traduite par Sam. de Sorbieres. *Amsterd. Blacu.* 1643. *in*-18. *mar. roug.*
534 L'Utopie de Thomas Morus, traduite par *Geudeville. Leyde.* 1715. *in*-12. *fig.*
535 Traité de la Politique privée, tiré de Tacite & de divers Auteurs. *Amsterd.* 1768. —— Traité des causes physiques & morales du rire, relativement à l'art de l'exciter. *Amsterd.* 1768. *in*-8. *pet. pap. rel. écon.*
536 Elementa philosophica de cive. autore Thom. Hobbes *Amstelod.* 1742. *in*-12 *pet. pap.*
537 Doutes proposés aux Philosophes économistes, sur l'ordre naturel & essentiel des Sociétés politiques, par l'Abbé de *Mably. La Haye. Paris*, 1768. *in*-12. *broc.*

Traités

SCIENCES ET ARTS.

Traités singuliers de Politique, concernant les divers états du Royaume, ou de la République; le Roi, le Prince, la Cour & les Courtisans, &c.

538 Onosandri Strategicus sive de Imperatoris institutione. Græcè & Latinè. 1500. *in-4.*
539 Livre des lumieres, ou la conduite des Rois, composé par le sage Pilpay, Indien, traduit en François par *David*. Paris, 1644. *in-8. pet pap.*
540 Portrait de la condition des Rois, Dialogue de Xenophon intitulé Hiéron, traduit en François, par *Coste*, & suivi des choses mémorables de Socrate, trad. par *Charpentier*, avec la vie de ce Philosophe. Amsterd. 1745, 2 vol. *in-12.*
541 Directions pour la Conscience d'un Roi, par *Fenelon*, Archevêque de Cambray. Paris, 1775. *in-12.*
542 Princeps, ex Cornelio Tacito, curatâ operâ deformatus ab *Abrahamo Gonnitz*. Lugduni. Batavor. Elzevir, 1636. *in-18.*
543 Examen du Prince de Machiavel, avec des notes historiques & politiques. Genève, 1759. *in-8.*
544 Anti-Machiavel, ou Essai de critique sur le Prince de Machiavel, publié par *Voltaire*. La Haye, 1740. *in-8.*
545 La Pratique de l'éducation des Princes, par *Varillas*. Amsterd. 1686. *in-12.*
546 Principis Christiani institutio, per Aphorismos digesta. Aut. Desid. Erasmo, Lugduni. Batavor, 1641.
— Ejusdem de utraque verborum ac rerum copiâ, libri II. Amstelod. 1655. *in-12. pet. pap.*
547 Institution d'un Prince, ou Traité des qualités, des vertus & des devoirs d'un Souverain, *par Duguet*. Leyde, 1739. 4 vol. *in-12.*
548 Aristippe, ou de la Cour, par *Balzac*. Paris, 1660. *in-18.*
549 Le Ministre d'Etat, avec le véritable usage de la politique moderne, par *Silhon*. Paris, 1648. *in-18.*
550 Considérations politiques sur les coups d'Etat, par *Naudé*, 1679. *in-18. vel. bl.*

42 SCIENCES ET ARTS.

551 L'Ami des hommes, ou Traité de la population, par *Mirabeau*, 1759. 6 vol. in-12. rel. écon.

Systêmes & Projets d'administration.

552 Le Citoyen désintéressé, ou diverses idées patriotiques concernant quelques embellissemens utiles à la ville de Paris, par *Dussaussoy*. Paris, 1767. 2 vol. in-8. fig. broc.

553 L'Ombre du Grand Colbert, le Louvre & la ville de Paris, Dialogues. Réflexions sur quelques causes de l'Etat présent de la peinture en France, 1752. in-12. broc.

554 Moyens d'extirper l'usure, ou projet d'établissement d'une caisse de prêt public, &c. par M. *Prévôt de Saint Lucien*, Avocat au Parlement. Paris. 1775. in-12. broch.

Commerce & Finances.

555 Guide du Commerce, par *Gaignat de Laulnais*. Paris. in-fol. broc. en cart.

556 Manuel des Négocians, ou Encyclopédie portative de la théorie & de la pratique du Commerce. Lyon, 1762. 3 vol. in-8. pet. pap.

557 Livre utile aux Négocians de l'Europe. Paris, 1775. in-12. bro.

558 Théorie des traités de Commerce entre les nations, par *Bouchaud*. Paris, 1777, in-12. bro.

559 Observations sur le Commerce & sur les Arts d'une partie de l'Europe, de l'Asie, de l'Afrique, & même des Indes Orientales, par *Fachat*. Lyon, 1766. 2 vol. in-12 fig. broc.

560 Les progrès du Commerce. Amsterd. Paris, 1760. in-8. pet. pap.

561 Sur la Législation & le Commerce des grains. Paris, 1775. in-8. broc.

562 Traité des Finances & de la fausse-Monnoie des Romains, par *de Chassipol*, édition revue par M. *de Querlon*. Paris, 1740. in-12.

563 De l'Impôt du Vingtieme sur les successions, & de l'Impôt sur les marchandises chez les Romains,

SCIENCES ET ARTS.

recherches historiques, par *Bouchaud. Paris*, 1772. *in*-8. *broch.*

564 Théorie du Luxe, ou Traité dans lequel on entreprend d'établir que le luxe est utile à l'Etat, &c. *Londres, Paris*, 1775. 2 *part. en* 1 *vol. in*-8. *pet. pap. broch.*

MÉTAPHYSIQUE.

Introduction à la Métaphysique, & Métaphysique générale.

565 Verneii de re Metaphysicâ libri IV. *Romæ*, 1753. *in*-8. *br.*

566 Cours de Lectures sur les questions les plus importantes de la Métaphysique, de la Morale & de la Théologie, par *Droddridge. Liège*, 1768. 4 *vol. in*-12.

567 Des vraies & des fausses idées contre l'Auteur de la recherche de la vérité, par *Arnauld. Cologne*, 1683. *in* 12. *vél. bl.*

568 Théorie du Paradoxe. *Amst.* 1775. *in*-12. *br.*

569 Théorie du Libelle, ou l'Art de calomnier avec fruit, par M. *Linguet*, pour servir de Supplément à la théorie du paradoxe. *Amsterd.* 1775. *in*-12. *br.*

570 Opere di Toma Garzoni da Bagnacavallo. *In Serra valle di Venetia*, 1505. *in*-4. *pet. pap.*

Traités de Dieu, de son existence & de ses attributs; de l'éternité & du destin.

571 Traités de l'existence & des attributs de Dieu, des devoirs de la religion naturelle, & de la vérité de la Religion Chrétienne, par *Clarke*, 1756. 3 *vol. in*-12.

572 L'existence de Dieu démontrée par les merveilles de la Nature, par *Bullet. Paris*, 1768. 2 *part. en* 1 *vol. in*-12.

573 Della esistenza e degli attributi di Dio, e della immaterialita ed immortalita dello spirito humano. in *Lucca*, 1745. *in*-8. *pap. bleu.*

574 Quatre Dialogues; savoir, sur l'immortalité de

F ij

l'ame ; l'existence de Dieu ; la Providence & la Religion, par *de Choisy & Dangeau. Paris*, 1768. *in-*12.

575 Essais de Théodicée sur la bonté de Dieu, la liberté de l'homme, & l'origine du mal, par *Leibnitz. Lausane*, 1760. 2 vol. *in-*12.

576 Traité de l'Infini créé, avec l'explication de la possibilité de la transubstantiation. Traité de la Confession & de la Communion, par le P. *Mallebranche. Amsterd.* 1769. *in-*12. *pet. pap.*

577 Iddio operante Autore Thom. *Roccabella.* in *Venetiâ*, 1728. *in-*4. *pet. p.*

578 Theatrum fati, sive notitia scriptorum de providentiâ fortunâ & fato; Autore Petr. Frid. *Arpe. Roterodami*, 1712. *in-*8.

Traités de l'ame & de son immortalité ; de l'esprit de l'homme ; de son intelligence & de ses autres facultés.

579 Pet. Pomponacii, Tractatus de immortalitate animæ. 1534. *in-*18. *vél. bl.*

580 Phedon, ou entretien sur la spiritualité & l'immortalité de l'ame, traduit de l'Allemand de *Mozes Mendehsohn*, par *Junker. Paris*, 1772. *in-*8. *br.*

581 Psychologie, ou Traité sur l'ame, par *Wolf. Amsterd.* 1747. *in-*12.

582 Métaphysique de l'ame, ou Théorie des sentimens moraux, trad. de l'Anglois *de Smith. Paris*, 1764. 2 *vol. in-*8. *pet. pap.*

583 Théorie des sentimens agréables. *Paris*, 1774. *in-*8. *pet. pap.*

584 Discours Philosophiques sur les causes finales, sur l'inertie de la matiere, & sur la liberté des actions humaines, par *Boullier. Amsterd. Paris*, 1759. *in-*12.

585 Essai philosophique concernant l'entendement humain ; trad. de l'Anglois de Locke, par *Coste. Amsterd.* 1758. 4 *vol. in-*12.

586 Abregé de l'essai de Locke sur l'entendement humain, traduit de l'Anglois, par *Bosset. Londres*, 1751. *in-*12.

587 Essai sur l'Homme, par *Pope*, traduit de l'Anglois. *Londres*, 1736. *in-*12.

SCIENCES ET ARTS.

588 Essai sur l'Homme, trad. de l'Anglois de *Pope*, avec des notes & un discours sur la philosophie Angloise. *Lyon*, 1761. *in-12. pet. pap.*

589 Présence corporelle de l'Homme en plusieurs lieux, prouvée possible par les principes de la bonne philosophie. *Paris*, 1764. *in-12.*

590 Histoire des progrès de l'esprit humain dans les Sciences exactes, & dans les Arts qui en dépendent, par *Saverien. Paris*, 1766. *in-8.*

591 Les Soliloques, ou Entretiens avec soi-même, contenant une Méthode pour perfectionner les connoissances humaines, trad. de l'Anglois de *Shaftesbury* par *Sinson. Londres. Paris*, 1771. *in-8.*

592 Traité de l'incertitude des Sciences, traduit de l'Anglois. *Paris*, 1714. *in-12.*

593 Petri. Dan. Huetii de imbecillitate mentis humanæ, libri III. *Amstelod.* 1738. *in-12.*

594 Traité philosophique de la foiblesse de l'esprit humain, par *Huet*, Evêque d'Avranches. *Londres*, 1741. *in-12.*

595 A Philosophical Enquiry in to the origin of our ideas of the sublime and beautiful. *London*, 1767. *in-8.*

596 Della Fisonomia dell'Humo di Gio Battista della Porta, Neapolitano. *in-8. fig. vél. verd.*

De l'instinct des animaux.

597 Histoire critique de l'ame des bêtes, contenant les sentimens des Philosophes anciens & modernes sur cette matiere, par *Guer. Amsterd.* 1749. 2 *vol. in-8.*

598 Discours de la connoissance des bêtes, par le P. *Gaston Pardies. Paris*, 1672. *in-12.*

599 Observations physiques & morales sur l'instinct des animaux, traduit de l'Allemand de Samuel *Reimar. Amsterd. Paris*, 2 *vol. in-12. br.*

Traités des Esprits & de leurs opérations ; de la Cabale ; de la Magie ; des Démons ; des Sorciers & Enchanteurs, & des opérations magiques & surnaturelles.

600 Le monde enchanté, dans lequel on examine la

doctrine des esprits, leur puissance & leurs opérations, traduit de l'Anglois de *Bekker*. *Amsterd.* 1694. 5 *vol. in-*12. *pet. pap. fig.*

601 Dæmonis Mimica in magiæ progressu, tum in sectis errorum quorum Autor est ab *Henrico Monteacuto. Parisiis*, 1612. *in-*18.

602 Histoire du Diable, traduit de l'Anglois. *Amsterdam*, 1730. 2 *tom. en* 1 *vol. in-*12.

603 Jo. Bap. Portæ, Magiæ naturalis, sive de miraculis rerum naturalium libri IV. *Anturpiæ*, 1561. *in-*8. *pet. pap.*

604 Disquisitionum magicarum, lib. VI. Autore Martino Delrio, Soc. Jes. *Lugduni*, 1604. *in-*4. *vel. bl.*

PHYSIQUE.

Introductions, Cours & Traités généraux de Physique.

605 Dictionnaire de Physique & des Sciences naturelles, avec l'histoire des Sciences Physico-Mathématiques, par une Société de Physiciens. *Paris*, 1776, 2 *vol. in-*8. *broch. cart.*

606 Dictionnaire de Physique, par le Pere *Paulian*. *Avignon*, 1760, *in-*8.

607 Enchiridion Physicæ restitutæ. *Parisiis*, 1642, *in-*24. *maro. roug.*

608 Histoire des causes premieres, ou exposition sommaire des Pensées des Philosophes sur les principes des Etres, par l'Abbé *Batteux. Paris*, 1769, *in-*8.

609 Hyeron. Cardani Mediolanensis Medici de subtilitate. Lib. XXI. *Lugduni*, 1554, *in-*8. *vel. bl.*

610 Théorie des Etres sensibles, ou Cours complet de Physique, par l'Abbé *Para du Phanjas. Paris*, 1772, 4 *vol. in-*8. *fig. bro.*

611 Novum Physicæ hodiernæ lumen quo mira jucundaque de Aere vitali, Esculentis, potulentis, &c.; inaudita propalantur auto. Henr. Mundt. *Lypsiæ*, 1685, *in-*12. *pet. pap.*

612 Manuel Physique, ou maniere d'expliquer les Phénomenes de la nature, par *Dufieu. Paris*, 1757, *in-*8.

613 Jonstonii Thaumatographia naturalis, in decem

SCIENCES ET ARTS. 47

classes distincta. *Amstelod.*, 1665, *in-12. pet. pap.*
614 Traité des systêmes. *Lahaye*, 1749. 2 *vol in-12.*
615 Tableau du systême du monde selon Copernic, par *Maclot. Paris*, 1773, *in-12.*
616 Analyse ou Exposition abregée du systême général des influences solaires, par *Desaintignon. Paris*, 1771, *in-12. broch.*
617 Journées physiques. *Lyon*, 1761, *in-8. 2 vol. broch.*
618 Amusemens philosophiques sur diverses parties des Sciences, & principalement de la Physique & des Mathématiques, par le P. *Abat. Amsterd.*, 1763, *in-8., fig. bro.*
619 Recueil de différens traités de Physique & d'Histoire naturelle, par *Deslandes. Paris*, 1750, 3 *vol. in-12. fig.*
620 Histoire des anciennes révolutions du globe terrestre, avec une relation des tremblemens de terre arrivés sur notre globe. *Amsterd.*, 1752, *in-12, fig. broch.*

Traités de l'Univers créé, du Ciel, des Astres & des Elémens. Traités singuliers de l'homme, de sa vie, &c.

621 Ocellus Lucanus, de la nature de l'univers, avec la traduction franç. & des remarques, par l'Abbé le *Batteux. Paris*, 1768, *in-8. bro.*
622 La nature dans la formation du tonnerre, & la reproduction des Etres vivans, par l'Abbé *Poncelet. Paris*, 1766, 2 part. en 1 *vol. in-8. fig. broch.*
623 Nouveau traité de la pluralité des mondes, traduit du latin de *Hughens. Paris*, 1702, *in-12. fig.*
624 Chroa-genesi, ou génération des couleurs, contre le systême de Newton, par *Gauthier.* 1749, *in-8. pet. pap. fig. vel. verd.*
625 Essai sur les Comêtes en général, auquel on a joint l'histoire de toutes les Comêtes, par M. *Dionis Dusejour. Paris*, 1775, *in-8. broc.*
626 Réflexions sur les Comêtes qui peuvent approcher de la terre, par M. *Delalande*, 1773 — Du miroir ardent d'Archimede, par M. *Dutens. Paris*,

48 SCIENCES ET ARTS.

1775. —— Le Coucou, ou Mémoire sur le Coucou de l'Europe. *Nancy*, 1775, *in-8. rel. éco.*

627 Lettre sur la Comête. 1742, *in-12. pet. pap.*

628 Histoire naturelle de l'air & des météores, par M. l'Abbé *Richard. Paris*, 1770, 10 *vol in-12. bro. en cart.*

629 Expériences & Observations sur différentes especes d'air, trad. de l'angl. de *Priestley. Berlin*, 1775, *in-12. fig. broc.*

630 Le Ventriloque, ou l'Engastrimythe, par *de la Chapelle. Londres. Paris*, 1772, 2 *vol. in-12.*

631 Dissertation sur la cause de la pesanteur & de l'uniformité des Phénomenes qu'elle nous présente, par *David.* —— Dissertation sur la figure de la terre. *Amsterdam. Paris*, 1767, *in-8. fig.*

632 Telliamed, ou entretiens d'un Philosophe Indien avec un missionnaire françois, sur la diminution de la mer, par *Maillet. La Haye*, 1755, 2 *vol. in-12.*

633 Lettres sur l'Homme & ses rapports. *Paris*, 1772, *in-8. pet. pap.*

634 Parallele de la condition & des facultés de l'homme avec la condition, & les facultés des autres animaux, trad. de l'Anglois, par *Robinet. Paris*, 1769, *in-8. pet. pap. broc.*

635 Joan. Beverovicii, de vitæ humanæ termino, epistolica quæstio. *in-4. pet. pap.*

Traités singuliers de Physique. Physique expérimentale. Electricité.

636 Physique des corps animés, par le P. *Berthier. Paris*, 1755, *in-12. broc.*

637 Leçons sur l'économie animale, par *Sigaud de la Fond. Paris*, 1767, 2 *vol. in-12. fig. bro.*

638 Dissertation Physique à l'occasion du negre blanc. *Leyde*, 1744, *in-8. pet. pap.*

639 Traité des Marques nationales, tant de ceux qui servent à la distinction d'une nation en général, que de celles qui distinguent les différens rangs des personnes, &c., par *Beneton de Morange de Peyrins. Paris*, 1739, *in-12.*

SCIENCES ET ARTS. 49

640 Leçons de Phyſique expérimentale, par l'Abbé Nollet. Paris, 1749, 6 vol. in-12. fig.

641 Deſcription & uſage d'un Cabinet de Phyſique expérimentale, par M. *Sigaud de la Fond*. Paris, 1775, 2 vol. in-8. fig. bro.

642 Le Clavecin électrique, avec une nouvelle théorie du Méchaniſme & des Phénomenes de l'électricité, par le Pere *de la Borde*. Paris, 1761, in-12. bro.

643 Traité de l'Electricité, par *Sigaud de la Fond*. Paris, 1771, in-12. fig. bro.

644 Expériences & Obſervations ſur l'Electricité, par M. *Franklin*, trad. de l'Anglois. Paris, 1752, in-8. pet. pap.

645 Lettres ſur l'Electricité, par l'Abbé *Nollet*. Paris, 1760, 3 vol. in-12. fig. bro.

646 Introduction à l'Etude des corps naturels tirés du regne minéral, par M. *Bucquet*. Paris, 1771, 2 vol. in-8. pet. pap. fig. bro.

647 Introduction à l'Etude des corps naturels tirés du regne végétal, par M. *Bucquet*. Paris, 1773, 2 vol. in-12. fig. bro.

648 Manuel du Naturaliſte, ouvrage utile aux voyageurs, & à ceux qui viſitent les Cabinets d'Hiſtoire naturelle. Paris, 1770, in-8. pet. pap.

649 Hiſtoire naturelle, générale & particuliere, par M. de *Buffon*. Paris, *Imprimerie Royale*, 1769, 13 vol. in-12. fig.

650 Lettres à un Américain ſur l'Hiſtoire naturelle, générale & particuliere de M. de *Buffon*. Hambourg, 1756. 9 part. en 4 vol. in-12.

HISTOIRE NATURELLE.

Introduction & Traités préparatoires à l'Hiſtoire Naturelle.

651 Traité de Phyſique, d'Hiſtoire naturelle, de Minéralogie & de Métallurgie, ou l'art des mines, par *Lehmann*. Paris, 1759, 3 vol. in-12. fig. broch.

652 Mêlanges d'Hiſtoire naturelle, par *Alléon Dulac*.

SCIENCES ET ARTS.

Lyon, 1765, 6 *vol. in*-8. *pet. pap. bro. fig.*
653 Dictionnaire universel d'Histoire naturelle, contenant l'histoire des animaux, des végétaux & des minéraux, par M. *Valmont de Bomare. Paris*, 1775, 9 *vol. in*-8. *rel. écon.*

Histoire Naturelle, Générale, Universelle.

654 C. Plinii secundi Historiæ naturalis, lib. XXXVII, cum interpretationibus & notis Joan. *Harduini*, è Soc. Jes. *Parisiis*, 1623, 3 *vol. in-fol.*
655 C. Plinii secundi Historiæ naturalis, libri XXXVII, ex recensione & cum notis Gab. *Brotier. Parisiis*, 1779, 6 *vol. in*-12. *bro.*
656 Histoire naturelle de Pline traduite en françois, avec le texte latin à côté. *Paris*, 1771 *& années suivantes, in*-4. *broc. en cart. les* 11 *premiers vol.*
657 Franc. Massarii in nonum Plinii de naturali Historiâ librum, castigationes & annotationes. *Bazileæ*, 1537, *in*-4. *pet. pap. vel gris.*

Histoire Naturelle des Métaux, Minéraux, Fossiles, Pétrifications, Pierres, &c.

658 Joan. Joac. Beccheri, Physica subterranea. *Lypsiæ*, 1703, 3 *vol. in*-12.
659 Recueil de divers traités sur l'Histoire naturelle de la terre & des fossiles, par *Bertrand. Avignon*, 1766. *in*-4. *broc.*
660 Minéralogie, ou nouvelle Exposition du regne minéral, avec un dictionnaire nomenclateur & des tables synoptiques. *Paris*, 1761, 2 *vol. in*-8. *br.*
661 Minéralogie, ou nouvelle Exposition du regne minéral, par M. *Valmont de Bomare. Paris*, 1774, 2 *vol. in*-8. *broc.*
662 L'art d'essayer les mines & les métaux. *Paris*, 1759. *in* 8. *pet. pap. bro.*
663 Traité de l'exploitation des mines, avec un Traité sur la préparation & le lavage des mines, traduit de l'allemand, par *Monnet. Paris*, 1773. *in*-4. *fig. bro.*
664 Description méthodique d'une collection de mi-

SCIENCES ET ARTS.

néraux, par M. *de Romé de l'Isle. Paris*, 1773. *in*-8. *bro.*

665 Examen de la Poudre, traduit de l'italien, par M. le Vicomte de *Flavigny. Amsterd. Paris*, 1773. *in*-8. *fig. bro.*

666 Dictionnaire universel des Fossiles propres, & des Fossiles accidentels, par *Bertrand. La Haye*, 1763. 2 *tom.* en 1 *vol. in*-8.

667 Essai de Cristallographie ou Description des figures géométriques, propres à différens corps du regne minéral, connus sous le nom de Crystaux, par M. *de Romé de Lisle. Paris*, 1772. *in*-8. *fig. br.*

668 Lettres philosophiques sur la formation des Sels & des Crystaux, & sur la génération & le Méchanisme organique des plantes & des animaux, par *Bourguet. Amsterdam*, 1762. *in*-12. *fig.*

669 Traduction d'un article des transactions philosophiqnes sur le Corail, &c. *Londres*, 1756. *in*-12.

670 Traité des pierres de Théophraste, traduit du grec, avec des notes physiques & critiques, traduites de l'anglois. *de Hill. Paris*, 1754. *in*-12.

671 Roberti Boile specimen de Gemmarum origine, & virtutibus. *Hamburgi*, 1673. *in*-18.

672 Pyritologie, ou Histoire naturelle de la Pyrite, avec le Flora Saturnisans & les Opuscules minéralogiques de Henckel, traduit de l'Allemand. *Paris*, 1760. *in*-4. *fig. bro.*

673 Conchyliologie nouvelle & portative, ou Collection de Coquilles propres à orner les Cabinets des Curieux, &c. *Paris*, 1767. *in*-12. *pet. pap.*

674 Dictionnaire d'Histoire naturelle, qui concerne les Testacées ou les Coquillages de mer, de terre & d'eau douce, par l'Abbé *Favart d'Herbigny. Paris*, 1775. 3 *vol. in*-8. *pet. pap.*

675 Catalogue raisonné des Coquilles & autres Curiosités naturelles. *Paris*, 1736. *in*-12.

Histoire Naturelle des Eaux minérales & médicinales

676 Franc. Blondel Thermarum aquis granensium & Porcetanarum Descriptio. *Trajecti ad Morsam.* 1685. *in*-12. *pet. pap. fig. vel. bl.*

SCIENCES ET ARTS.

677 Mémoire sur la maniere d'agir des Bains d'eau douce & d'eau de mer, par M. *Maret. Paris*, 1769. *in-8. bro. avec les tables.*

678 Dictionnaire des Eaux Minérales, contenant leur Histoire naturelle, &c., par M. *Buchoz. Paris*, 1775. 2 *vol. in-8. bro.*

AGRICULTURE.

679 M. Catonis, Terentii Varronis, L. Junii moderati Collumellæ, &c. libri de re Rusticâ. *Bazileæ.* 1535. *in-4. pet. pap.*

680 Marci Catonis ac Varronis de re Rusticâ Libri, per Petrum Victorium ad Veterum Exemplarium fidem restituti. *Lugduni*, apud *Gryphium*, 1541. —— Columellæ de re Rusticâ Lib. XII. *Lugduni*, apud *Gryphium*, 1541. —— Palladii Rutilii de re Rusticâ, Lib. XIV. *Lugduni*, apud *Gryphium*, 1541. *in-8.*

681 Constantini Cæsaris selectarum præceptionum de Agriculturâ, libr. XX. Jano *Cornario Medico* interprete. *in-8. pet. pap.*

682 Histoire de l'Agriculture ancienne, extraite de l'Histoire naturelle de Pline. *Paris*, 1765. *in-12.*

683 Curiosités de la Nature & de l'Art sur la végétation ou l'Agriculture & le Jardinage, dans leur perfection, par l'Abbé de *Valmont. Paris*, 1705. *in-12. fig.*

684 Ecole d'Agriculture pratique, par *Degraffe. Paris*, 1770. *in-12. bro.*

685 Trésor Champêtre, nécessaire aux Habitans des Campagnes. *in-12. Paris.*

686 Essai sur l'Agriculture moderne. *Paris*, 1755. *in-12. pet. pap.*

687 Caro. Stephani Prædium Rusticum. *Parisiis*, 1629. *in-8. pet. pap.*

688 Vanierii prædium rusticum. *Tolosæ*, 1730. *in-12. fig.*

689 Ren. Rapini Soc. Jes. Hortorum lib. IV. *Parisiis Cramoisy*, 1666. *in-12. pet. pap.*

690 Traité des Jardins, ou le nouveau De la Quintinie. *Paris*, 1775. 2 *vol. in-8.*

SCIENCES ET ARTS.

691 La théorie & la pratique du Jardinage & de l'Agriculture, précédée d'un Dictionnaire servant d'introduction, par l'Abbé *Roger Schabol*. Paris, 1767. 4 vol. *in*-12.

692 Année champêtre qui traite de tout ce qu'il convient de faire chaque mois dans le potager, par le Pere d'*Ardenne*. Florence. Paris, 1769. 3 vol. *in*-12.

693 Manuel du Jardinier, ou Journal de son travail distribué par mois. *in*-12. *bro. pap. verd.*

694 Le Jardinier prévoyant, contenant le rapport des opérations journalieres, suivies des heures de l'Agriculteur. *Paris*, 1776. *in*-18.

695 Le Calendrier des Jardiniers, traduit de l'anglois de *Bradley*. Paris, 1750. *in*-12. *fig.*

696 Essai sur les Jardins, par *Watelet*. Paris, 1774. *in*-8. *bro.*

697 L'art de former les Jardins modernes, ou l'art des Jardins anglois, traduit de l'anglois. *Paris*, 1771. *in*-8. *fig.*

698 Le Socrate rustique, ou description de la Conduite économique & morale d'un Paysan Philosophe, traduit de l'allemand. *Zurich*, 1764. *in*-12.

699 De principiis Vegetationis & Agriculturæ, & de causis triplicis Culturæ, in Burgundiâ, disquisitio Physica. *Parisiis*, 1769. *in*-8.

BOTANIQUE.

700 Manuel de Botanique, par *Duchesne*. Paris, 1764. *in*-12.

701 Abrégé élémentaire de Botanique, &c. *Lille*, 1774. *in*-8.

702 Casp. Bauhini pinax theatri botanici sive index in Theophrasti, Dioscoridis, Plinii, & botanicorum qui scripserunt, opera. Accedunt Plantarum circiter sex millium. *Basileæ*, 1671. *in*-4. *vél. bl.*

703 Botanici monographi. 2 *vol. in*-4. *petit pap. relieu. œcon.*

704 Le Botaniste François, par *Barbeu Dubourg*. Paris, 1767. 2 *vol. in*-12.

SCIENCES ET ARTS.

705 Sebastiani Vaillant Botanicon Parisiense. *Lugd. Batav.* 1643. *in-*8. *pet. pap. vél. bl.*

Histoire naturelle générale des Plantes, Arbres & Arbustes.

706 Introduction à la connoissance des Plantes, par *Gaulthier. Avignon, Paris,* 1760. *in-*12.
707 Dioscoridis lib. VIII. græcè & latinè. *Parisiis,* 1549. *in-*8. *vél. verd.*
708 Similitudinum ac parabolarum quæ in bibliis ex herbis atque arboribus desumuntur, dilucida explicatio. Accesserunt de gemmis aliquot hiis presertim quarum divus Joannes Apost. in sua Apocalypsi meminit, &c. autor. *Ruer,* Doct. Medi. *Francofurti,* 1608. *in-*18.
709 Leon. Fuschii plantarum effigies, quinque diversis linguis redditæ. *Lugduni,* 1552. *in-*16. *vél. bl. fig.*
710 Recherches sur l'usage des feuilles dans les plantes, par Ch. *Bonnet. Gottingue,* 1754. *in-*4. *fig.*
711 Æmilii Macri de herbarum virtutibus elegantissima poesis. *Basileæ,* 1581. *in-*8. *fig.*
712 Abrégé de l'Histoire des Plantes usuelles, par *Chomel. Paris,* 1761. 3 *vol. in-*12.
713 Familles des Plantes, par M. *Adanson. Paris,* 1763. 2 *vol. in-*8. *fig.*
714 Observations sur les Plantes, par *Guettard. Paris,* 1747. 2 *vol. in-*12.
715 Liasse contenant le recueil des Plantes de M. Buchoz. *in-*4.
716 Traité du plantage & de la culture des principales plantes potageres. *Yverdon,* 1768. *in-*12. *br.*
717 Traité complet sur la maniere de planter, d'élever & de cultiver la vigne, extrait du grand Dictionnaire Anglois de *Miller. Yverdon,* 1768. 2 *vol. in-*12. *broch.*
718 Traité des arbres fruitiers, trad. de l'Allemand. *Yverdon,* 1768. 2 *vol. in-*12. *broc.*
719 Culture des arbres fruitiers, dont, essai sur la taille des arbres fruitiers, 1773. Traité de la culture des pêchés, &c. *in-*12. *fig. rel. œcon.*

SCIENCES ET ARTS. 55

720 La physique des arbres, où il est traité de l'anatomie des plantes & de l'économie végétale, &c. par *Duhamel Dumonceau. Paris*, 1758. 2 vol. *in-*4. *fig. bro.*

721 Des semis & plantations des arbres & de leur culture, &c. par *Duhamel Dumonceau. Paris*, 1760. *in-*4. *fig. br.*

722 Traité des arbres & arbustes, par *Duhamel Dumonceau. Paris*, 1755. 2 vol. *in-*4. *fig. vél. verd.*

723 De l'exploitation des bois, ou moyens de tirer un parti avantageux des taillis, demi futaies & hautes futaies, par *Duhamel Dumonceau. Paris*, 1764. 2 vol. *in-*4. *fig. br.*

724 Du transport, de la conservation & de la force des bois, avec les moyens d'attendrir les bois, de leur donner diverses courbures, &c. par *Duhamel Dumonceau. Paris*, 1767. *in-*4. *fig. br.*

Histoire naturelle particuliere des Plantes & des Fleurs.

725 De tabaco exercitationes quatuordecim, autore Joann. Chrisost. *Magneno. Hagæ-comitis* 1658. — Ejusdem de mannâ liber singularis. — De morbis puerorum, autore Jacob. *Primerosio. Roterod.* 1659. *in-*18.

726 Joan. Franci Veronica Theezans, id est collatio Veronicæ Europeæ cum thè chinitico. *Lypsiæ*, 1700. *in-*18. *fig.*

727 Traité de la garance & de sa culture, par *Duhamel Dumonceau. Paris*, 1765. *in-*12. *fig. br.*

728 Joannis Baptistæ Ferrarii Senensis flora seu de florum culturâ lib. IV. accurante Rottendorsho. *Amst. Jeanson.* 1646. *in-*4. *fig.*

729 Beauté de la nature, ou fleurimanie raisonnée, par M. *Maldet. Paris*, 1775. *in-*12.

730 Toillette de Flore, ou essai sur les plantes & les fleurs qui peuvent servir d'ornement aux dames, par M. *Buchoz. Paris*, 1771. *in-*8. *pet. pap.*

731 Traité des renoncules, par le Pere *Dardenne. Paris*, 1746. *in-*8.

732 Traité sur la connoissance & la culture des jacintes. *Avignon.* 1759. *in-*12. *pet. pap.*

733 Des jacintes, de leur anatomie, réproduction & culture. *Amst.* 1768. *in-4. fig. br.*

HISTOIRE DES ANIMAUX.

Histoire naturelle générale des animaux.

734 Obfervationes & hiftoriæ de generatione animalium, cum obfervationibus anotomico-medicis & cadavera balfamo condiendi modis, ftudio *Schraderi. Amftelod.* 1674. *in-12. pet. pap. fig.*

735 Claudii Æliani de animalium naturâ lib. XVII. græcè & latinè, aliter Zoologia. *Genevæ*, 1511. *in-18.*

736 Le regne animal divifé en neuf claffes, ou méthode contenant la divifion générale des animaux, par *Briffon*, latin & françois. *Paris*, 1756. *in-4. fig.*

737 Pallas, Mifcellanæa Zoologica quibus animalium fpecies defcribuntur, &c. *Hagæ-Comitum*, 1766. *in-4. fig. br.*

738 Pallas medicinæ Doct. Elenchus Zoophytorum fiftens generum adumbrationes generaliores & fpecierum cognitarum fuccinctas defcriptiones, &c. *Hagæ-Comitum*, 1766. *in-8. br.*

739 Difcorfi de gli animali di M. Agnolo *Firenzvola. Fiorentino. in-18. pap. verd.*

740 Doutes ou obfervations de Klein fur la revue des animaux, faite par le premier homme, avec des remarques fur les cruftacées, fur les animaux qui ruminent, & fur la vie de l'homme comparée à celle des animaux, trad. du latin. *Paris*, 1754. *in-8. fig.*

741 Antonini liberalis transformationum congeries. —Phleguntis Tralliani de mirabilibus & longævis libellus, &c. græcè & latinè cum annotationibus Guillelmi Xilandri *Bafileæ*, 1568. *in-8. pet. pap. vél. bl.* (*Article à renvoyer à la Mythologie.*)

742 Correfpondance d'Hiftoire Naturelle, ou lettres fur les trois regnes de la nature, contenant des obfervations fur les animaux, les végétaux & les minéraux. *Paris*, 1775. 8 *vol. in-12. br.*

743

SCIENCES ET ARTS.

743 Dictionnaire vétérinaire & des animaux domestiques, par M. *Buchoz*, suivi d'un *Fauna-Gallicus*. Paris, 1775. 6 vol. in-8. fig. br.

744 Premiere Centurie de planches enluminées & non enluminées, représentant au naturel ce qui se trouve de plus curieux parmi les animaux, les végétaux & les minéraux, par M. *Buchoz*. Paris, in-fol. cart. mar. 4 vol. contenant les quatre premieres décades. br. pap. bl.

Histoire Naturelle particuliere des quadrupedes, des oiseaux, des insectes, des poissons & des monstres.

745 Méthodes & projets pour parvenir à la destruction des loups dans le Royaume, par *de Lisle de Moncel*. Paris, 1768. in-12. br.

746 Histoire Naturelle des oiseaux, par M. *de Buffon*. Paris, Imprimerie Royale, 1770. & années suiv. 6 vol. in 12. dont les deux derniers br. en cart. fig.

747 L'Histoire Naturelle éclaircie dans une de ses parties principales, l'Ornithologie, ou traité des oiseaux; Ouvrage trad. du latin du *Synopsis avium* de Ray, par *Salerne*. Paris, 1767. in-4. gr. pap. fig.

748 Ædologie, ou traité du rossignol franc ou chanteur, contenant la maniere de le prendre au filet, &c. Paris, 1751. in-12. fig.

749 Nouveau traité des serins de Canarie, contenant la maniere de les élever, &c. par *Hervieux de Chanteloup*. Paris, 1766. in-12.

750 Le gouvernement admirable, ou la république des abeilles, par *Simon*. Paris, 1758. in-12. fig. broc.

751 Culture des abeilles, ou méthode sur les moyens de tirer meilleur parti des abeilles, par *Duchet*. Vevey, 1771. in-12.

752 Nouveau traité des abeilles, & nouvelles ruches de paille, par *Boisjugan*. Caen, Paris, 1771. in-8. pet. pap. br.

753 Nouvelle construction de ruches de bois, avec la façon d'y gouverner les abeilles, & l'Histoire Naturelle de ces insectes, par *Palteau*. Metz, 1756. in-8. pet. pap. fig. br.

SCIENCES ET ARTS.

754 Histoire Naturelle des insectes, trad. du *Biblia naturæ* de Jean Swammerdam. *Dijon, Paris*, 1758. *in-4. fig.*

755 Histoire abrégée des insectes, par *Geoffroy. Paris*, 1764. 2 *vol. in-4. fig. br.*

756 Baconi de verulanio Historia naturalis & experimentalis, de ventis, &c. *Amstel. Elzevir*, 1662. *in-*18.

757 Nouvelles recherches sur les découvertes microscopiques, & la génération des corps organisés, trad. de l'ital. de Spalanzani, par l'Abbé *Regley. Londres, Paris*, 1769. 2 *vol. in-8. fig. br.*

758 Gesneri, de Piscibus & aquatilibus omnibus lib. III. *Tiguri, in-8. pet. pap.*

759 Arnoldi Sorbini, tractatus de monstris quæ à temporibus Constantini hucusque ortum habuerunt. *Parisiis*, 1570. *in-*16.

760 Fortunius Liætus de monstris, ex recensione Gerardi Blasii; editio Iconibus illustrata. *Amstel.* 1665. *in-4. pet. pap.*

Histoire Naturelle particuliere de différens pays.

761 Recherches & observations naturelles touchant l'embrasement du Mont Etna, par *Boccone. Paris*, 1673. *in-*12. *pet. pap. vél. bl.*

762 Enumerationis fossilium quæ in omnibus Galliæ provinciis reperiuntur tentamina, autore Dom *d'Argenville, Parisiis*, 1751. *in* 8.

763 Mémoires pour servir à l'Histoire Naturelle des provinces de Lyonnois, Forez & Beaujolois, par *Alleon Dulac. Lyon*, 1765. 2 *vol. in-8. pet. pap. fig.*

764 Traité historique des plantes qui croissent dans la Lorraine & les Trois Evêchés, par M. *Buchoz. Nancy*, 1762. & années suivantes, 10 *vol. in-*12. *fig. le premier vol. relié, les autres br.*

765 Vallerius Lotharingiæ, ou catalogue des mines, terres, fossiles, &c. qu'on trouve dans la Lorraine & les Trois Evêchés, par M. *Buchoz. Nancy, Paris*, 1769. *in-8. petit pap. broc.*

766 Aldrovandus Lotharingiæ, ou catalogue des ani-

maux quadrupedes, reptiles, oiseaux, &c. qui habitent la Lorraine & les Trois Evêchés, par M. *Buchoz. Paris*, 1771. *in*-8. *pet. pap. broc.*

767 Car. Linnæi flora Suecica exhibens plantas per regnum Sueciæ crescentes. *Stokholmiæ*, 1755. *in*-8.

768 Histoire Naturelle des glacieres de Suisse, trad. de l'Allemand de Grouner, par *de Keralio. Paris*, 1770. *in*-4. *fig. br. cart.*

769 Histoire des Plantes de l'Europe & des plus usitées qui viennent d'Asie, d'Afrique, &c. par *Bauhin. Lyon*, 1766. 2 *vol. in*-12. *fig.*

770 Dictionnaire raisonné universel des plantes, arbres & arbustes de la France, par M. *Buchoz. Paris*, 1770. 4 *vol. in*-8. *br. en cart.*

771 Histoire des singularités naturelles d'Angleterre, d'Ecosse & du pays de Galles, trad. de l'Angl. de Childrey. *Paris*, 1667. *in*-12. *fig.*

772 Histoire naturelle de l'Islande, du Groenland, du détroit de Davis, trad. de l'Allemand *d'Anderson. Paris*, 1750. 2 *vol. in*-12. *fig. br.*

773 Histoire naturelle & politique de la Pensylvanie & de l'établissement des Quakers, trad. de l'Allemand, par M. *Rousselot de Surgy. Paris*, 1768. *in*-12. *br.*

774 Essai sur l'Histoire naturelle de la France équinoxiale, par *Barrere. Paris*, 1749. *in*-12. *broc. cart. verd.*

775 Histoire des plantes de la Guyanne Françoise, rangées suivant la méthode sexuelle, par M. *Fusée Aublet. Londres, Paris*, 1775. 4 *vol. in*-4. *fig. br.*

776 Essai sur l'Histoire naturelle de l'Isle de Saint-Domingue. *Paris*, 1776. *in*-8. *fig.*

777 Histoire naturelle & morale des Isles Antilles de l'Amérique, par *de Rochefort. Rotterdam*, 1681. *in*-4. *fig.*

778 Histoire générale des insectes de Surinam & de toute l'Europe, par M. *de Mérian. Paris*, 1771. 2 *vol. in-fol. fig. br. carta magna.*

SCIENCES ET ARTS.

MÉDECINE.

Introduction & Traités préparatoires à la Médecine.

779 Davi. Macbride, Introductio méthodica, in Theoriam & praxim medicinæ, ex Anglicâ Lingua in Latinam conversa. *Trajecti ad Rhenum*, 1774. 2 vol. *in*-8. *br.*

780 Institutiones Medicæ in usus annuæ exercitationis domesticos digestæ, ab Herm. *Boerhaave. Parisiis*, 1635. *in*-12.

781 Methodus discendi artem medicam, in duas partes divisa. *Londini*, 1734. *in*-12.

782 Institutiones Medicæ ex novo medicinæ conspectu. *Lutetiæ. Parisior.* 1755. *in*-12.

783 Jo. Fred. Cartheuser, fondamenta materiæ Medicæ tam generalis, quam specialis; edente *Desessartz. Parisiis*, 1769. 4 vol. *in*-12.

784 Quæstion. Medicarum quæ circà medicinæ Theoriam & praxim agitatæ sunt & discussæ series chronologica, &c. *Parisiis*, 1752. *in*-4. *broc. cart. pap. roug.*

785 Rondeletii. Medicina methodica. *in*-8.

786 Dictionarium medicum, vel expositiones vocum medicinalium ad verbum excerptæ, Græcè & Latinè. 1564. *in*-8. *pet. pap.*

787 Steph. Blancardi Lexicon novum medicum, Græco-Latinum. *Lugd. Bat.* 1702. *in*-8.

788 Dictionnaire portatif de Chirurgie, ou tom. troisieme du Dictionnaire de Santé, par M. *Sue. Paris*, 1771. *in*-8. *br.*

789 Dictionnaire portatif de Santé. *Paris*, 1761. 2 vol. *in*-8.

790 Dictionnaire portatif de Médecine, d'Anatomie, de Chirurgie, &c. avec un Vocabulaire Grec & un Latin, par *Lavoisier. Paris*, 1764. 2 vol. *in*-8. *p. pap.*

791 Dictionnaire interprete de matiere médicale, & de ce qui y a rapport, par *Julliot. Paris*, 1770. *in*-8. *pet. pap.*

792 Dictionnaire historique de la Médecine, contenant son origine, ses progrès, ses révolutions, &c.

par *Eloy. Francfort. Paris*, 1756. 2 *vol. in-*8. *p. pap.*
793 Essai historique sur la Médecine en France. *Paris*, 1762. *in-*12.

Médecins anciens & modernes.

794 Les Œuvres d'Hypocrate, traduites en François, avec des remarques. *Paris*, 1697. 2 *vol. in-*12.
795 Epidémiques d'Hypocrate, trad. du Grec par *Desmares. Paris*, 1767. *in-*12.
796 Hypocratis aphorismi, edente *Carolo Lorry. Parisiis*, 1754. *in-*24.
797 Régime de Pithagore, traduit de l'Italien du Docteur *Cocchi. La Haye. Paris*, 1762. *in-*8.
798 Cor. Celsi de medicina, lib. VIII, ex recognitione, Joan. Antonidæ *Vander-Linden. Lugduni. Batav.* 1658. *in-*16. *vél. bl.*
799 Cornel. Celsi de re medicâ, lib. VIII, ex recensione, *Joan. Vallart. Parisiis. Didot.* 1772. *in-*12.
800 Pronosticorum & Aphorismorum libri. Accedunt flosculi medicinales ex libro Corn. Celsi extracti. 1519. *in-*12. *pet. pap. vél. gris.*
801 Th. Bartholini epistolarum medicinalium à Doctis vel ad Doctos scriptarum centuriæ IV. *Hagæ-Comitum.* 1740. 4 *vol. in-*8. *pet. pap.*
802 Casp. Bartholini opuscula quatuor singularia; de unicorum, de lapide nephretico, de Pigmæis, & concilium de studio medico, &c. *Hafniæ*, 1628. *in-*8. *pet. pap.*
803 Sanctorii Sanctorii de medicinâ staticâ aphorismi: commentaria notafque addidit *Lorry. Parisiis*, 1670. *in-*12.
804 Ars Sanctorii de staticâ medicinâ. *Lugduni-Batavorum.* 1711. *in-*16.
805 Jo. Schenckii Observationes medicæ de capite humano, *Basileæ*, 1584. *in-*8. *pet. pap. vél. bl.*
606 Th. Bezæ de pestis contagio & fugâ dissertatio. *Lugduni-Batavor*, 1636. *in-*24. *vél. bl.*
807 Ignis Lambens, historia medica, Prolusio physica, rarum pulchrescentis naturæ specimen. *Veronæ.* 1642. *in-*8. *pet. pap.*
808 Athan. Kircheri è Soc. Jes. scrutinium physico-

medicum contagiofæ luis quæ dicitur peftis. *Lypfiæ*, 1659. *in*-16.
809 Helvetii Microfcopium phyfiognomiæ medicum, id eft tractatus de phyfiognomiâ. *Amftelod.* 1676. *in*-8. *pet. pap. fig.*
810 Roberti Boyle apparatus ad hiftoriam naturalem fanguinis humani. *Londini*, 1684. *in*-8. *pet. pap.*
811 Gual. Charletoni, inquifitiones medico-phyficæ de caufis calameniorum five fluxûs menftrui, &c. *Lugduni. Batavor.* 1686. *in*-12. *pet. pap.*
812 Georg. Ernefti Stahl, ars fanandi cum expectatione ; oppofita arti curandi nudâ expectatione, fatyra harveana. *Parifiis*, 1730. *in*-8.
813 La Médecine, la Chirurgie & la Pharmacie des pauvres, par *Hecquet*. *Paris*, 1740. 3 *vol. in*-12.

Traités du régime de vie & de la fanté.

814 Schola Salernitana five de confervandâ valetudine præcepta metrica, autore Joan. de Mediolano ex recenfione Sylvii. *Roterodami.* 1617. *in*-16.
815 L'Ecole de Salerne, en vers burlefques ; & Poema Macaronicum de bello Huguenotico. *Paris*, 1653. *in* 4 *pet. pap.*
816 Hygiafticon feu vera ratio valetudinis bonæ & vitæ, una cum fenfuum, judicii & memoriæ integritate ad extremam fenectutem confervandæ, autore *Leffio*. *Antuerpiæ. Plantin.* 1623. *in*-8. *p. pap.* Accedit Lud. *Cornari* veneti tractatus eodem pertinens.
817 De la Sobriété & de fes avantages, traduct. de *Leffius* & de *Cornaro*. *Paris*, 1772. *in*-12.
818 Hiftoire de la fanté & de l'art de la conferver, traduit de l'Anglois de *Mackenzye*. *La Haye.* 1759. *in*-8.
819 Bern. Ramazzini de principum valetudine tuendâ commentatio. *Trajecti ad Rhenum.* 1712. *in*-8. *pet. pap.*
820 Confeils pour conferver ou rétablir la fanté, par *Capion*. *Amfterd.* 1759. *in*-18. *broc. cart. verd.*
821 Avis au Peuple fur fa fanté, par *Tiffot*. *Paris*, 1767. 2 *vol. in*-12.

822 Tissot, sermo inauguralis de valetudine litteratorum. *Lausanne*, 1766. *in-8.*
823 Le Médecin de soi-même, ou l'art de se conserver la santé par l'instinct. *Leyde.* 1682. *in-18.*

Traités diététiques & des alimens.

824 Lud. Nonnii Diæteticon sive de re cibariâ, libri IV, *Antuerpiæ*, 1627. *in-8. pet. pap. vél. bl.*
825 Essai sur les alimens, pour servir de Commentaire aux livres Diététiques d'Hypocrate, par *Lorry*. *Paris*, 1757. 2 vol. *in-12. br.*
826 Le régime du Carême, considéré par rapport à la nature du corps & des alimens, par *Andry*. *Paris*, 1710. *in-12.*
827 Dissertatio physico medica in epistolam Benedicti XIV, de jejunio quadragesimali, cum directorio medico de dandis pro dispensatione jejunii attestatis. *Francofurti ad Menum*, 1751. *in-12.*
828 Traité des alimens, où l'on trouve la différence & le choix qu'on en doit faire, par *Lemery. Paris*, 1755. 2 vol. *in-12.*
829 Le Manuel des Officiers de bouche, ou précis de tous les apprêts des alimens. *Paris*, 1759. *in-12.*
830 Dictionnaire de cuisine, d'office & de distillation; on y a joint des observations médicinales. *Paris*, 1767. *in-8. pet. pap.*
831 Cœnarum Heilena seu anguilla juxta methodum & leges illustris academiæ naturæ curiosorum descripta, aut. *Franc. Paullino. Francofurti & Lypsiæ*, 1689. *in-16.*
832 Joan. Pet. Lotichii de Casæi nequitiâ, Tractatus medico-philologicus. *Francofurti ad Menum.* 1643. Ejusdem de bonâ mente oratio. 1643. *in-12.*
833 Claud. Salmasii de Mannâ & Saccharo, Commentarius. *Parisiis*, 1664. *in-8. vél. bl.*
834 Guill. Grataroli de vini naturâ ejusdemque opuscula varia. *Coloniæ*, 1571. *in-8. vél. bl.*
835 Canonherii de admirandis vini virtutibus, lib. XIII, *Antuerpiæ*, 1627. *in-8. pet. pap.*
836 De saluberrimâ potione Cahve, seu Café, nuncupata, discursus. *Romæ*, 1671. *in-18. vél. verd.*

SCIENCES ET ARTS.

837 Traités nouveaux & curieux du Café, du Thé, & du Chocolat, par *Sylvestre*. *La Haye*, 1693. *in*-16. *fig.*

838 Le parfait Limonadier, par *Masson*. *Paris*, 1774. *in*-16.

839 Thom. Bartholini de nivis usu medico observationes variæ. Accessit Eras. Bartholini de figurâ nivis dissertatio. *Hafniæ*, 1661. *in* 8. *pet. pap.*

840 De la digestion & des maladies de l'estomac. *Paris*, 1712. *in*-12.

Physiologie & Pathologie, ou de la connoissance & de la cure des maladies.

841 Elémens de physiologie, ou Traité de la structure & des usages des différentes parties du corps humain, traduit du Latin de *Haller*. *Paris*, 1761, *in*-8.

842 Elémens de Physiologie, traduit du Latin de *Haller*, par *Bordenave*. *Paris*, 1769. 2 part. en 1 vol. *in*-12. *br.*

843 Alberti Haller, primæ lineæ physiologiæ. *Lausannæ*. 1771. *in*-12.

844 Tableau des maladies de Lomnius, ou description exacte de toutes les maladies qui attaquent le corps humain, par l'Abbé le *Mascryer*. *in*-12.

845 Nosologie méthodique, ou distribution des maladies en classes, en genres & en especes, suivant l'esprit de *Sydenham*, par de *Sauvage*. *Lyon*, 1772. 10 vol. *in*-12. *broc. fig.*

846 Dissertation physico-médicale sur les causes de plusieurs maladies, & sur les propriétés d'une liqueur purgative & vulnéraire, par Cl. *Chevalier*. *Paris*, 1758. *in*-12. *fig.*

847 Traité de l'expérience en général, & en particulier dans l'art de guérir, traduit de l'Allemand de *Zimermann*, par M. le *Febvre*. *Paris*, 1774. 3 vol. *in*-12. *broc.*

848 Essai sur les maladies des gens du monde, par *Tissot*. *Paris*, 1771. *in*-12.

849 Traité des maladies de la peau, traduit de l'Anglois de *Turner*. *Paris*, 1743. 2 vol. *in*-12.

SCIENCES ET ARTS.

850 Histoire de la petite vérole, avec les moyens d'en préserver les enfans, par *Paulet. Turin*, 1768, 2 vol. *in*-12. broc.

851 Essai sur l'hydropisie & ses diverses espèces, traduit de l'Anglois de *Monro. Paris*, 1760. *in*-12.

852 Essais sur neuf maladies également dangereuses, l'Apoplexie, la paralysie, &c. par M. *de Malon. Paris*, 1770. *in*-12.

853 Manuel des pulmoniques, ou Traité complet des maladies de la poitrine, par M. *de Roziere de la Chassagne. Paris*, 1770. *in*-12.

854 Dissertation physique & botanique sur la maladie néphrétique, & sur son véritable spécifique le raisin d'ours (*uva ursi*) par D. Joseph *Quer*, traduit de l'Espagnol. *Strasbourg. Paris*, 1768. *in*-8. fig.

855 Dissertation sur la goutte, tant chaude que froide. *Paris*, 1689. *in*-12.

856 Dissertation sur les maladies vénériennes, par *Dibon. Paris*, 1725. *in*-12.

857 L'Art de se guérir soi-même dans les maladies vénériennes, par M. *Bourru. Paris*, 1771. *in*-8. br. cart.

858 Traité des fievres, traduit du Latin de *Fize. Paris*, 1757. *in*-12.

859 Essai sur l'usage & l'écorce du Garou, ou Traité des effets des exutoires employés contre des maladies rebelles & difficiles à guérir, par *Agathange le Roi. Paris*, 1774. *in*-12.

860 La Nymphomanie, ou Traité de la fureur utérine, par *de Bienville. Amsterdam*, 1771. *in*-8. pet. pap.

861 L'Onanisme, Dissertation sur les maladies produites par la masturbation, par *Tissot. Lausane*, 1764. *in*-12.

862 Recueil alphabétique de pronostics dangereux & mortels sur les différentes maladies de l'homme. *Paris*, 1736. *in*-18.

863 Lettre sur l'incertitude des signes de la mort, avec des observations & des expériences sur les noyés, par M. *Louis. Paris*, 1752. *in*-12. fig.

864 Relation des différentes espèces de pestes que reconnoissent les Orientaux, par l'Abbé *Gaudereau. Paris*, 1721. *in*-16.

865 Histoire des maladies de Saint-Domingue, par M. *Pouppée Desportes. Paris*, 1770. 3 *vol. in*-12.

866 Essai sur la conformité de la médecine des Anciens & des Modernes dans les maladies aigues, traduit de l'Anglois de *Barker*, par *Schomberg. Amsterd.* 1749. *in*-12.

Mélanges de Médecines, secrets, formules, &c.

867 Anton. Misaldi medici, opuscula varia. *Parisiis*, 1598. *in*-8. *pet. pap.*

868 Anto. Misaldi Monluciensis memorabilium, utilium ac jucundorum centuriæ novem in aphorismos digestæ. *Parisiis*, 1607. *in*-8. *pet. pap.*

869 Questiones medicæ duodecim ab illustris. viris, medicis propositæ. *Monspelii*, 1731. *in*-4. *pet. pap.*

870 Theses medicæ. 2 *vol. in*-4. *rel. écon.*

871 Mémoires sur divers sujets de médecine, par *le Camus. Paris*, 1760. *in*-8. *broc.*

872 Varia medica. *Parisiis*, 1663. *in*-8. *petit papier. vél. gris.*

873 L'Albert moderne, ou nouveaux secrets éprouvés & licites, recueillis d'après les découvertes les plus récentes. *Paris*, 1769. *in*-12.

874 Avis & préceptes de médecine du Docteur *Mead. Paris*, 1757. *in*-12. *pet. pap.*

875 Medicus veri amator, ad apollineæ artis alumnos; aut. *le Clerc. Cesareæ Mauracensis*, 1764. *in*-8.

876 Religio medici cum annotationibus. *Argentorati*, 1552. *in*-12.

877 Formules de médecine Latines & Françoises pour l'Hôtel-Dieu de Lyon, par *Garnier*. 1764. *in*-12.

878 Formules de médicamens usités dans les différens hôpitaux de la ville de Paris. *Paris*, 1767. *in*-12.

879 Miscellanea medica. 2 *vol. in*-12.

880 Antonidæ Vander-Linden, de scriptis medicis, lib. duo. *Amstel.* 1662. *in*-8.

881 Anecdotes de médecine, ou choix des faits singuliers qui ont rapport à l'Anatomie, la Pharmacie, &c., par *Dumonchaux, Lille*, 1766. 2 *part. en* 1 *vol. in*-12.

SCIENCES ET ARTS.

ANATOMIE.

882 Histoire de l'Anatomie & de la Chirurgie, par *Portal*. *Paris*, 1770. 7 vol. in-8. pet. pap. broc.

883 Joan. Benedicti Sinibaldi, geneanthropeiæ sive de hominis generatione decateuchon. *Romæ*, 1642. in-fol. pet. pap.

884 Capitulaire auquel est traité des facultés génératives de l'homme, quoique non apparentes. in-8.

885 La génération de l'homme par le moyen des œufs. *Rouen*, 1676. in-12.

886 De l'Homme & de la réproduction des différens individus. *Paris*, 1761. in-12.

887 La génération, ou exposition des phénomènes relatifs à cette fonction naturelle, trad. de la physiologie de *Haller*. *Paris*, 1774. 2 vol. in-8. broch.

888 Cours abregé d'Ostéologie, par *le Cat*. *Rouen*, 1767. in-8. fig.

889 Traité des corps solides & des fluides du corps humain, par *Malouin*. *Paris*, 1758. in-12.

890 Carol. Christ. Krause, dissertatio de questione quænam sit causa proxima mutans corpus fœtûs in utero matris gravidæ, cujus mens à causâ quadam violenti commota; & cur id fiat in eâ parte corpusculi fœtûs ad quem in suo corpore mater manum applicuit. *Petropoli*. in-4.

891 Lettres sur le pouvoir de l'imagination des femmes enceintes. *Paris*, 1745, in-12.

892 Le Tableau de l'amour conjugal, par *Venette*. *Amsterd.* 1732. 4 part. en 2 vol. in-12. fig.

893 De l'homme & de la femme, considérés physiquement dans l'état du mariage. *Lille*, 1772. 2 vol. in-12. fig. broch.

894 L'art de faire des garçons, par *Santeul*. *Montpellier*. 2 part. in-12. broc. cart. verd.

895 Démonstration de la matrice d'une femme & de son enfant à terme, par Char. Nic. *Jenty*. *Paris*, 1757. in-fol. broc. cart.

896 Th. Bartholini, de insolitis partûs humani viis dissertatio nova. Accedunt Joan. Veslingi de pullitie

Ægyptiorum, & aliæ ejusdem observationes anatomicæ & epistolæ medicæ. *Hagæ Comitum*, 1740. 2 vol. in-8. p. pap.

897 Embriologia sacra, sive de officio sacerdotum, medicorum, & aliorum circà æternam parvulorum in utero existentium salutem. Aut. *Cangiamila*, Lib. IV. *Panormi*, 1758. in-fol. pet. pap. fig. vél. bl.

898 Abregé de l'Embryologie sacrée, ou Traité des devoirs des Prêtres, des Médecins, Chirurgiens & des Sages-Femmes envers les enfans qui sont dans le sein de leur mere, par l'Abbé *Dinouart. Paris*, 1766. in-12.

899 Cerebri anatome cui accessit nervorum descriptio & usus, studio. Tho. Willis. *Londini*, 1664. in-8. pet. pap. fig.

900 Mémoires & Observations anatomiques, physiologiques & physiques sur l'œil, par *Jeannin. Lyon. Paris*, 1772. in-8.

901 Bapt. Codronchii medici, de vitiis vocis, Lib. II, *Francofurti*, 1597. in-8. pet. pap.

902 Pet. Laurembergii, Pasicompse nova, id est accurata & curiosa delineatio pulchritudinis. 1672. in-12.

903 Mart. Lister, exercitatio anatomica in quâ de Cochleis terrestribus & limacibus agitur. *Londini*, 1694. in-8. vél. gris.

904 Traité des Eunuques, par *d'Ollincan*, 1707. in-12.

905 Dictionnaire d'anatomie & de physiologie. *Paris*, 1766. 2 vol. in-8. pet. pap. broc.

CHIRURGIE.

906 Pacichelli Chiroliturgia, sive de variâ, ac multiplici manûs administratione, *Colonia Agrippinæ*, 1673. in-8. pet. pap. vél. blanc.

907 Principes de Chirurgie, par *la Faye. Paris*, 1773. in-12.

908 Le Conservateur du sang humain, ou la saignée démontrée toujours pernicieuse, & souvent mortelle, par M. *Mallon. Paris*, 1766. in-12. broc.

909 Recherches sur la maniere d'agir de la saignée, & sur les effets qu'elle produit relativement à la partie où on la fait, par *David. Paris*, 1761. in-12. br.

SCIENCES ET ARTS.

910 Traité de la nutrition & de l'accroissement, précédé d'une dissertation sur l'usage des eaux de Lamnios, par *David*. Paris. Rouen, 1771. *in*-8. *br*.

911 L'Art d'accoucher, réduit à ses principes, par *Astruc*. Paris, 1766. *in*-12.

912 Les Chef-d'œuvres de Sauvages. *Lyon*, 1770. 2 vol. *in*-12. *br*.

913 Soins faciles pour la propreté de la bouche, pour la conservation des dents, par M. *Bourdet*. Paris, 1771. *in*-24.

914 Essai d'Odonto-Technie, ou dissertation sur les dents artificielles, par *Mouton*. Paris, 1746. *in*-12.

915 Toilette des pieds, ou Traité de la guérison des cors, verrues, &c., par *Rousselot*. Paris, 1769. *in*-12.

PHARMACIE, CHYMIE ET ALCHYMIE.

916 Elémens de Pharmacie théorique & pratique, par M. *Beaumé*. Paris, 1773. *in*-8.

917 Pharmacopœia extemporanea, sivepræscriptorum chilias, per Thomam Fuller. Curante *Baron*. *Parisiis*, 1768. *in*-12.

918 Institutiones chimicæ prodromæ, id est Joan. Joac. Becheri œdipus chimicus. *Amstelod*. 1664. *in*-18.

919 Instituts de Chymie, traduits du Latin de *Spielmann*, par M. *Cadet*. Paris, 1770. 2 vol. *in*-12. broché.

920 Plan d'un Cours de Chymie expérimentale, avec un Discours historique sur la Chymie. *Paris*, 1757, *in*-12.

921 Philip. Mulleri, miracula chymica & mysteria medica, lib. V., enucleata. *Rothomagi*, 1651. *in*-16.

922 Cours de Chymie, par *Lemery*, revu par *Baron*. Paris, 1756. *in*-4.

923 Physico-Chymie théorique, en dialogues, par *de Croix*. Lille, 1768. *in*-8. *broc*.

924 Nouvelle Chymie du goût & de l'odorat, ou l'art de composer les liqueurs & les eaux de senteur. Paris, 1774. *in*-8. *fig*.

SCIENCES ET ARTS.

925 Vini Rhenani in specie Bacharensis, anatomia chymica, in quâ pauca de terrâ, vite, uvâ, musto, ejusque spiritu Tartaro tractatur. *Heydelbergæ*, 1672. *in-*18.

926 Recherches sur les vertus de l'eau de Goudron, traduites de l'Anglois de *Berckley*. *Amsterd*. 1745. *in-*12.

927 Dictionnaire de Chymie, contenant la théorie & la pratique de cette science. *Paris*, 1766. 2 *vol. in-*8. *pet. pap. broc.*

928 Histoire de la Philosophie hermétique, par l'Abbé *Langlet Dufresnoy*. *La Haye*, 1742. 3 *vol. in-*12. *fig.*

929 Histoire critique de Nicolas Flamel & de Pernelle sa femme. *Paris*, 1761. *in-*12. *fig.*

930 Erasti, de auro potabili, disputatio in quâ disquiritur num ex metallis operâ chymiæ concinnata pharmaca tutè bibi possint. *Basileæ* 1578. *in-*8. *pet. pap. vél. bl.*

MATHÉMATIQUES.

Institutions & traités généraux de Mathématiques, tant des anciens que des modernes.

931 Elementorum Euclidis, libri octo. Autore Dechalles. *Lugduni*, 1675. *in-*24.

932 Mathématique universelle abregée à la portée & à l'usage de tout le monde, par le Pere *Castel*. *Paris*, 1768. 2 *vol. in-*4. *fig.*

933 Leçons élémentaires de Mathématiques, ou élémens d'Algebre & de Géométrie, par l'Abbé *de la Caille*. *Paris*, 1759. *in-*8. *fig.*

934 Le Guide des jeunes Mathématiciens sur les leçons de l'Abbé *de la Caille*. *Avignon. Paris*, 1766. *in-*8. *fig.*

935 Applications des Mathématiques à la Tactique, par *Nouail*. *Paris*, 1771. *in-*8. *fig. bro.*

936 Miscellanea Philosophico, Mathematica Societatis privatæ Thaurinensis. *Augustæ Thaurinorum*, 1769. 2 *vol. in-*4. *fig. rel. œcon.*

SCIENCES ET ARTS.

Arithmétique, Algèbre & Géométrie.

937 L'art & la science des nombres, en françois & en latin, ou l'Arithmétique pratique & spéculative, en vers latins, &c. *Paris*, 1697. *in-*4.

938 Traité élémentaire d'Arithmétique, par l'Abbé *Bossut. Paris*, 1772. *in-*8. *bro.*

939 Abrégé des élemens d'Arithmétique, d'Algèbre & de Géométrie, par *Mazéas. Paris*, 1775. *in-*12. *broch.*

940 Opérations toutes faites pour la regle du cent, par *Ouvrier de Lile. Paris*, 1763. *in-*24.

941 Le livre des Comptes faits par *Barrême. Paris*, 1761. *in-*24.

942 Leçons de Géométrie théorique & pratique, par M. *Mauduit. Paris*, 1773. *in-*8. *fig.*

943 Pratique de la Géométrie sur le papier & sur le terrein, par *le Clerc. Paris*, 1674. *in-*12. *pet. pap. fig.*

944 Géométrie métaphysique, ou essai d'analyses sur les élémens de l'étendue bornée. *Paris*, 1758. *in-*8. *fig.*

945 La science de l'Arpenteur, par *Dupin de Montesson. Paris*, 1766. *in-*8. *fig.*
La même, *Paris*, 1775. *in-*8. *fig. bro.*

946 Proposition d'une mesure de la terre, dont il résulte une diminution considérable dans sa circonférence sur les parallèles, par *Danville. Paris*, 1735. *in-*12. *pet. pap. cart.*

ASTRONOMIE ET ASTROLOGIE.

947 Manilii Astronomicon, lib. V, ex recensione Josephi Scaligeri. *Lutetiæ*, 1579. *in-*8. *pet. pap. vel. bl.*

948 Histoire de l'Astronomie ancienne depuis son origine, jusqu'à l'établissement de l'école d'Alexandrie, par M. *Bailly. Paris*, 1775. *in-*4. *fig. bro.*

949 Leçons élémentaires d'Astronomie géométrique & physique, par l'Abbé *de la Caille. Paris*, 1761. *in-*8. *fig.*

SCIENCES ET ARTS.

950 Abrégé d'Astronomie, par *Delalande*. Paris, 1774. *in-8. fig.*

951 La connoissance de l'Astronomie, par l'Abbé *Dicquemare*. Paris, 1771. *in-8. fig.*

952 Tablettes Astronomiques, ou abrégé élémentaire de la Sphere & des différens systêmes de l'univers, par *Brion*. *Amsterdam, Paris*, 1774. *in-12. pet. pap. fig.*

953 Traité de la Sphere, avec un discours sur les Eclipses. *Paris*, 1755. *in-12. fig.*

954 Calendrier Historique, Géographique, Astrologique & Hydrographique, à l'usage des savans. *Bruxelles*, 1758. *in-8. pet. pap. fig. bro.*

955 Théorie & pratique des Longitudes en Mer, par M. *de Charnières*. *Paris*, 1772. *in-8. fig. bro.*

956 Calendrier perpétuel rendu sensible & mis à la portée de tout le monde. *Paris*, 1774. *in-16. mar. r.*

957 Almanach perpétuel pour trouver l'heure par tous les degrés de hauteur du Soleil. *in-4. cart. pap. jaune.*

958 Manuel utile & curieux sur la mesure du temps, par *Gobory*. *Angers, Paris*, 1770. *in-12.*

959 La Gnomonique pratique, ou l'art de tracer les Cadrans solaires, par Dom *Bedos de Celles*. *Paris*, 1774. *in-8. fig.*

960 Censorinus, de die natali. *Lugduni Batavorum*, 1642. *in-8.*

961 Curiosités inouies sur la Sculpture Talismanique des Persans. Horoscope des Patriarches, & lecture des Etoiles, par *Gaffarel*, 1650. *in-8. pet. pap. vel. gris.*

962 Artemidori de somniorum interpretatione, libri V, à Jano Cornario Medico, latinâ linguâ conscripti. *Basileæ*, 1544. *in-8. vel. bl.*

963 Cinq livres d'Artemidore de l'interprétation des Songes, traduit en françois, par *Fontaine*. Plus, un bref recueil de Valere Maxime, touchant certains Songes. *Lyon*, 1581. *in-18.*

Hydrographie, ou Science de la navigation.

964 Histoire de la Navigation, trad. de l'anglois.

SCIENCES ET ARTS.

Le Commerce des Indes occidentales. *Paris*, 1722. 2 vol. *in*-12.

965 Steph. Doleti, de re Navali liber. *Lugduni*, apud *Gryphium*, 1537. *in*-4. *pet. pap.*

966 Scientia Navalis seu tractatus de construendis ac dirigendis Navibus. Autore *Leon. Euleio. Petropoli*, 1749. 2 vol. *in*-4. *fig.*

967 Instructions élémentaires sur la Construction pratique des Vaisseaux en forme de dictionnaire, par M. *de Duranti de Lirancourt. Paris*, 1771. *in*-8. *bro.*

968 Nouveau traité de Navigation, contenant la théorie & la pratique du Pilotage, par *Bouguer*; revu par *de la Caille. Paris*, 1760. *in*-8. *cart.*

969 Traité des Rivieres & des Torrens, par le Pere *Frisi*, augmenté du traité des Canaux navigables, traduit de l'italien. *Paris*, 1774. *in*-4. *cart. bro.*

970 Dictionnaire historique, théorique & pratique de Marine, par *Saverien. Paris*, 1758. 2 vol. *in*-8. *fig.*

OPTIQUE, MÉCHANIQUE, MUSIQUE.

971 Leçons élémentaires d'Optique, par l'Abbé *de la Caille. Paris*, 1756. *in*-8. *fig.*

972 Raisonnemens sur la perspective pour en faciliter l'usage aux Artistes, en ital. & en franç. *Parme*, 1758. *in-fol. pet. pap. bro. cart.*

973 Justi Lipsii, Poliocreticon, sive de Machinis, Tormentis, Telis, lib. V. *Autuerpiæ. Plantin*, 1599. *in*-4. *fig.*

974 L'art de conduire & de régler les Pendules & les Montres, par *Berthoud. Paris*, 1759. *in*-16. *fig.*

975 Traité de la construction théorique & pratique du Scaphandre, ou du bateau de l'homme, par *de la Chapelle. Paris*, 1775. *in*-8. *pet. pap. fig.*

976 Entretiens sur l'état de la Musique grecque. *Amsterdam*, *Paris*, 1777. *in*-8. *bro.*

977 L'art ou les principes philosophiques du Chant, par *Blanchet. Paris*, 1756. *in*-12. *vel. verd.*

978 Leçons de Clavecin, & principes d'Harmonie, par M. *Bemetzrieder. Paris*, 1771. *in*-4.

SCIENCES ET ARTS.

979 L'art du Plein-Chant, ou traité théorico-pratique sur la façon de le chanter. *Ville Franche de Rouergue*, 1765. in-8. pet. pap. bro.

980 Méthode nouvelle pour apprendre facilement le Plein-Chant, par *Oudou. Paris*, 1772. in-8. pet. pap. bro.

981 Dictionnaire de Musique, par *J. J. Rousseau. Paris*, 1768. in-4.

982 Liasse de Musique vocale & instrumentale, avec des principes de Musique.

ARTS.

Dictionnaires & Traités généraux des Arts libéraux & méchaniques.

983 Dictionnaire portatif des Beaux-Arts. *Paris*, 1751. in-8. pet. pap.

984 Le spectacle des Beaux-Arts, ou considérations touchant leur nature, leurs objets, &c., par *La Combe. Paris*, 1758. in-12.

985 Dictionnaire des Arts & Métiers, suivi d'un vocabulaire technique de tous les termes usités dans les arts & métiers; revu par M. l'Abbé *Jaubert. Paris*, 1773. 5 vol. in-8. pet. pap. bro.

ÉCRITURE ET DESSEIN.

986 Champ fleuri auquel est contenu l'art & science de la vraie & vraie proportion des Lettres attiques, qu'on dit autrement Lettres antiques, & vulgairement Lettres romaines; par *Geoffroy Tory de Bourges. Paris*, 1529. in-4. vel. bl.

987 Histoire abrégée de l'Ecriture, & moyen d'enseigner & d'apprendre la Coulée, par *Dubois. Paris*, 1772. in-12.

988 Christ. Breithaupti, ars decifratoria, sive Scientia occultas scripturas solvendi & legendi; accedit disquisitio de variis modis occulté scribendi, tàm apud veteres quàm recentiores usitatis. *Helmstadii*, 1737. in-8.

989 Leçons de Dessin & de Lavis, par *de Lancelles. Paris*, 1767. in-8. fig. bro.

SCIENCES ET ARTS.

990 Théorie de la Figure humaine, considérée dans ses principes, ouvrage traduit du latin de P. P. Rubens, avec 44 planches gravées par *Aveline*. *Paris*, 1773. ━━ Nouveau livre de principes de Deſſins, gravé par *Paſquier*. ━━ Fig. de l'Académie gravées en partie par les Profeſſeurs de l'Académie Royale. *Paris*, 1773. *in-*4. *fig.*

991 Dialoghi soprà le tre arti del Diſegno. *In Luccâ*, 1754. *in-*8. *pet. pap.*

PEINTURE.

992 Franc. Junii, de Picturâ Veterum libri XIII. accedit Catalogus Architectorum, Mechanicorum, &c., & operum quæ fecerunt. *Rotterod.*, 1694. *in-fol.*

993 La Théologie des Peintres, Sculpteurs, Graveurs & Deſſinateurs, par l'Abbé *Mery*. *Paris* 1765. *in-*12. *bro.*

994 Dictionnaire portatif de Peinture, Sculpture & Gravure, avec un traité pratique des différentes manieres de peindre, par D. *Pernety*. *Paris*, 1757. *in-*8. *pet. pap.*

995 Histoire Univerſelle traitée relativement aux arts de peindre & de ſculpter, par *Dandré Bardon*. *Paris*, 1769. 3 *vol. in-*12. *bro.*

996 Recherches ſur les beautés de la Peinture, &c. ouvrage traduit de l'anglois de *Webb*. *Paris*, 1765 *in-*8. *pet. pap. bro.*

997 L'art de Peinture, par *Dufreſnoy*, traduit en françois. *Paris*, 1673. ━━ Figures de l'Académie pour apprendre à deſſiner, gravées par le ſieur le *Clerc*. *Paris*, 1673. *in-*12. *fig.*

998 L'école d'Uranie, ou l'art de la Peinture, traduit du latin de *Dufreſnoy*, par l'Abbé de *Marſy*. *Paris*, 1753. ━━ La Peinture, poëme traduit du latin de l'Abbé de *Marſy*. *in-*8. *rel. écono.*

999 L'art de peindre, poëme avec des réflexions ſur les différentes parties de la Peinture, par *Watelet*. *Paris*, 1760. *in-*8. *pet. pap. fig. & vig.*

1000 Eſſai ſur la Peinture, par *Algarotty*. *Paris* 1769. *in-*12. *bro.*

SCIENCES ET ARTS.

1001 Sentimens sur la distinction des diverses manieres de Peinture, Dessin & Gravure, &c., par *Bosse*. Paris, 1649. *in-*12. *pet. pap. fig.*

1002 Essai sur la Peinture en mosaïque, avec une dissertation sur la Pierre spéculaire des Anciens. *Paris*, 1768. *in-*8. *pet. pap.*

1003 Essai sur la Peinture en mosaïque, par *le Viel*, avec une dissertation sur la Pierre spéculaire des anciens, par le même. *Paris*, 1768. *in-*8. *pet. pap.*

1004 Mémoire sur la Peinture à l'Encaustique, & sur la Peinture à la Cire, par M. le Comte de *Caylus*. *Geneve*, *Paris*, 1755. *in-*8. *fig.*

1005 Studio di pittura scoltura e Architettura del'Abba. Filippo Titi. *In Româ*, 1674. *in-*18. *vel. bl.*

1006 Traité de Peinture, suivi d'un essai sur la Sculpture, par *Dandré Bardon*. *Paris*, 1765. 2 *vol. in-*12. *bro.*

1007 Nouveaux sujets de Peinture & de Sculpture. *Paris*, 1755. —— Traité du sublime dans la Peinture & dans la Sculpture, par *Cartaud*. *Rouen*, 1737. *in-*8. *pet. pap.*

1008 Traité des couleurs pour la peinture en Email & sur la Porcelaine, ouvrage posthume *de Darclays de Montany*. *Paris*, 1765 *in-*12. *bro.*

1009 La Danse des morts comme elle est dépeinte dans la ville de Basle, pour servir d'un miroir de la nature humaine, dessinée d'après Matthieu Merian. *Basle*, 1756. *in-*4. *pet. pap. fig.*

1010 Raccolta di Lettere sulla Pittura, scultura ed Architettura scritte. *In Roma*, 1754. 6 *vol. in-*8. *gr. pap.*

1011 Observations historiques & critiques sur les erreurs des Peintres, Sculpteurs & Dessinateurs, &c. *Paris*, 1771. 2 *vol. in-*12. *bro.*

1012 Observations sur la Peinture & sur les Tableaux anciens & modernes.

1013 Maniere de bien juger des ouvrages de peinture, par l'Abbé *Laugier*. *Paris*, 1771. *in-*12. *bro.*

1014 Arts divers, contenant le poëme sur la Peinture en sept chants, par *Ant. l'Escallier*. Le Dessinateur pour les fabriques d'étoffes d'or, d'argent & de soie, & l'art de composer les fusées volantes. *in-*8.

SCIENCES ET ARTS.

1015 Nouveaux sujets de Peinture & de Sculpture. *Paris*, 1755.

GRAVURE ET SCULPTURE.

1016 Dictionnaire des Graveurs anciens & modernes depuis l'origine de la Gravure, avec une notice des principales Estampes qu'ils ont gravées, par *Basan*. Paris, 1767. 2 vol. *in-12. bro.*
1017 Traité historique & pratique de la Gravure en bois, par *Papillon*. Paris, 1766. 2 vol. *in-8. fig.*
1018 L'art de graver au pinceau, nouvelle méthode, par M. *Stapart*. Paris, 1773. *in-12. bro.*
1019 Antiquiss. Virgiliani Codicis fragmenta & picturæ, ex bibliothecâ Vaticanâ ad priscas imaginum formas, à Petro S. Bartholi incisæ. *Romæ*, 1741. *in-fol. fig. bro. cart. vel. bl.*
1020 Histoire d'Hercule le Thébain, tirée de différens auteurs. *Paris*, 1758. *in-8. vel. verd.*
1021 Collection originale des tableaux les plus intéressans des métamorphoses d'Ovide, publiée en 1555, par l'Abbé de *Marolles*. Paris, 1760. *in-fol. fig.*
1022 Les traits de l'Histoire universelle, sacrée & profane, d'après les plus grands Peintres & les meilleurs Ecrivains, par *le Maire*, Graveur, & l'Abbé *Aubert*. Amsterdam, Paris, 1760. 6 vol. *in-8. pet. pap. fig. rel. en vel. verd.*
1023 Collection de Vignettes, Fleurons & Culs-de-lampe, ou suite Chronologique de faits relatifs à l'Histoire de France, composée par M. *Cochin*, en 40 planches. *Paris*, 1767. *in-4.*
1024 Catalogue des Estampes gravées d'après *Rubens*, précédé de la vie de ce Peintre. *in-12. bro.*
1025 Porte-Feuille d'Estampes.
1026 Porte-Feuille, contenant les Portraits de plusieurs grands hommes.
1027 Liasse de quantité de gravures, contenant entr'autres les vues des environs de Paris, l'Atlas topographique des environs de cette ville, par *Lattré*. La petite Passion de *Calot*, &c., &c.
1028 Liasse, contenant divers recueils de Fleurs, Fontaines, Trophées, &c., le tout gravé.

SCIENCES ET ARTS.

1029 Sculptura, Carmen. Autore Ludovico *Doiſſin. Paris*, 1757. *in*-12.

1030 Obſervations ſur la Statue de Marc-Aurele, & ſur d'autres objets relatifs aux Beaux-Arts, par *Falconet. Amſterdam*, 1771. *in*-12. bro.

1031 Traité des Statues. *Paris*, 1688. *in*-12.

ARCHITECTURE.

1032 Vitruvii Pollionis de Architecturâ, lib. X. *Lugduni*, 1552. *in*-4. pet. pap. fig.

1033 Vitruvii Pollionis de Architecturâ, libri X. *Lugauni*, 1586. *in*-4. vel. bl. fig.

1034 Abrégé des 10 livres d'Architecture de Vitruve, par *Perrault. Paris*, 1674. *in*-8. pet. pap. fig.

1035 Regles des cinq ordres d'Architecture de *Barrozzio de Vignoles*, avec pluſieurs augmentations de *Michel Ange*, revu par *Dury de Champdoré*. *Leyde*, 1712. *in*-8. pet. pap. fig.

1036 Eſſai ſur l'Architecture, avec un Dictionnaire des termes & des planches qui en facilitent l'explication, par le Pere *Laugier. Paris*, 1755. *in*-8. br.

1037 Obſervations ſur l'Architecture, par l'Abbé *Laugier. La Haye. Paris*, 1765. *in*-12. bro.

1038 Elémens d'Architecture, par *Panſeron. Paris*, 1772. *in*-4. pet. pap. fig.

1039 Architecture pratique, par *Bullet. Paris*, 1774. *in*-8. fig.

1040 Manuel économique pour les bâtimens & jardins, par *Vallet. Paris*, 1775. *in*-8.

1041 Mémoires ſur les objets les plus importans de l'Architecture, par M. *Patte. Paris*, 1769. *in*-4. gr. pap. fig. br. en cart.

1042 Dictionnaire d'Architecture civile, militaire & navale, antiq. ancienne, &c. par *Rolland le Vireloys. Paris*, 1770. 4 vol. *in*-4. gr. pap. y compris le vol. de plan. br. en cart.

1043 Bertii de Aggeribus & Pontibus hactenùs ad mare extructis digeſtum novum. *Pariſiis*, 1629. *in*-8. pet. pap.

1044 Traité de la conſtruction des chemins, par *Gauthier. Paris*, 1716. *in*-8. fig.

SCIENCES ET ARTS.

1045 Caminologie, ou traité des cheminées. *Dijon*, 1756. *in-8. pet. pap. fig.*

1046 Nouvelle construction de cheminées qui garantit du feu & de la fumée, par *Gennété*. *Paris*, 1759. *in-12. fig.*

1047 Projet d'une salle de spectacle pour un théâtre de comédie. *Londres, Paris*, 1765. *in-12. fig.*

1048 Deux liasses de différens plans.

Art militaire des anciens & des modernes.

1049 Dictionnaire militaire, contenant tous les termes propres à la guerre. *Paris*, 1758. 3 *vol. in-8. pet. pap.*

1050 Henrici Savilis Angli, commentarius de militiâ Romanâ, ex Anglico latinus factus. *in-8. vel.* Heidelbergæ, 1601.

1051 Lazari Bayfii, annotationes in libr. secundum de captivis & post liminio reversis, in quibus tractatur de re navali, &c. *Parisiis*, 1536. *in-4. pet. pap.*

1052 Institutions militaires de l'Empereur Leon le Philosophe, trad. en franç. avec notes & observations, par *Joly de Mayzeroy*. *Paris*, 1771. *in-8. cart. & plans. br.*

1053 Art militaire des Chinois, ou recueil d'anciens traités sur la guerre, par différens Généraux Chinois, trad. en françois, par le Pere *Amyot*. *Paris*, 1772. *in-4. fig. br.*

1054 Etat actuel de l'art & de la science militaire à la Chine. *Londres. Paris*, 1773. *in-12. broc.*

1055 Pauliæni stratagematum, libri octo, Græcè & Latinè. Edente Casaubono, *Lugduni*. 1529. *in-18.*

1056 Sex. Jul. Frontini quæ extant, cum notis & emendationibus Keuchenii. *Amstelod.* 1761. *in-8.*

1057 Sex. Jul. Frontini Strategematicon, lib. XIII. Strategicon, lib. I. Emendabat *Vallart*. *Lutetiæ*, 1763. *in-16.*

1058 Les Stratagêmes & les ruses de guerre, &c. 1694. *in-12. pet. pap.*

1059 Les Stratagêmes ou ruses de guerre, recueillis

SCIENCES ET ARTS.

par *Frontin*, traduits en François, avec le texte Latin à côté. *Paris*, 1772. *in-*8. *pet. pap. broc.*

1060 Vegetii Institutorum rei militaris, lib. V, *Lutetiæ*, 1762. *in-*12. *dor. sur tran.*

1061 Institutions militaires de *Vegece*. *Paris*, 1759. *in-*12. *pet. pap.*

1062 Traduction de Vegece, avec des réflexions militaires, par le Chevalier *de Bongard*. *Paris*, 1772. *in-*12. *broc.*

1063 Ecole militaire. *Paris*, 1762. 3 *vol. in-*12.

1064 Extrait de la premiere partie du traité de l'art de la guerre, par le Maréchal *de Puységur*. *Basle*, 1755. 2 *vol. in-*12. *broc.*

1065 Elémens de la guerre, par *le Roi de Bosroger*. *Paris*, 1773. *in-*8. *broc. cart.*

1066 Elémens de fortifications, par *le Blond*. *Paris*, 1775. *in-*8. *fig.*

1067 Arriani, ars Tactica cum notis, ex recensione *Nicolai Blancardi*, Græcè & Latinè. *Amstelod.* 1683. *in-*8. *cartes.*

1068 Traité de Tactique, ou méthode artificielle pour l'Ordonnance des Troupes. *Vienne*, 1769. *in-*8. *pet. pap. broc.*

1069 Traité de la défense des Places, par le Maréchal *de Vauban*. *Paris*, 1769. *in-*8. *fig. cartes & plans.*

1070 Rêveries, ou Mémoires sur l'art de la guerre, par le Maréchal *de Saxe*. *Dresde*, 1757. *in-*12. *br.*

1071 Essai sur l'usage de l'Artillerie. *Amsterd.* 1771. *in-*8. *plans. broc.*

1072 L'Artillerie raisonnée, par *le Blond*. *Paris*, 1776. *in-*8. *fig. br.*

1073 Dictionnaire portatif de l'Ingénieur & de l'Artilleur, par *Belidor*. *Paris* 1768. *in-*8.

1074 Manuel de l'Ingénieur & de l'Artilleur, par *Jombert*, *in-*8.

1075 Essai théorique & pratique sur les batailles, par M. le Chevalier *de Grimoard*. *Paris*, 1775. *in-*4. *broc. cart. & plans.*

1076 Mémoire sur les opinions qui partagent les Militaires, suivi du Traité des armes défensives, par M. *Joly de Maizeroy*. *Paris*, 1773. *in-*8. *fig. br.*

SCIENCES ET ARTS.

1077 Mémoires critiques & historiques fur plusieurs points d'antiquité militaire, par M. *Guichard*, nommé *Quintus Scilius*. Paris, 1774. 4 vol. *in*-8. *fig. broc.*

1078 Confidérations fur l'efprit militaire des Gaulois. Paris, 1774. *in*-12. *broc.*

1079 Abregé de l'Hiftoire de la milice Françoife du P. *Daniel*. Paris, 1773. 3 vol. *in*-12. *fig.*

1080 Les Amufemens militaires, fervant d'introduction aux fciences qui forment les Guerriers, par *Dupain*. Paris, 1757. *in*-8. *fig.*

Pyrotechnie, Fonderie, Verrerie, &c.

1081 Traité des feux d'artifice, par *Frézier*. La Haye, 1741. *in*-12. *fig.*

1082 Mémoires de phyfique, fur la maniere de fabriquer le fer, d'en fondre & forger des canons d'artillerie, &c. par M. *Grignon*. Paris, 1775. *in*-4. *fig. broch.*

1083 De l'Art de la Verrerie, par *Haudicquer de Blancourt*. Paris, 1697. *in*-8. *pet. pap. fig.*

1084 Onze Cahiers de la defcription des Arts & Métiers, contenant l'art de la Peinture fur verre, l'art de faire le Papier, l'art du Meûnier, l'art du Boulanger; & huit Cahiers du Traité général des Pêches. *in-fol. gr. pap. fig. broc.*

1085 Principes de l'Art du Tapiffier, par *Bimont*. Paris, 1770. *in*-8. *pet. pap.*

1086 La Pogonotomie, ou l'art d'apprendre à fe rafer foi-même, par *Perret*. Paris, 1769. *in*-8. *pet. pap.*

1087 Effai fur le blanchiment des toiles, traduit de l'Anglois de *Home*. Paris, 1762. *in*-8. *pet. pap. fig.*

Art Gymnaftique, où il eft traité du maniement des armes, des chevaux, de la lutte, de la chaffe & de la pêche.

1088 Hyeronimi Mercuralis, de Arte Gymnafticâ, lib. VI. *Venetiis*, 1587. apud *Juntas*. *in*-4. *fig. mar. rouge.*

1089 L'Art des Armes, ou la maniere la plus certaine de se servir utilement de l'épée, &c. par *Danet*. Paris, 1766. *in-8. fig.*

1090 Traités sur l'équitation, avec une traduction du Traité de la Cavalerie de Xenophon, par *Dupaty de Clam*. Deux-Ponts. *Paris*, 1772. *in-8. pet. pap. broch.*

1091 Le nouveau Newcastle, ou nouveau Traité de Cavalerie. *Paris*, 1757. *in-12. pet. pap.*

1092 Commentaires sur la Cavalerie, par *Boussanelle*. *Paris*, 1758. *in-12. broc.*

1093 Dictionnaire d'Hyppiatrique, Cavalerie, Manége & Maréchallerie, par M. *la Fosse. Paris*, 1775. 4 *vol. in-8. broc.*

1094 Les exercices du corps chez les Anciens, pour servir à l'éducation de la jeunesse, par *Sabbathier*. *Paris*, 1772. 2 *vol. in-12.*

1095 Venationis Cervinæ, Capreolinæ, Aprugnæ, & Lupinæ leges. Autore *Savary*. *Cadomi*, 1659. *in-4. pet. pap.*

1096 Nouveau Traité de Venerie, contenant la chasse du Cerf, du Chevreuil, &c. *Paris*, 1742. *in-8. fig. avec les airs de chasse notés.*

1097 L'Ecole de la chasse au chien courant, par *le Verrier de la Conterie*. *Rouen*, 1763. 2. *vol. in-8. fig.*

1098 Almanach du Chasseur, avec les airs de chasse notés, & un Dictionnaire des termes de venerie, &c. *Paris*, 1773. *in-12.*

1099 Les amusemens innocens, contenant le Traité des oiseaux de voliere, ou le Parfait Oiseleur, traduit de l'Italien *d'Olina*. *Paris*, 1774. *in-12.*

1100 Oppiani Poetæ & aliorum Alieuticon, sivè de piscibus, lib. V, *Argentorati*, 1534. *in-4. petit pap. vél.*

Traité des jeux d'exercice, du saut, de la danse, &c.

1101 Principes de la Chorégraphie, suivis d'un Traité de la cadence, par *Magny*. *Paris*, 1765. *in-8. fig. broc.*

1102 Caractere de la danse Allemande, avec un Recueil de contredanses & de menuets nouveaux. *Paris*, *in-8. broc.*

SCIENCES ET ARTS.

1103 Lettres sur la danse & sur les Ballets, par *Noverre. Lyon*, 1760. *in-*8. *pet. pap.*
1104 L'art de nager, démontré par figures, avec des avis pour se baigner utilement, par *Thevenot. Paris*, *in-*12. *pet. pap.*
1105 L'Art de naviger dans les airs, amusement physique & géométrique, par le P. *Gallien. Avignon*, 1757. *in-*12. *pet. pap. broc. cart. bleu.*
1106 Traité théorique & pratique du jeu des Echecs, *Paris*, 1775. *in-*12.
1107 Essai sur le jeu des Dames à la Polonoise, par *Manoury. Paris*, 1770. *in-*12. *br. cart. pap. argt.*
1108 Pascasii Justi, de aleâ, libri duo, *Amstelod. Elzevir*, 1642. *in-*24.
1109 La Loterie insidieuse, ou Tableau général de tous les points qu'on peut faire avec sept dés. *Avignon*. 1773. *in-*12.

BELLES-LETTRES.

GRAMMAIRE.

DES LANGUES EN GÉNÉRAL.

1110 Traité de la formation méchanique des Langues, & des principes physiques de l'étymologie, par *Desbrosses. Paris*, 1765. 2 vol. *in-*12.
1111 La méchanique des Langues, & l'art de les enseigner, par *Pluche. Paris*, 1751. *in-*12.
1112 Comenii janua aurea Linguarum cum adjunctâ Græcâ versione, Theod. *Simonii. Amstelod. Elzevir*, 1649. *in-*18.
1113 Comenii Janua aurea reserata quatuor linguarum, Anathan. *Dhuez.* in idioma Gallicum & Italicum traducta. *in-*8. *pet. pap.*
1114 Nomenclator philologus, explicans verborum difficilioru mætymologias, origines, proprietates & differentias; omnes fere Ægyptiarum, Persicarum, aliarumque gentium antiquitates, ritus, consuetu-

dines, &c. Aut. Joan. Adamo *Ifnaci*, 1682. *in-8. pet. pap.*

1116 Table alphabétique des Dictionnaires en toutes sortes de langues, & sur toutes sortes de sciences & d'arts. *Paris*, 1758. *in-8. pet. pap.*

1117 Tho. Erpenii Rudimenta linguæ Arabicæ. *Lutitiæ. Parifiorum*, 1638. *in-8. pet. pap.*

Grammaires des Langues Hébraïques & Orientales.

1118 Introduction à la langue Hébraïque. *Amſterd.* 1764. *in-12.*

1119 Lexicon Hebraico-Chaldaico-Latino-Biblicum, in quo, prima pars omnia vocabula ordine alphabetico diſpoſita ad ſuas radices refert, &c. *Avenione*, 1765. 2 vol. *in-fol.*

1120 Lettre de M. l'Abbé*** au ſieur Kennicott, Anglois. *Rome. Paris*, 1771. *in-8. broc.*

Grammaires & Dictionnaires de la Langue Grecque.

1121 Introductio ad linguam Græcam, autore *Giraudeau*, Soc. Jeſ. *Rupellæ*, 1752. *in-8. pet. pap.*

1122 Introduction à l'étude de la Langue Grecque. *Paris*, 1758. *in-8.*

1123 Alphabetum Græco-Latinum. *Genevæ*, 1666. *in-18. vél. bl.*

1124 Clavis Græcæ Linguæ, autore *Lubino*. *Lugduni. Batav.* 1644. *in-18. vél. bl.*

1125 Franciſci Vergaræ, Græcæ Linguæ grammaticæ de octo partibus orationis, lib. V, *in-8. pet. pap.*

1126 Principes généraux de la Langue Grecque, ou Précis de la Grammaire ſimple, par *le Roi*. *Paris*, 1773. *in-8. pet. pap.*

1127 Grammaticæ Græcæ poëtices, lib. XIII, *Pariſiis*, 1689. *in-12.*

1128 Clenardi, Inſtitutiones Linguæ Græcæ, ex emendatione Voſſii. *Amſtelod.* 1651. *in-8. pet. pap.*

1129 Inſtitutiones ac meditationes in Græcam Lin-

BELLES-LETTRES.

guam, Cleonardo authore, cum fcholiis & praxi, P. Antefignani Rapiftagnenfis. *Parifiis*, 1566. *in-*8. *grand. pap.*

1130 Nouvelle méthode pour apprendre facilement la Langue Grecque. *Paris*, 1754. *in-*8.

1131 Martini Rolandi de emendatâ Linguæ Grecæ ftructurâ, lib. II, 1563. *in-*8. *pet. pap.*

1132 Joan. Poffelii Calligraphia oratoria Linguæ Græcæ, ad proprietatem, elegantiam & copiam Græci fermonis parandam utiliffima. *Genevæ*, 1636. *in-*8. *pet. pap.*

1133 Lexicon Græco-Latinum ex variis authorum fcriptis qui in hoc commentandi genere excelluerunt. *Genevæ*. 1566. *in-*8.

1134 Lexicon Græco-Latinum Rob. Conftantini cum annotationibus Francifci Porti, & aliorum. *Genevæ*, 1592. *in-fol.*

1135 Schrevelii, lexicon manuale Græco-Latinum. *Lutetiæ Parifiorum*, 1767. *in-*8.

1136 Mœris Atticifta de vocibus atticis & hellenicis. Greg. Martinus de Græcarum litterarum pronuntiatione. *Oxoniæ*. 1712. *in-*8.

1137 Le Jardin des racines grecques mifes en vers François. *Paris*, 1774. *in-*12.

1138 Clavis homerica, five lexicon vocabulorum omnium quæ in Ilyade continentur. *Goudæ*. 1649. *in-*8. *pet. pap.*

1139 Ciceronianum lexicon Græco-Latinum, id eft, lexicon ex variis Græcorum Scriptorum locis à Cicerone interpretatis, collectum ab *Hen. Stephano*. *Parifiis*, 1557. *in-*8. *pet. pap.*

1140 Nova Epitome da Grammatica Græca de Portoreal compoftona Lingoa portugueza. *Paris*, 1760. *in-*8. *pet. pap.*

1141 Autores Latinæ Linguæ, in unum redacti corpus, cum notis Gothofredy *Sancti Gervafii*, 1602. *in-*4.

1142 Terentii Varronis, opera quæ fuperfunt, 1581. *in-*8. *vél. bl.*

1143 Gafparis Scioppii Grammatica philofophica, Tyronibus Linguæ Latinæ neceffaria. Editio recognita à *Petro Scaveno*. *Geræ*, 1671. *in-*12.

1144 Franfcifci Sanctii Minerva, feu de caufis Linguæ

Latinæ Commentarius, cum additamentis Scioppii & notis Perizonii. *Amstelod.* 1733. *in-*8. *vél. bl.*

1145 L'Anatomie de la Langue Latine, par *Lebel.* Paris. 1764. *in-*12. *vél. bl.*

1146 Faciles aditus ad Linguam Latinam. *Parisiis*, 1767. *in-*12. *mar. verd.*

1147 Laurentii Vallæ elegantiarum Latinæ Linguæ, libri VI, ex emendatione *Ræneryo. Lugduni*, 1545. *in-*8.

Grammaires & Dictionnaires de la Langue Latine.

1148 Nouvelle méthode pour apprendre facilement, & en peu de tems la Langue Latine, &c. *Paris, Le Petit.* 1655. *in-*8.

1149 Grammaire Latine, par l'Abbé *Vallart. Paris*, 1760. *in-*12. *broc. cart.*

1150 Principes de la Langue Latine, par *Wailly. Paris*, 1769. *in-*12. *vél. verd.*

1151 Leçons de Grammaire Latine à l'usage des jeunes gens. *Paris*, 1766. *in-*12.

1152 Le Manuel des Grammairiens. *Paris*, 1697. *in-*12.

1153 De la Traduction, ou regles pour apprendre à traduire la Langue Latine en la Langue Françoise, par de *l'Estang. Paris*, 1660. *in-*8.

1154 Synonymes Latins, & leurs différentes significations, par M. *Gardin du Mesnil. Paris*, 1777. *in-*12.

1155 Henr. Smetii, prosodia in novam formam digesta. *Amstelod.* 1648. *in-*8. *pet. pap.*

1156 Amaltheum prosodicum, sive brevis & accurata vocum omnium prosodia, &c. *Lugduni*, 1684. *in-*18.

1157 Dictionnaire des regles de la composition latine, à l'usage des enfans. *Paris*, 1757. *in-*8.

1158 Apparatus Latinæ elocutionis ex Marci Tullii Ciceronis libris, olim à Mario Nizolio incohatus; operâ *Alexandri Scot* & curis ejus auctus. *in-*4.

1159 Roberti Stephani Dictionnarium, sive Latinæ Linguæ thesaurus. *Parisiis*, 1536. *in-fol.*

1160 De Latinitate falso suspectâ expostulatio Henrici

BELLES-LETTRES. 87

Stephani; Ejufdem de Plauti latinitate differtatio. 1576. *in-8. pet. pap.*

1161 Vocabulaire univerfel, Latin & François, contenant les mots de la latinité des différens fiecles, avec un Vocabulaire François-Latin. *Paris,* 1754. *in-8. pet. pap.*

1162 Dictionarium univerfale Latino-Gallicum, vulgò *Boudot. Rothomagi. Parifiis,* 1768. *in-8.* Idem. *Parifiis. Rothomagi,* 1765. *in-8.*

Grammaires & Dictionnaires de la Langue Françoife, &c.

1163 L'Ordene de Chevalerie, avec une differtation fur l'origine de la Langue Françoife, par *Barbazan. Laufane. Paris,* 1759. *in-8.*

1164 Réflexions fur l'ufage préfent de la Langue Françoife, ou remarques fur la politeffe du langage. *Paris,* 1692. *in-16.*

1165 Principia Linguæ Burgundicæ five Gallicæ, per Francifcum *de Pratel. Bruxelles,* 1717. *in-8. pet. pap.*

1166 Nouvelle Grammaire, contenant en abregé tous les principes de la Langue Françoife, par *Bertera. Paris,* 1773. *in-12.*

1167 Grammaire Françoife, par *Wailly. Paris,* 1765. *in-12.*

1168 Doutes fur la Langue Françoife, propofés à MM. de l'Académie par le P. *Bouhours. Paris,* 1675. *in-12.*

1169 Défenfe de la Langue Françoife pour l'infcription de l'arc de triomphe, par *Charpentier. Paris,* 1676. *in-8. pet. pap.*

1170 Remarques fur la Langue Françoife, par l'Abbé *d'Olivet. Paris,* 1767. *in-12.*

1171 Dictionnaire du vieux langage François, par *la Combe,* avec fon fupplément. *Paris,* 1766. 2 *vol. in-8.*

1172 Dictionnaire de l'Académie Françoife. *Paris,* 1772. 2 *vol. in-4.*

1173 Dictionnaire univerfel François & Latin, vulgairement appellé Dictionnaire de *Trévoux. Paris,* 1771. 8 *vol. in-fol.*

BELLES-LETTRES.

1174 Dictionnaire universel François-Latin, par MM. *Lallemant. Rouen. Paris*, 1771. *in*-8.
1175 Dictionnaire des mots homonimes de la Langue Françoise, par M. *Hurtaut. Paris*, 1775. *in*-8. *pet. pap.*
1176 Manuel Lexique, ou Dictionnaire portatif des mots François, dont la signification n'est pas familiere à tout le monde. *Paris*, 1750. *in*-8. *pet. pap.*
1177 Petit Dictionnaire François & Latin, ou Vocabulaire à l'usage des enfans. *Paris*, 1760. *in*-12. *pet. pap.*
1178 Synonymes François, leurs différentes significations, & le choix qu'il en faut faire, par l'Abbé *Girard. Paris*, 1769. 2 *vol. in*-12.
1179 Des Tropes, ou des différens sens dans lesquels on peut prendre un même mot dans une même langue, par *Dumarsais. Paris*, 1775. *in*-12.

Grammaires & Dictionnaires des Langues Italienne, Espagnole & Portugaise.

1180 Méthode de MM. de Port-Royal, pour apprendre facilement, & en peu de tems la Langue Italienne. *Amsterdam*, 1736. *in*-8. *pet. pap.*
1181 L'Art d'apprendre parfaitement la Langue Italienne, par l'Abbé *Bencirechi. Vienne*, 1764. *in*-8. *pet. pap.*
1182 Leçons hebdomadaires de la Langue Italienne, à l'usage des Dames, par l'Abbé *Bencirechi. Paris*, 1772. *in*-12.
1183 Modi di dire Toscani ricercati nella loro origine. *In Venezia*, 1740. *in*-4.
1184 Ortografia moderna Italiana, per uso del seminario di Padova. *In Padova*, 1747. *in*-4.
1185 Dizionario Volgare e Latino, per Filippo *Venuti. In Roma*, 1588. *in*-8. *pet. pap. vel. verd.*
1186 Vocabolario degli Academici della Crusca, &c. *In Venezia*, 1741. 5 *vol. in*-4.
1187 Abregé de la Crusca, ou Dictionnaire portatif François & Italien, par le P. *Fabretti. Lyon*, 1757. *in*-8.
1188 Vocabolario portatile, per agevolare la lettura degli

BELLES-LETTRES.

degli autori Italiani. *Parigi*, 1768. *in*-12. *pet. pap.*

1189 Dictionnaire François-Italien & Italien-François, composé sur les Dictionnaires de l'Académ. de France & de la Crusca, par l'Abbé *Alberti*. *Paris*, 1771. *in*-4. 2 vol.

1190 Gramatica nueva Espanola y Francesa, por Franc. *Sobrino*. En *Bruxellas*, 1717. *in*-12.

1191 Dictionnaire Espagnol, François & Latin, par *de Séjournant*. Paris, 1759. *in*-4. 2 vol.

1192 Dicionnario Portuguez e Latino, por Carlos *Folqman*. *Lisboa*, 1755. *in*-4.

Grammaires & Dictionnaires des Langues Angloise & Allemande.

1193 Racines de la Langue Angloise, ou l'art de bien entendre une langue, de la parler, & de l'écrire, par *Gautier*. Paris, 1760. *in*-12. rel. pap. verd.

1194 Joan. Wallis, Grammatica Linguæ Anglicanæ, &c. *Auxoniæ*, 1674. *in*-8. vél. verd.

1195 Nouvelle Méthode pour apprendre l'Anglois, par *Miege*. *Amsterd*. 1698. *in*-8. *pet. pap.*

1196 Méthode pour apprendre facilement à parler, à lire & à écrire l'Anglois, &c., par *Berry*. *Paris*, 1761. *in*-8.

1197 Méthode aisée pour prononcer & parler correctement la Langue Angloise, par *Dumay*. *Paris*, 1774. *in*-8.

1198 Dictionnaire des particules Angloises, précédé d'une Grammaire raisonnée. *Paris*, 1774. *in*-8. *pet. pap.*

1199 Abridgement of ainsworth's Dictionnary of the Latin Tongue By *Thomas*. *London*, 1758. 2 vol. *in*-8.

1209 Dictionnaire françois anglois, & anglois françois, par *Boyer*. *Lyon*, 1768. 2 vol. *in*-4.

1201 Grammaire Allemande de *Gottsched*. *Paris*, 1754. *in*-8. *pet. pap.*

1202 Nouveaux principes de la langue allemande, par *Junker*. *Paris*, 1762. 2 vol. *in*-12.

1203 Dictionnaire françois-allemand, & allemand

BELLES-LETTRES.

françois qu'accompagne le latin. *Basle*, 1669. *in-8.* *vel. bl.*

1204 Dictionnaire du Voyageur, françois, allemand, latin, & allemand, françois, latin. *Geneve*, 1719. *in-8. vel. bl.*

RHÉTORIQUE.

Traités de la Rhétorique ou de l'art oratoire.

1205 La Rhétorique d'Aristote, trad. en franç. par *Cassandre. Amsterdam*, 1698. *in-12.*

1206 Rhetorica juxtà Doctrinam Aristotelis, Dialogis explanata. Autore *Gibert. Parisiis*, 1776. *in-12.*

1207 Quintiliani, de institutione oratoriâ, lib. XIII. *Lugduni*, 1575. *in-8.*

1208 Quintilien, de l'institution de l'Orateur, par l'Abbé *Gedoyn. Paris, Barbou*, 1770. 4 *vol in-12. bro.*

1209 Traité du sublime & du merveilleux dans le discours, traduit du grec de *Longin*, avec le texte grec à côté. *Paris*, 1694. *in-12.*

1210 Lucæ Fruterii, librorum qui recuperari potuerunt relliquiæ, inter quos verisimilium lib. II, additus. Severiani Centomata Rhetorices. *Antuerpiæ*, 1584. *in-8. pet. pap. vel. bl.*

1211 Verrii Flacci quæ extant, & Pompei Festi, de verborum significatione, libri XX, &c. *Parisiis*, 1594. *in-8.*

1212 Des. Erasmi, Dialogus Ciceronianus, sive de optimo genere dicendi. *Lugdu. Batavo.* 1643. *in-18.*

1213 Hor. Turcelini, de particulis latinæ orationis libellus, ex recognitione *Thomasio. Lypsiæ*, 1673. *in-18. vel. bl.*

1214 Candidatus Rhetorices, à Josep. Jouvencio auctus, &c. *Parisiis*, 1774. *in-12.*

1215 La Rhétorique, ou l'art de parler, par le Pere *Lamy. Paris*, 1701. *in-12.*

1216 Rhétorique françoise, par *Crevier. Paris*, 1765. 2 *vol. in-12. bro.*

1217 L'art de peindre à l'esprit, dans lequel les préceptes sont confirmés par des exemples tirés des meilleurs Orateurs & Poëtes françois. *Paris*, 1758. 3 vol. *in-8. pet. pap.*

Rhétorique en action. Eloquence du barreau & de la chaire.

1218 Réflexions sur l'Eloquence. *Paris*, 1700. *in-12. pet. pap.*
1219 Dissertation philosophique sur l'action de l'Orateur, précédée de recherches sur la mémoire. *Amsterdam, Paris*, 1775. *in-12.*
1220 De l'Eloquence du barreau, par *Gin. Paris*, 1767. *in-12.*
1221 Paradoxes, ce sont propos contre la commune opinion, débattue en forme de déclamations forenses pour exciter les jeunes Avocats en causes difficiles. *Paris*, 1553. *in-16. vel. verd.*
1222 Lettres sur la profession d'Avocat, & sur les études nécessaires pour se rendre capable de l'exercer. *Paris*, 1772. *in-12.*

Orateurs Grecs anciens & modernes.

1223 L'arte del predicare contenuta in tre libri Dal Padre *Fraluca. In Vinegia*, 1562. *in-8. pet. pap. vel. bl.*
1224 L'Eloquence du corps, ou l'action du Prédicateur, par l'Abbé *Dinouart. Paris*, 1761. *in-12.*
1225 Discours sur les progrès de l'éloquence de la chaire, & sur les manieres & l'esprit des Orateurs des premiers siecles. *Paris*, 1759. *in-12.*
1226 Ludovici Cressollii, Theatrum veterum Rhetorum, Oratorum, Declamatorum, quos in Græciâ nominabant sophistas, expositum, lib. V. *Parisiis*, 1620. *in-8. vel. bl.*
1227 Isocratis vita, Orationes & Epistolæ, grecè & latinè. *in-8. maro. roug. pet. pap.*
1228 Harangues d'Eschine & de Démosthenes, sur la Couronne, traduites du grec par l'Abbé *Millot. Lyon*, 1764. *in-12. bro.*
1229 Harangues d'Eschine & de Demosthenes sur la Couronne, traduites du grec, par *Auger. Rouen, Paris*, 1768. *in-12. bro.*

BELLES-LETTRES.

1230 Philippiques de Demosthenes & Catilinaires de Ciceron, traduites par l'Abbé *d'Olivet*. *Paris*, 1765. *in*-12.

1231 Themistii Euphradæ, orationes XVI, græcæ & latinæ. Interprete Dyonisio Petavio, è soc. Jes. *Flexiæ. Parisiis*, 1617. *in*-8. *pet. pap. vel. gris*.

1232 Corippi Africani grammatici, de laudibus Justini Augusti minoris, libri IV. *Antuerpiæ*, 1581. *in*-8. *vel. bl.*

1233 Le Festin de Xénophon, de la version de *Lefevre*. *Saumur*, 1666. *in*-12. *pet. pap.*

1234 Anonymi græci, oratio funebris in Imperatorem Constantinum, cum interpretatione & notis *Marelli. Lutetiæ*, 1616. *in*-8. *vel. bl.* —— Sancti Nycephori, Patriarchæ Constantinopolitani breviarium historicum latinè redditum, operâ Dion. *Petavii*, è soc. Jesu. 1616.

Orateurs Latins & François, anciens & modernes.

1235 M. Tul. Ciceronis, opera omnia, cum optimis exemplaribus accuratè collata ; accessit ejusdem authoris vita. *Amstelædami, Blaeu*, 1659. 10 *vol. in*-12. *pet. pap.*

1236 M. Tull. Ciceronis, orationes ; notis & dissertationibus illustravit Nicol. *Desjardins. Parij.* 1738. *in*-4. *tom.* 1. *vel. bl.*

1237 M. Tullii Ciceronis opera. Recensuit J. N. *Lallemand. Parisiis*, 1768. 14 *vol. in*-12. *bro. en carton.*

1238 Fons Eloquentiæ, sive M. T. Ciceronis orationes XVIII. selectissimæ. *Coloniæ Agripinæ*, 1720. *in*-12.

1239 M. Tul. Ciceronis orator, & Dialogi de oratore. *Parisiis*, 1763. *in*-12.

1240 M. Tull. Ciceronis, orationes quædam selectæ, cum interpretatione & notis quas in usum Delphini edidit Carolus *Merouille. Londini*, 1739. *in*-8.

1241 Asconii Pediani Pataviui Commentationes in aliquot orationes M. T. Ciceronis. *Lugduni*, 1551. —— Fenestellæ de Magistratibus, Sacerdotiisque Ro-

BELLES-LETTRES. 93

manorum libellus, jam primùm Nitori restitutus. Pomponii Læti itidem de Magistratibus & Sacerdotiis, & de diversis legibus Romanorum. *Parisiis*, 1530. *in*-8. *pet. pap.*

1242 M. T. Ciceronis de Officiis, libri XIII. *Amstelod*, 1656. *Blaeu. in*-18.

1243 Petri Marci, in tres libros Marci T. Ciceronis de Officiis, Commentarii, &c. *Parisiis*, 1693. *in*-12.

1244 Selectæ Ciceronis ad Pomponium atticum Epistolæ. *Parisiis*, 1761. *in*-12.

1245 Marci Tullii Ciceronis Eclogæ. *in*-12.

1246 Posteriores Petri Victorii Castigationes in Epistolas Ciceronis familiares —— Ant. Goveani Epigrammata & Epistolæ, &c., &c. *Lugduni*, apud *Gryphium*, 1541. *in*-8. *pet. pap. vel. bl.*

1247 Nomenclator Ciceronianus. *Parisiis*, 1757. *in*-12.

1248 Idem. *Parisiis*, 1757. *in*-12.

1249 Oraisons choisies de Cicéron, traduction revue par *de Wailly*, avec le latin à côté. *Paris*, 1772. 3 *vol. in*-12.

1250 Nouvelle traduction des Catilinaires & des discours de Cicéron, par *Busnel*. *Rouen*, 1774. *in*-12.

1251 Traduction du traité de l'Orateur de Cicéron, avec des notes, par l'Abbé *Colin*. *Paris*, 1768. *in*-12.

1252 Entretiens de Cicéron sur la nature des Dieux, traduits par l'Abbé *d'Olivet*. *Paris*, 1766. 2 *vol. in*-12.

1253 Tusculanes de Cicéron, traduites par MM. *Bouhier* & *d'Olivet*. *Paris*, 1766. 2 *vol. in*-12.

1254 Les Offices de Cicéron, traduits avec le latin à côté, par *Barrett*. *Paris*, *Barbou*, 1768. *in*-12. *bro.*

1255 Les livres de Cicéron de la Vieillesse, de l'Amitié, les paradoxes & le songe de Scipion, trad. par *de Barrett*. *Paris*, 1768. *in*-12. *bro.*

1256 Lettres de Cicéron à Brutus, & de Brutus à Cicéron, avec le latin à côté. *Paris*, 1744. *in*-12.

1257 Pensées de Cicéron, traduites par l'Abbé *d'O-*

BELLES-LETTRES.

livet. *Paris, Barbou*, 1764. *in-8. pet. pap.* doré *sur tran.*

1258 Histoire de Ciceron avec des remarques historiques & critiques, par *Morabin*. *Paris*, 1763. 2 *vol. in-4.*

1259 Quintiliani declamationes XIX. *Parisiis*, 1542. *in-4. vel. bl.*

1260 Plinii secundi aliorumque veterum autorum Panegyrici. *Basileæ*, 1520. *in-4. vel. bl.*

1261 Panegyrici veteres, autore Joann. *Frobenio Basileæ*, 1520. *in-4.*

1262 Longolii, Orationes & Epistolæ. *Parisiis*, 1530. *in-8.*

1263 Pet. Joan. Perpiniani soc. Jes., Orationes duo de vigenti. *Duaci*, 1591. *in-18.*

1264 Dion. Petavii, è soc. Jes., Orationes & Opera poetica. *Parisiis*, 1624. 2 *tom.* en 1 *vol. in-8. pet. pap.*

1265 Dan. Heinsii, Orationes. *Lugduni Batavo. Elzevir*, 1642. *in-12. pet. pap.*

1266 Hallæi Orationes & Poemata. *Parisiis*, 1655. *in-8.*

1267 Discours latins, Oraisons funebres & préface de Burman sur Lucain. *in-4.*

1268 Edmundi Canisiani opuscula, in duas partes divisa. *Parisiis*, 1648.

1269 Gab. Cossartii, è soc. Jes. Orationes & Carmina. *Parisiis*, 1690. *in-12.*

1270 Joseph. Juventii, è soc. Jes., Orationes. *Parisiis*, 1714. 2 *vol. in-12.*

1271 Carol. Drelincurtii libitinæ trophæa pro concione, cum fasces academicas deponeret computata. *Lugd. Batav.* 1680. *in-18. bro. cart.*

1272 Les Œuvres de Coffin. *Paris*, 1755. 2 *vol. in-12.*

1273 Oraisons funebres de Bossuet. *Paris*, 1762. *in-12.*

1274 Œuvres diverses du P. *du Baudory*, Jes. *Paris*, 1762. *in-12.*

BELLES-LETTRES.

POETIQUE.

Traités de la Poëtique, ou de l'art de versifier.

1275 Discours sur l'origine de la Poësie, sur son usage & sur le bon goût, par *Dutremblay*. Paris, 1713. *in-12.*

1276 Histoire de l'origine & des progrès de la Poësie dans ses différens genres, trad. de l'Anglois de *Brown*. Paris, 1768. *in-8. br.*

1277 Les quatre Poëtiques d'Aristote, d'Horace, de Vida & de Despréaux, avec les trad. & des remarq. par l'Abbé *Batteux*. Paris, 1771. 2 vol. *in-8. br.*

1278 Jul. Cæs. Scaligeri Poetices lib. VII. ad Silvium filium ; ex recognitione Josep. *Scaligeri.* 1607. *in-8. vél. bl.*

1279 L'art du Poëte & de l'Orateur, nouvelle réthorique à l'usage des Colléges. *Lyon*, 1766. *in-12.*

1280 Dissertation sur la Poësie pastorale, ou de l'Idile & de l'Eclogue, par l'Abbé *Genest*. Paris, 1707. *in-12.*

1281 Traité du Poëme épique, par le P. *le Bossu*. Paris, 1675. *in-8. pet. pap.*

1282 Jacob. Vanierii, dictionarium. Poeticum. *Lugd.* 1720. *in-4.*

1283 Examen philosophique de la Poësie en général, par *Raymond de Saint Mard*. Paris, 1729. *in-12.*

Poëtes Grecs anciens & modernes, collections & extraits de ces Poëtes.

1284 Homeri Ilias, seu potius omnia quæ ejus extant opera, studio & curâ Giphanii. *Argentorati*, 1572. *in-8.*

1285 Homeri quæ extant omnia, cum commentariis Spondani, græcè & latinè. *Aureliæ Allobrogum*, 1706. *in-fol. pet. pap.*

1286 Homeri Ilias, postrema editio græcè & latinè.
— Homeri Odissæa, græcè & latinè. *Avenione*, 2 vol. *in-18.*

BELLES-LETTRES.

1287 Homeri Odissæa, cum interpretatione latinâ Henr. Stephani; adjecti sunt Homerici centones. *Amst.* 1648. 2 vol. *in-*8. *pet. pap.*

1288 L'Iliade d'Homere, trad. & précédée de réflexions sur Homere, par *Bitaubé. Paris*, 1764. 2 vol. *in-*8. *pet. pap. br.*

1289 L'Iliade d'Homere, trad. en vers, avec des remarq. & un discours sur Homere, par M. *de Rochefort. Paris*, 1772. 3 vol. *in-*8. *br.*

1290 Quinti Calabri derelictorum ab Homero libri XIV. græcè. *Venetiis. Aldus, in-*8. *pet. pap.*

1291 Apollonii Sophistæ, Lexicon Homericum, græcè & latinè. *Lutetiæ Parisiorum*, 1773. 2 tom. en 1 vol. *in-*4.

1292 Hesiodi Ascræi quæ extant græcè & latinè, ex recensione Joannis Clerici cum notis *Josep. Scaligeri. Amstelo.* 1701. *in-*8.

1293 Interpretatio antiqua & perutilis in Apollonii Rhodii Argonotica. græcè. 1541. *in-*8. *pet. pap. vél. bl.*

1294 Poësies d'Anacréon & de Sapho, en grec. *Paris*, 1754. *in-*18.

1295 Les Œuvres d'Anacréon & de Sapho, trad. du grec en vers franc. avec des notes, par *de Longepierre. Paris*; 1692. *in-*8. *pet. pap.*

1296 Anacréon, Sapho, Bion & Moschus, trad. nouvelle en prose, suivie de la veillée des fêtes de Vénus, par M. C***. *Paris*, 1773. *in-*8. *fig. br. cart.*

1297 Tragédies d'Eschile, trad. en franc. *Paris*, 1770. *in-*8. *br.*

1298 Oreste, ou les co-Ephores, tragédie d'Eschile, trad. nouvelle, avec des notes. *Paris*, 1770. *in-*8. *br.*

1299 Sophoclis tragædiæ VII. unà cum omnibus græcis scholiis ad calcem adnexiis, græcè & latinè. *Cantabrigiæ*, 1673. *in-*8.

1300 Tragédies de Sophocle, trad. par *Dupuy. Paris*, 1761. 2 vol. *in-*12.

1301 Œdippe, tragédie de Sophocle, & les Oiseaux, comédie d'Aristophane, trad. par *Boivin. Paris*, 1729. *in-*12.

BELLES-LETTRES.

1302 Euripides Poeta in latinum sermonem conversus, adjecto è regione textu græco, cum annotationibus Gaspari Stiblini, &c. *Basileæ*, 1562. *in-fol. pet. pap.*

1303 Euripidis Medæa, Hecuba, Iphigenia in Tauride, Iphigenia in Aulide & supplicantes. 5 *vol. in-8. pet. pap. vél. bl.*

1304 Theocritus cum Scholiis, græcè. 1516. *in-8. pet. pap. vel. bl.*

1305 Theocriti Idyllia XXXVI. Epigrammata XIX. Bipennis & Ala, græcè. *Parisiis*, 1561. *in-4. pet. pap. vél. gris.*

1306 Isaaci Casauboni, Theocriticarum lectionum libellus. 1596. *in-8. pet. pap. vél. bl.*

1307 Theocriti, Symmii, Moschi, & Bionis Idyllia & epigrammata quæ super sunt, omnia græcè & latinè exposita. — Theognidis, Phocilidis, Pitagoræ aliorumque veterum poemata gnomica, latinâ versione & annotationibus illustrata. *Coloniæ Allobrogum*, 1612. *in-18.*

1308 Hymnes de Callimaque, avec une version françoise, & des notes. *Paris*, 1775. *in-8.*

1309 Aristophanis facetissimi, comœdiæ XI. *Lugd. Batav.* 1600. *in-18.*

1310 Aristophanis, comœdiæ XI. græcè & latinè. *Amst. Ravestein*, 1670. *in-18.* 2 *vol.*

1311 Aristophanis nubes, ranæ, equites, &c. græcè & latinè, *in-fol. pet. pap. rel. œcon.*

1312 Les Muses grecques, ou trad. en vers franç. de Plutus, comédie d'Aristophane, d'Anacréon, Sapho, &c. par M. *Poinsinet de Sivry. Deux-Ponts, Paris*, 1771. *in-8. pet. pap.*

1313 Pindari Olympia, Pythia, Nemea, Isthmia, cæterorumque octo-lyricorum carmina, græcè & latinè, 1560. *in-24.*

1314 Pindari Olympia, Pythia, Nemea, Isthmia, &c. *Lugduni*, 1598. *in-24.*

1315 Les Olympiques de Pindare, trad. en franç. avec des remarques historiques. *Paris*, 1754. *in-12.*

1316 Essai sur Pindare, contenant une traduction de quelques odes de ce Poëte, par M. *Vauvillers. Paris*, 1772. *in-12. br.*

BELLES-LETTRES.

1317 Les Odes Pythiques de Pindare, trad. avec des remarq. & le texte grec à côté, par M. *Chabanon*. *Paris*, 1772. *in-8. br.*

1318 Comicorum græcorum sententiæ, latinis versibus ab *Henrico Stephano* redditæ, græcè & latinè, 1569. *in-24.*

1319 Le Théatre des Grecs, par le Pere *Brumoy*. *Paris*, 1763. *6 vol. in-12.*

1320 Selecta epigrammata græca, latinè versa ex septem epigrammat. græcorum libris. *Basileæ*, 1529. *in-8. pet. pap.*

1321 Anthologia epigrammatum græcorum selecta, cum latinâ interpretatione. *Flexiæ*, 1624. *in-8.*

POETES LATINS ANCIENS.

Collections & extraits de ces Poëtes.

1322 Plauti comœdiæ superstites vigenti. Accuratissime editæ. *Amstelod. Elzevir*, 1652. *in-24.*

1323 M. Accii Plauti, comœdiæ quæ super sunt. *Paris. Barbou*, 1759. *3 vol. in-12. fig. d. s. tr.*

1324 Terentii, comœdiæ cum directorio, glosâ interlineali & commentariis. *Argentinæ*, 1496. *in-fol. goth. avec fig. vél. bl.*

1325 Terentius, cum commentis Servii Donati, Guidonis, Calphurnii, &c. *Venetiis*, 1521, *in-fol. pet. pap. avec miniat. vel. bl.*

1326 Terentius, seu observationes in singulas scenas ferè ex Ælii Donati commentariis transcriptæ. *Parisiis*, 1538. *in-8. pet. pap.*

1327 Terentius, ab Anto. Mureto emendatus cum ejusd. Mureti argumentis in singulas comœdias & annotationibus. *Francofurti ad Mœnum*, 1574. *in-8. pet. pap. vél. bl.*

1328 Publ. Terentii, comœdiæ VI. ex recensione Heinsianâ. *Lugd. Batav. Elzevir.* 1635. *in-18.*

1329 Publii Terentii, comœdiæ sex, ex recensione Heinsianâ. *Amstelod.* 1641. *in-18.*

1330 Publ. Terentii, comœdiæ sex. *Londini, Tonson*, 1713. *in-12.*

1331 Publ. Terentii, comœdiæ sex, ad optimorum

BELLES-LETTRES.

exemplarium fidem recensitæ. *Lutetiæ Parisiorum*, 1753. 2 *vol. in*-12. *fig. & vign.*

1332 Comédies de Térence, trad. en françois, avec le latin à côté, par *de Sacy. Paris*, 1647. *in*-12. *pet. pap. vél. bl.*

1333 Comédies de Térence, avec la traduction & les remarques de Madame Dacier, &c. *Amst. Paris, Barbou*, 1768. 3 *vol. in*-12. *fig. bro. en cart.*

1334 Les Comédies de Terence, trad. nouv. avec le texte latin à côté, & des notes, par M. l'Abbé le Monnier. *Paris*, 1771. 3 *vol. in*-8. *fig. bro.*

1335 T. Lucretii Cari, de rerum naturâ, libri VI. *Londini, Tonson*, 1713. *in*-12.

1336 T. Lucretii Cari, de rerum naturâ lib. VI. cum interpretatione & notis Thom. *Creech. Londini*, 1717. *in*-8.

1337 Tit. Lucretius Carus, de rerum naturâ, accurante Steph. And. Philippes. *Lutetiæ Parisiorum, Granger.* 1748. *in*-8. *pet. pap. fig.*

1338 Di Tito Lucrezio Caro, della naturâ delle cose lib. VI. tradotti da Alessandro Marchetti. *in Londra*, 1761. 2 *vol. in*-12. *pet. pap.*

1339 Lucrece, traduction nouvelle, avec des notes, par M. *L** G**. Paris*, 1768. 2 *vol. in*-12.

1340 Anti-Lucretius, sive de Deo &naturâ, lib. IX. E. Card. de Polignac. Opus posthumum. *Parisiis*, 1749. *in*-12.

1341 Catullus, & in eum commentarius Antonii Mureti. Tibullus & Propertius.*Lugduni*, 1559. *in*-8. *pet. pap. let. ital.*

1342 Catullus, Tibullus & Propertius, cum Caii Galli fragmentis quæ extant. *Amstel. Elzevir*, 1651, *in*-24.

1343 Catulli, Tibulli & Propertii opera. *Londini, Tonson*, 1715. *in*-12.

1344 Catullus, Tibullus & Propertius pristino nitori restituti. Accedunt fragmenta Cornelio Gallo inscripta. *Lugd. Bat.* 1743. *in*-8. *pet. pap. d. s. tr.*

1345 Josep. Scaligeri, castigationes in Catullum, Tibullum & Propertium —— Ant. Mureti, commentarius in Catullum cum scholiis ejusdem in Tibullum & Propertium. 1502. *in*-8. *pet. pap.*

BELLES-LETTRES.

1346 Traduction en profe de Catulle, Tibulle & Gallus. *Amfterdam. Paris.* 177 . 2 *vol. in-*12.

1347 Publ. Virgilii Maron. opera, cum veterum omnium Commentariis & felectis notis. *Amftelod.* 1546. *in-*4.

1348 Virgilius, collatione fcriptorum Græcorum illuftratus, operâ & induftriâ Fulvii Urfini. *Antuerpiæ*, 1568. *in-*8. *pet. pap.*

1349 Symbolarum libri XVII : quibus Virgilii Maro. Bucolica, Georgica, Æneis, ex probatiffimis autoribus declarantur, comparantur, illuftrantur, per *Jacobum Pontanum*, Soc. Jefus. *Auguftæ Vindelicorum*, 1599. *in-fol.*

1350 Publ. Virgilii Maron. opera, cùm interpretatione & notis *Carol. Ruæi. Parifiis*, 1682. *in-*4. 2 *vol. rel. écon.*

1351 Publ. Virgilius Maro. accurrante Nic. Heinfio Danielis Fil. *Amftelod.* apud *Weftenios*, 1725. *in-*24.

1352 Publii Virgilii Maro. Bucolica, Georgica & Æneis, ex recenfione Cuningamii Scoti *Edenburgi Balfour*, 1743. *in-*18.

1353 P. Virgilii Maronis opera curis & ftudio Steph. And. Philippes. *Lutetiæ Parifiorum. Couftellier*, 1745. 3 *vol. in-*8. *pet. pap. fig.*

1354 Publ. Virgilii Maron. opera, cum notis brevionibus. *Parifiis*, 1748. *in-*12. *pet. pap.*

1355 P. Virgilii Maronis opera. *Parifiis. Barbou*, 1767 . 2 *vol. in-*12.

1356 P. Virgilii Maronis opera, cum interpretatione *Ruæi. Parifiis. Barbou*, 1768. 3 *vol. in-*12.

1357 Index Vocabulorum omnium quæ in Virgilio leguntur. *Parifiis*, 1714. *in-*12.

1358 Les Enéides de Virgile, tranflatées de Latin en François par de *Saint Gelais. Paris*, 1519. *in-fol. petit pap. goth.*

1359 Les Œuvres de Virgile en latin & françois, traduct. des quatre Profeff. *Paris*, 1769. 4 *vol. in-*12.

1360 Les Georgiques de Virgile, traduites en vers françois, par *Delille. Paris*, 1770. *in.* 12. *fig.*

1361 Obfervations critiques fur la nouvelle traduction en vers françois des Georgiques de Virgile, &

BELLES-LETTRES.

sur les Poëmes des saisons, &c. par M. *Clément*. *Geneve*, 1770. *in-8. pet. pap.*

1362 Géographie de Virgile, par *Helliez*. *Paris*, 1771, *in-12*.

1363 Le Virgile travefti de Scarron. *Paris*, 1648. *in-16. avec la fuite imprimée à Bordeaux en 1674. in-12.*

1364 Lambini Monftrolienfis, in Horatium Flaccum commentarii. *Francofurti ad Mœnum*, 1577. *in-fol.*

1365 Q. Horatii Flacci Poemata, novis fcholiis & argumentis ab Henrico Stephano illuftrata, &c. 1588. *in-8.*

1366 Q. Horatii Flacci ad Pifones Epiftola, ad Artis Poeticæ formam redacta. *Parifiis*, 1674. *in-12. pet. pap.*

1367 Q. Horatii Flacci opera. Accedunt Rutgerfii lectiones. *Trajecti Batavorum*, 1699. *in-18.*

1368 Q. Horatii Flacci Eclogæ, unà cum fcholiis perpetuis tam veteribus quam novis. Adjecit etiam ubi vifum eft, & fua, textumque ipfum plurimis locis emendavit Willelmus Baxter. *Londini*, 1701. *in-8.*

1369 Quintus Horatius Flac. ad fidem codicum manufcriptorum emendatus. *Trajecti. Batavorum*, 1713, *in-18. vel. bl.*

1370 Q. Horatii Flacci opera. *Londini. Tonfon*, 1715. *in-12.*

1371 Q. Horatii Flacci carmina expurgata, cum adnotationibus ac interpretatione Jofep. *Juventii*. *Parifiis*, 1754. *in-12. 2 vol.*

1372 Horatii Flacci opera expurgata, interpretatione ad verbum, variis lectionibus ac notis illuftrata à Joanne *Duhamel*. *Parifiis*, 1762. *in-12.*

1373 Q. Horatii Flacci carmina, nitori fuo reftituta. *Parifiis*, *Barbou*, 1763. *in-8. pet. pap. d. f. tr.*

1374 Q. Horatii Flacci Poemata, illuftrata à Joan. *Bond*. *Aurelianis*, 1767. *in-12.*

1375 Q. Horatii Flacci opera, ad fidem LXXVI. codicum emendata, curante. *Vallart*. *Parifiis*, 1770. *in-8.*

1376 Q. Horatii Flacci opera, ad fidem LXXVI. codicum emendata, curante *Vallart*. *Parifiis*, 1770. *in-8. vel.*

1377 Q. Horatii Flacci carmina, cum annotationibus

BELLES-LETTRES.

Gallicis Ludovici *Poinsinet de Syvri. Parisiis*, 1777. 2 vol. in-8. rel. œcon.

1378 L'Opere d'Oratio, Poëta lyrico, commentate da Giovanni Fabrini in lingua Volgare Toscana, *in Venetia*, 1669. in-4.

1379 Les Poësies d'Horace, trad. en franç. par le P. Sanadon, *Paris*, 1756. 2 vol. in-12.

1380 Art Poëtique d'Horace, trad. par *Lebel*, avec le texte à côté. *Paris*, 1769. in-12. pet. pap.

1381 Pedonis Albinovani Elegiæ XIII. & fragmenta, cum interpretatione & notis Scaligeri. — Cornelii Severi quæ supersunt. *Amstelod.* 1703. in-8. fig. vél. bl.

1382 L'Etna de Cornelius Severus, & les Sentences de Publ. Syrus, trad. en franç. avec le texte latin de ces deux Poëtes à côté. *Paris*, 1736. in-12. fig. & cartes.

1383 Pub. Ovidii Nasonis de remedio amoris libri exarati, cum commento familiarissimo per Felicem *Baligo. Lutetiæ Parisiorum*, 1494. in-4. pet. pap. goth. vél. bl.

1384 Ovidii Nasonis metamorphoseon. *Lugduni*, 1555. in-18. let. ital.

1385 Ovidii Matamorphoses. *Parisiis*, 1583. in-18. fig.

1386 Publii Ovidii Nasonis opera. *Amstelod.* 1634. in-24.

1387 Ovidii Nasonis metamorphoseon, libri XIV. in fol. pet. pap. fig. rel. œcon.

1388 Publii Ovidii Nasonis opera omnia. *Amstelod.* apud *Westenios*, 1713. 3 vol. in-18.

1389 Publii Ovidii Nasonis, artis amatoriæ lib. XIII. ejusdem de remedio amoris lib. II. in-8. pet. pap.

1390 Ovidii Nasonis opera quæ super sunt. *Parisiis, Barbou*, 1762. 3 vol. in-12. d. f. tr.

1391 L'Art d'aimer, & les remedes d'amour, traduct. de l'Abbé *de Marolles*. in-12. pet. pap.

1392 Les Elégies d'Ovide, traduct. enrichie de notes critiques & historiques, & suivies des Fables choisies, extraites des Fastes d'Ovide, par le P. *de Kervillars. Paris*, 1756. 3 vol. in-12.

BELLES-LETTRES.

1393 Le premier livre des Faftes d'Ovide, traduction nouvelle. *Paris*, 1756. *in-*12.

1394 Nouvelle traduction des Héroïdes d'Ovide. *Paris*, 1763. *in-*8. *vignettes & culs-de-lampes*, broc.

1395 Métamorphofes d'Ovide, traduction nouvelle, avec le latin à côté. *Paris*, 1766. *in-*12.

1396 Les Œuvres galantes & amoureufes d'Ovide, contenant l'art d'aimer, &c. *Londres*, 1771. 2 *tom. en* 1 *vol. in-*12.

1397 Commentaires fur les Epîtres d'Ovide, par de Meziriac. *La Haye*, 1716. 2 *vol. in-*8.

1398 Annæi Senecæ Tragœdiæ, cum notis Farnabii. *Amft. Blaeu*, 1656. *in-*16. *vél. bl.*

1399 Annæi Senecæ Tragœdiæ, ex recenfione & cum notis Gronovii. *Amftelod.* 1662. *in-*8.

1400 Lucani Pharfalia, five de Bello civili Cæfaris & Pompeii, lib. x. ex emendatione Hug. Grotii. *Lugduni Batavor.* 1627. *in-*8. *vél. bl.*

1401 Lucani Pharfalia, five de Bello civili Cæfaris & Pompeii, lib. x. *Amftelod.* 1714. *in-*16. *lett. ital.*

1402 M. Annæi Lucani Pharfalia, cum fupplemento Tho. Maii. *Parifiis, Barbou*, 1767. *in-*8. *pet. pap.*

1403 La Pharfale de Lucain, trad. par *Maffon. Amft. Paris*, 1766. 2 *vol. in-*8. *pet. pap. bro.*

1404 Silins Italicus de fecundo Bello Punico. *Amft.* 1620. *in-*24.

1405 Statii Sylvarum lib. v. Thebaidos lib. xii. & Achilleidos lib. ii. *Parifiis*, 1530. *in-*8.

1406 Papinii Statii operâ. *Lugduni.* 1665. *in-*18.

1407 Valerii Flacci Argonautica ex recenfione Nicol. Heinfii. *Trajecti Batavor.* 1702. *in-*16.

1408 Martialis Epigrammatum libri xiv. *Parifiis*, 1563. *in-*24.

1409 Martialis Epigrammatum lib. xv, Laurentii Ramirez de Prado hifpani Commentariis illuftrati. *Parifiis*, 1607. *in-*4. *vél. bl.*

1410 Martialis Epigrammata cum notis *Farnabii. Amftelod. Jeanfon.* 1645. *in-*16.

1411 Martialis Epigrammata cum notis *Farnabii* & Variorum. *Lugduni Batavor.* 1656. *in-*8.

1412 Martialis Epigrammatum libri ad optimos codices recenfiti & caftigati. *Lutetiæ Parifiorum, Barbou*, 1754. 2 *vol. in-*12.

BELLES-LETTRES.

1413 Auli Persii Flacci satyræ VI. cum commentariis Valentini, &c. *Basileæ*, 1592. *in*-4. *pet. pap.*

1414 Juvenalis satyræ XVI. cum veteris Scholiastæ & Joan. Britannici commentariis. *Lutetiæ*, 1603. *in* 4. *vél. bl.*

1415 Auli Persii Flacci satyræ VI. cum commentariis Joannis *Bond. Parisiis*, 1644. *in*-8. *pet. pap.*

1416 Juvenalis & Auli Persii Flacci satyræ, cum veteris Scoliastæ & variorum commentariis, accurante Schrevelio. *Lugd. Batavor.* 1648. *in*-8. *lett. ital.*

1417 Juvenalis & Persii satyræ, cum annotationibus *Farnabii. Amstelod. Blaeu*, 1650. *in*-12. *let. ital.*

1418 Juvenalis & Persii Flacci satyræ. *Londini, Breindley*, 1744. *in*-18.

1419 Dec. Juni. Juvenalis satyrarum lib. V. ex recognitione Step. And. Philippes. *Lutetiæ Parisior.* 1747. *in*-12. *mar. ble.*

1420 Traduction des Satyres de Perse & de Juvenal, par le Pere *Tarteron. Paris*, 1714. *in* 12.

1421 Satyres de Juvenal, trad. par M. *Dussaulx. Paris*, 1770. *in*-8.

1422 Satyres de Perse, trad. nouv. avec le texte latin à côté, & des notes, par M. l'Abbé *Lemonnier. Paris*, 1771. *in*-8. *br.*

1423 Satyres de Perse, trad. en vers & en prose, par *Duradier. Paris*, 1772. *in*-8. *broch.*

1424 Claudiani quæ extant, ex recensione Heinsii, &c. *Lugd. Batav. Elzevir*, 1650. *in*-16. 2 *vol.*

1425 Claudiani opera omnia, ex recensione Heinsii & variorum. *in*-8.

1426 Claudiani opera omnia. *in*-24.

1427 Ausonii opera. *Amstelod. Blaeu.* 1631. *in*-24.

1428 Ausonii Burdigalensis opera. Jacobus Tollius restituit. *Amstelod.* 1669. *in*-24.

1429 Œuvres d'Ausone, trad. en franç. par l'Abbé *Jaubert. Paris*, 1769. 4 *vol. in*-12.

1430 Caii Sollii Apollinaris Sydonii, Avernorum Episcopi opera, curâ & studio Syrmondi, Soc. Jes. recognita & notis illustrata. *Parisiis, Cramoisy*, 1652. *in*-4.

1431 Sententiæ veterum Poetarum, per Georgium majorem

BELLES-LETTRES.

majorem in locos communes digeſtæ, &c. *Lutetiæ*, 1551. *in-*8. *pet. pap.*

1432 Collectio Piſaurenſis omnium poematum, carminum, fragmentorum latinorum, five ad Chriſtianos ſive ad Ethnicos, & ad certos & incertos Poetas, à primâ latinæ linguæ ætate pertinens, ab omnium Poetarum libris exſcripta. *Piſauri*, 1766. 6 *vol. in-*4.

1433 Les Paſtorales de Néméſien & de Calpurnius, trad. en françois, avec des remarques & un diſcours ſur l'Eglogue. *Paris*, 1744. *in-*8. *pet. pap.*

1434 Les Paſtorales de Néméſien & de Calpurnius, trad. en françois, avec des remarques & un diſcours ſur l'Eclogue. *Bruxelles*, 1744. *in-*8. *pet. pap.*

1435 Epigrammatum delectus ex omnibus tum veterib. tum recentiorib. Poetis accuratè decerptus. *Pariſiis*, 1659. *in-*8. *pet. pap.*

1436 Poetæ ſatyrici minores, de corrupto reipublicæ ſtatu, ex recenſione Zuerii Boxhornii. *Lugd. Bat.* 1633. *in-*18. *vél. bl.*

1437 Recueil de traductions en vers françois, contenant le Poëme de Petrone, deux Epîtres d'Ovide & le *Pervigilium Veneris*, avec des remarques, par le Préſident *Bouhier*. *Paris*, 1738. *in-*12.

Poëtes Latins modernes, par ordre de Nations; c'eſt-à-dire, Italiens, François, Allemands, Flamands, Anglois, &c.

1438 Sannazari opera omnia. *Lugduni*, apud *Gryphium*, 1536. *in* 8.

1439 Marc. Palingenii Stellati Zodiacus vitæ, hoc eſt, de hominis vitâ, ſtudio ac moribus optimè inſtituendis lib. XII. *Baſileæ*, 1557. *in-*8. *pet. pap.*

1440 Petr. Angelii Bargæi ſynegetica. *Lugduni*, *Gryphius*, 1561. *in-*4. *pet. pap.*

1441 Petr. Angelii Bargæi Syriados lib. VI. *Romæ*, 1586. *in-*4. *pet. pap. vel. bl.*

1442 Hyer. Vidæ opera. *Lugd.* apud *Gryphium*, 1541.

1443 Hyeroni. Vidæ Cremonenſis, Albæ Epiſcopi, opera. *Lugduni*, 1566. *in-*18.

BELLES-LETTRES.

1444 Guill. Apuliensis rerum in Italiâ ac regno Neapolitano Normanicarum lib. v. *Rhotomagi*, 1582. *in*-4. *vél. bl.*

1445 Julii Crotti Cremonensis opuscula. *Ferrariæ*, 1664. *in*-8. *pet. pap.*

1446 Nicolai Mercerii Pisciaci de officiis scholasticorum, sive de rectâ ratione proficiendi in litteris, virtute & moribus. libri XIII. *Parisiis*, 1664. *in*-12.

1447 Nic. Herquenii Italicorum lib. unus. *Groningæ*, 1762. *in*-8. *bro.*

1448 Philippi Beroaldi, Carmina. *Parisiis*, 1508. *in*-8. *vél. bl.*

1449 Zevocitii Elegiarum lib. XIII. — Ejusdem Tragœdiæ & Epigrammata. *Lugduni Batavorum.* 1525. *in*-18.

1450 Querela Missæ *Joann. Atrociano* autore. Ejusdem, nemo Evangelicus & Elegia de Bello rustico, &c. *Basileæ*, 1528. *in*-8. *pet. pap. vel. bl.*

1451 Alcimus Avitus, de origine mundi, de peccato originali, de sententia Dei, de diluvio, &c. omnia heroico carmine descripta, cum commentariis *Moltheri. Basileæ*, 1545. *in*-8. *pet. pap.*

1452 Nicol. Borbonii Nugæ. Ejusdem Ferraria. *Basileæ*, 1533.

1453 Stephani Forcatuli epigrammata. *Lugd.* 1554. *in*-8. *pet. pap.*

1454 Brunonis Ceidelii Poematum libri VII. *Basileæ*, 1555. *in*-12. *vél. verd.*

1455 Claudii Roinheti varia Poemata. *Parisiis*, 1556. *in*-18.

1456 Guillel. Blanci Poemata. *Lutetiæ*, 1588. *in*-8. *pet. pap.*

1457 Vidi Fabri Pibracii tetrasticha græcis & latinis versibus expressa, autore Fiorente Christiano. *Parisiis*, 1621. *in*-8.

1458 Michael. Hospitalii Galliarum Cancellarii Epistolarum seu sermonum lib. VI. *Lugduni*, 1592. *in*-8. *pet. pap. vél. bl.*

1459 Amœnitates Poeticæ, sive Theod. Bezæ, Marci Ant. Mureti, & Joan. secundi Juvenilia, &c. Edente D. *de Querlon. Lugduni Batav. Parisiis*, *Barbou*, 1779.

BELLES-LETTRES.

1460 Scævolæ Sammarthani opera tum Poetica, tum ea quæ solutâ oratione scripsit. *Lutetiæ*, 1616. *in*-8. *pet. pap.*

1461 Passeratii Kalendæ Januariæ, nugæ, gratiæ, &c. *Lutetiæ*, 1597. *in*-4. *pet. pap. vél. bl.*

1462 Ruxelii Poemata, additæ sunt Lamentationes Jeremiæ ab eodem, elegiaco versu redditæ. *Rhotomagi*, 1600. *in*-8. *vél. bl.*

1463 Auroræ encomium solutâ oratione & versibus elegiacis descriptum, autore Math. *Agricio*. *Coloniæ Agrippinæ*, 1606. *in*-12. *pet. pap.*

1464 Jacob. Pinonis de anno romano carmen & ejusdem varia Poemata. *Parisiis*, 1615. *in*-8. *pet. pap. vél.*

1465 Carol. Malapertii, è Societate Jesu Poemata. *in*-18.

1466 Joan. Porterii nivernatis tragœdiæ. *Cenomanis*, 1619. *in*-8. *pet. pap. vél. bl.*

1467 Henrici Borbonii in Galliam Narbonensem & Aquitaniam iter. *Lutetiæ, Parisior.* 1629. *in*-4. *pet. pap. vél. bl.*

1468 Casparis Barlæi Poematum, editio nova. *Lugd. Batav. Elzevir*, 1631. *in*-18.

1469 Jacob. Babde, Soc. Jes. Sylvæ Lyricæ. 1645. *in*-16. *vél. bl.*

1470 Ravisii textoris dialogi & epigrammata nec non Epistolæ. *Roterodami*, 1651. *in*-18.

1471 Annus sacer, epigrammatis illustratus, autore Claudio Thoma à Sancto Bernardo. *Parisiis*, 1654. *in*-12. *pet. pap.*

1472 Calvidii Leti Callipædia seu de pulchræ prolis habendæ ratione, autore *Quillet*. *Lugduni Batav.* 1655. *in*-4. *pet. pap. vél. bl.*

1473 La Callipédie, ou la maniere d'avoir de beaux enfans, Poëme didactique, trad. en vers françois du Poëme latin de C. *Quillet*, avec le texte à côté. *Amst. Paris*, 1774. *in*-8. *pet. pap.*

1474 Joan. Lud. Balzacii carminum lib. XIII. Ejusdem Epistolæ Selectæ, edente *Ægidio Menagio*. *Parisiis*, 1650. *in*-4.

1475 Philomathi musæ juveniles. *Amstelod. Blaeu*, 1660. *in*-18.

BELLES-LETTRES.

1476 Hyeroni. Francaftorii Poemata omnia. *Veronæ.* 1740. *in-*8. *pet. pap.*

1477 Martini Ant. Delrii fyntagma tragædiæ latinæ. *Lutetiæ Parifiorum*, 1620. *in-*4.

1478 Jurifprudentia à primo & divino fui ortu ad nobilem Biturigum deducta. *Lugduni*, 1554. *in-*8. *fig.*

1479 Andreæ de Clercq, fylvarum libri duo. *Vendocini*, 1637. *in-*18.

1480 Conftantinus, five idololatria Debellata, autore P. Mambruno. è foc. Jef. *Lutetiæ Parifiorum*, 1658. *in-*4.

1481 Petri Mambruni, Soc. Jef. Eclogæ & de culturâ animi, lib. IV. *Fixæ Andegavorum*, 1661. *in-*12. *pet. pap.*

1482 Album Dianæ leporicidæ, five venationis leporinæ leges. Autore *Savary. Cadomi*, 1655. *in-*12. *pet. pap.*

1483 Album hypponæ, five hyppodromi leges, autore *Savary. Cadomi*, 1662. *in-*4. *pet. pap.*

1484 Ballh. De Vias Charitum libri III. *Parifiis*, 1660. *in-*4.

1485 And. Denifii, Soc. Jef. Jeremias allegoricus. *Duaci*, 1664. *in-*18.

1486 Franc. Vavafforis de Epigrammate liber & Epigrammatum lib. XIII. *Parifiis*, 1669. *in-*8. *maro. roug.*

1487 Franc. Vavafforis multiplex & varia Poefis. *Parifiis*, 1683. ——— Perpiniani aliquot Epiftolæ. *Parifiis*, 1683. *in-*8.

1488 Sectani fatyræ in Phylodemum, cum notis variorum. *Coloniæ*, 1698.

1489 Sectani de tota græculorum hujus ætatis litteraturâ ad Cajum Salmorium fermones IV. *Hagæ-Comitum*, 1752.

1490 Sectani de totâ græculorum hujus ætatis litteraturâ fermones quatuor. *Hagæ-Comitum*, 1752. *in-*8.

1491 Sidronii Hoffchii elegiarum lib. VI. accedunt Vallii & Guill. Becani Poemata. *Parifiis*, 1723. 2 *vol. in-*12.

1492 Nic. Boileau operâ, è gallicis numeris in

BELLES-LETTRES. 109

latinos traslata, à D. *Godeau. Parisiis*, 1737. *in*-12.

1493 Ode in expugnationem namurcæ, ex Gallicâ Ode N. *Boileau Déspreaux* in latinam conversa, &c. *Parisiis*, 1693. *in*-12. *vél. verd.*

1494 Carol. Ruæi è Soc. Jes. carminum lib. IV. *Lutetiæ Parisiorum*, 1688. *in*-12.

1495 Carol. Delarue, è Soc. Jes. Idyllia. *Parisiis*, 1672. *in*-16. *fig.*

1496 Annus Sacer Poeticus, sive selecta de Divis cælestibus Epigrammata, autore P. *Sautel. Lugduni*, 1679. 2 *tom.* en 1 *vol. in*-12.

1497 Lusus Poetici allegorici, sive Elegiæ oblectandis animis accommodatæ : Autore *Sautel*, Soc. Jes. *Parisiis*, 1754. *in*-12.

1498 Joan. Commirii è Soc. Jes. carmina. *Lutetiæ Parisiorum*, 1693. *in*-12.

1499 Joan. Commirii è Soc. Jes. carmina. *Parisiis*, 1704. *in*-12.

1500 Jacob. Vanierii è Soc. Jes. opuscula. *Parisiis*, 1730. *in*-12.

1501 Vanierii prædium Rusticum. *Tolosæ*, 1730. *in*-12. *fig.*

1502 Vanierii prædium Rusticum. *Parisiis, Barbou*, 1774. *in*-8. *br. cart.*

1503 Joan. Ant. Ducerceau è Soc. Jes. Carmina. *Parisiis*, 1705. *in*-12.

1503 Joan. Ant. Ducerceau è Soc. Jes. opera. *Parisiis*, 1724. *in*-12.

1504 Gallinæ Carmen, autore *Ducerceau*, Soc. Jes. *Parisiis*, 1696. *in*-12.

1505 Sanadonis è Soc. Jes. Carminum lib. IV. *Lutetiæ Parisiorum*, 1715. *in*-12.

1506 Joann. Baptistæ Santolii Victor. opera omnia. *Parisiis*, 1698. *in*-8. *pet. pap.*

1507 Santolii Victorini operum omnium editio tertia. *Parisiis*, 1729. 3 *vol. in*-12.

1508 Renati Rapini Societ. Jes. Poemata. *Parisiis*, 1681. *in*-12.

1509 Josephi Farsettii Carmina & Carminati Proteus. *Parisiis*, 1755. *in*-8.

1510 Connubia florum latino Carmine demonstrata, autore *de la Croix*, cum interpretatione Gallicâ.

BELLES-LETTRES.

Parisiis, 1727. —— Acanthides Canariæ, sive Spini, Gallicè les *Serins*, Carmen. *Parif.* 1737. Aucupium, Carmen. *Parisiis*, 1743, &c. &c. *in-*8.

1511 Connubia florum latino Carmine demonstrata, autore *de la Croix*, cùm interpretatione Gallicâ. *Parisiis*, 1728. *in-*8. *pap. jau.*

1512 Paraphrasis alterius Cantici Moysis Carminibus expressa, à Nicolao *Dejardin*. 1716. *in-*12.

1513 Pictura, Carmen, autore *Marsy*, è Soc. Jes. *Parisiis*, 1736. —— Sculptura, Carmen, autore *Doissin* S. Jes. —— Ejusdem scalptura, Carmen. —— La Gravure, Poëme. *Paris*, 1753, &c. &c. *in-*12.

1514 Franc. Grimaldi Soc. Jes. de vitâ aulicâ. lib. II. *Romæ* 1741. *in-*8. *pet. pap. vél. verd.*

1515 Henrici Griffet è Soc. Jes. varia Carmina. *Leodii* 1766. *in-*8.

1516 Hygieinæ, sive ars sanitatem conservandi, Poema; autore *Geoffroy*. *Parisiis*, 1771. *in-*8.

1517 Artes. *in-*12. *fig.*

1518 Helii Eobani Hessi Heroidum libri XIII. *Parisiis*, 1546. *in-*18.

1519 Sarcotis & Caro. v. Imper. Panegyris Carmina; tum de heroicâ Poesi tractatus, autore *Masenio*. *Londini*, *Parisiis*, 1771. *in-*12.

1520 Matthæi Casimiri Sarbiewii è Soc. Jes. Carmina. *Parisiis*, *Barbou*, 1759. *in-*12.

1521 Danielis Heinsii Poemata emendata locis infinitis & aucta. *Lugd. Batav. in* 8.

1522 Dan. Heinsii Elegiarum libri III. &c. *Lugd. Bat.* 1603. *in-*18.

1523 Danielis Heinsii in Horatii Flacci opera animadversiones & notæ. *Lug. Batav. Elzevir*, 1629. *in-*18.

1524 Dom. Baudii Poemata. *Amstelod.* 1640. *in-*18. *vél. bl.*

1525 Veneres Bienburgicæ, sive amorum hortus in quinque areolas divisus & fragantissimis celeberrimorum poetarum flosculis refertus, operâ Damasi Bienburgi Batavi. *Dordraci*, 1600. *in-*8. *vel. bl.*

1526 Petr. Burmanni Poematum lib. IV. Edente

BELLES-LETTRES.

Petr. Burmanno juniore. *Amstelod.* 1746. *in*-4.
1527 Bucanani Poemata quæ extant. *Amstelod. apud. Westenium*, 1687. *in*-24.
1528 Oveni Epigrammatum & Alberti Ines Acroamatum Epigrammaticorum editio postrema. *Amst.* 1679. *in* 18.
1529 Oweni Epigrammatum editio postrema. *Lugd.* 1680. *in*-24.
1530 Livini Meyeri è Soc. Jes. Poematum lib. XIV. *Bruxellis*, 1727. *in*-8. *pet. pap.*
1531 Carolo secundo, Magnæ Britanniæ Regi, votum candidum vivat rex, autore *Mauritio Neoporto Angl. Londini*, 1676. *in*-8.

Collections & extraits des Poëtes Latins modernes.

1532 Flavissæ Poeticæ, sive electorum Poeticorum thesaurus sacro profanus, notis & observationibus amœnis illustratus. *Antuerpiæ*, 1657. *in*-8.
1533 Trium Poetarum elegantissimorum, Porcelii, Basinii, & Trebani opuscula. *Parisiis*, 1539. *in*-8. *pet. pap.*
1534 Poetæ tres elegantissimi emendati, Mich. Marullus, Hieron. Angerianus, Joan. secundus. *Parisiis*, 1582. *in*-18.
1535 Recentiores Poetæ latini & græci selecti v. curis Joseph. Oliveti collecti. *Lugd. Batav.* 1743. *in*-8.
1536 Carmina illustrium Poetarum Italorum, ex recensione Joan. Matthæi Toscani. *Lutetiæ*, 1576. 2 *vol. in*-18.
1537 Doctissimorum nostrâ ætate Italorum Epigrammata. *Lutetiæ. in*-8. *pet. pap.*
1538 Amaitheum Poeticum & Historicum. *Lemovicis*, 1682. *in*-24.
1539 Poetarum ex Academiâ Gallicâ qui latinè aut græcè scripserunt, Carmina. *Parisiis*, 1738. *in*-12.
1540 Selecta Carmina orationesque clarissimor. quorumd. in Universitate Parisiensi Professorum. *Parisiis*, 1727. 2 *vol. in*-12. *pet. pap.*
1541

1542 Poemata didascalica nunc primum, vel edita, vel collecta. *Parisiis*, 1749. 3 *vol. in*-12.

1543 De arte enigmaticâ in Picturis. *Cataloni*. 1700. — Spinus, Gallicè le *Serin*, Carmen, autore de *Beuville*, è Soc. Jes. *Atrebati*. — Idyllum pastorale, &c. &c. *in*-12.

1544 Carmina Varia *in*-12.

1545 Recueil de Poësies latines du Pere *Tarillon*, Jésuite, & autres. *Paris*, 1696. *in*-12.

1546 Poëmes latins; vie de l'Abbé de la Caille; vie de Godeau en ital. & éloge de Nic. Sahlgren, Suédois. *in*-4.

1547 Væ victis! Lusus Rhetorum advaticorum adversus Leydenses eructationes. 1609. *in*-12. *vel. bl.*

1548 Musarum Anglicanarum Analecta, sive Poemata quædam melioris notæ, &c. *Auxonæ*, 1699. 2 *tom. en* 1 *vol. in*-8.

1549 Deliciæ Poetarum scotorum hujus ævi illustrium. *Amst. Blaeu*, 1537. *in*-18. 2 *vol.*

Poëtes Latins modernes facétieux, vulgairement appellés Macaroniques.

1550 Merlini Cacaii, Poetæ Mantuani Macaronicorum Opus. *Venetiis*, 1613. *in*-12. *pet. pap. vél. bl. fig.*

1551 Ant. de Arena, provencalis, de Bragardissimâ villâ de Soleriis, ad suos compagnones. *Londini*, 1758. *in*-8. *pet. pap.*

POESIE FRANÇOISE.

Poëtes François anciens & modernes.

1552 Histoire de la Poësie françoise, par l'Abbé *Massieu. Paris*, 1739. *in*-12.

1553 La semaine, ou création du monde de *Dubartas. Paris*, 1580. *in*-18.

1554 Les Passe-temps de Jean-Antoine de Baïf. *Paris*, 1573. *in*-8. *pet. pap. rel. écon.*

1555 Les Œuvres de Clément Marot. *La Haye*, 1702. *in*-18.

BELLES-LETTRES.

1556 Œuvres de Regnier, contenant ses satyres & autres pieces de poësie *Amst.* 1710. *in*-12.
1557 Œuvres de Regnier. *Londres*, 1746. 2 vol. *in*-12. *pet. pap.*
1558 Les Œuvres de Théophile, contenant l'immortalité de l'ame & plusieurs autres piéces. *Paris*, 1662. *in*-12. *pet. pap.*
1559 Poësies de Malherbe avec la vie de l'Auteur, & de courtes notes, par M. *de Querlon. Paris, Barbou.* 1776. *in*-8. *pet. pap.*
1560 Moïse sauvé, Ydile héroïque de *Saint-Amand. Leyde*, 1554. *in*-18.
1561 Madrigaux, par *de la Sabliere. Paris*, 1758. *in*-16.
1562 Œuvres diverses de la Fontaine. *Paris*, 1729. 3 vol. *in*-8. *pet. pap.*
1563 Œuvres diverses de Boileau Despréaux, avec le traité du sublime, trad. du grec de *Longin. Amst.* 1702. 2 tom. en 1 vol. *in*-12. *fig.*
1564 Œuvres de Boileau Despréaux, avec des éclaircissemens historiques donnés par lui-même, & les fig. de *Bernard Picart le Romain. La Haye*, 1722. 4 tom. en 2 vol. *in*-12.
1565 Œuvres posthumes de B. *Paris*, 1672. *in*-12.
1566 Poësies du Pere Sanlecque. *Harlem*, 1726. *in*-12.
1567 Poësies de l'Abbé de Chaulieu & du Marquis de la Fare. *La Haye*, 1731. *in*-12.
1568 Œuvres de Chaulieu, d'après les manuscrits de l'Auteur. *La Haye, Paris*, 1774. 2 vol. *in*-8. *broch.*
1569 Œuvres choisies de la Monnoye. *Dijon*, 1769. 2 vol. *in*-4. *bro.*
1570 Poësies de la Monnoye. *La Haye*, 1716. *in*-8. *pet. pap.*
1571 Poësies de de Villiers. *Paris*, 1728. *in*-12.
1572 Œuvres de Vergier. *Laujane*, 1752. 2 vol. *in*-12. *pet. pap.*
1573 Œuvres de Rousseau. *Londres*, 1753. 5 vol. *in*-12. *pet. pap.*
1574 Œuvres diverses de J. B. Rousseau. *Bruxelles*, 1732. 2 vol. *in*-12. *pet. pap.*

P

BELLES-LETTRES.

1575 Le Poëte sans fard, ou discours satyriques sur toutes sortes de sujets. 1701. *in*-12.
1576 Poësies de Charleval. *Amst.* 1759. *in*-12. *pet. pap. rel. éco.*
1577 Œuvres de Chapelle & de Bachaumont. *La Haye, Paris,* 1755. *in*-12. *pet. pap.*
1578 Œuvres de Gresset. *Londres,* 1765. 2 *vol. in*-12. *pet. pap.*
1579 Poësies de Lainez. 1756. *in*-8. *pet. pap.*
1580 Le Pain bénit de l'Abbé de Marigny. 1673. *in*-18.
1581 Opuscules poëtiques & phylologiques de Feutry. *La Haye, Paris,* 1771. *in*-8. *bro.*
1582 Œuvres completes de M. le C. de B ***. *Londres,* 1767. *in*-8. *pet. pap.*
1583 Ydiles, par *Berquin.* Les Jeux de Calliope, ou collection de Poëmes Angl. Ital. Allem. & Espag. *Londres, Paris,* 1776. *in*-8. *pet. pap. fig.*
1584 Héroïdes, ou lettres en vers, par *Blin de Saint-Maur. Paris,* 1774. *in*-8. *bro.*
1585 Les Graces suivies de Criton, ou de la Grace & de la Beauté, &c. *Paris,* 1769. *in*-8. *fig.*
1586 Poësies diverses du Roi de Prusse. *Berlin,* 1760. 2 *vol in*-12.
1587 Lamentations de Jérémie, Odes, par *d'Arnaud. Paris,* 1769. *in*-8. *pet. pap. bro.*
1588 Les Baisers précédés du mois de Mai, par *Dorat. La Haye, Paris,* 1770. *in*-8. *fig. bro.*
1589 Las Obros de Pierre Goudelin. *Toulouse,* 1694. *in*-12.

Poëtes latins & françois qui ont traité des sujets de piété.

1590 Novidii Fracci sacrorum fastorum libri XII. *Antuerpiæ,* 1559. *in*-18.
1591 Pharthenice tertia Baptistæ Mantuani divarum Margaritæ, Agathes, Luciæ, & Apoloniæ Agonas continens, & ab *Ascensio* familiariter explanata. *Parisiis,* 1513. *in*-4.
1592 Hieronimi de Vallibus vatis Paduani Jesuis, sive Christi Passio. *Pictaviæ. in*-8.

BELLES-LETTRES. 115

1593 Pia Hilaria variaque Carmina *Gazæi*, è Soc. Jef. *Flexiæ*, 1624. *in*-16.

1594 Pia defideria, autore Hermanno Hugone, &c. *Parifiis*, 1670. *in*-24. fig. mar. noir.

1595 Hymni facri & novi, autore *Santolio*. *Parifiis*, 1689. *in*-18.

1596 Le Parnaffe Chrétien. *Paris*, 1760. *in*-12. pet. pap.

1597 Difcours philofophiques tirés des livres faints, avec des Odes chrétiennes & philofophiques. *Paris*, 1771. *in*-12. pet. pap.

1598 Stances chrétiennes fur divers paffages de l'Ecriture Sainte & des Peres, par l'Abbé *Teftu*. *Paris*, 1703. *in*-12.

1599 Lamentations de Jérémie, Odes, par *d'Arnaud*. *Paris*, 1757. *in*-8.

1600 Les Pfeaumes & les principaux Cantiques mis en vers par nos meilleurs Poëtes, recueillis par *Monchablon*. *Paris*, 1762. *in*-12. pet. pap.

1601 Jofeph, en neuf chants, par *Bitaubé*. *Paris*, 1767. *in*-8. pet. pap. bro.

1602 Le Meffie, Poëme en dix chants, trad. de l'Allemand de *Klopftock*. *Paris*, 1769. 2 part. en 1 vol. *in*-12.

1603 Le Triomphe de J. C. dans le défert, Poëme facré en vers. *Paris*, 1774. *in*-12. pet. pap.

1604 La Madeleine au défert de la Sainte-Baume en Provence, Poëme par le P. Pierre de S. Louis. *Lyon*, 1700. *in*-8. pet. pap. vél. verd.

1605 Le faut mourir & les excufes inutiles qu'on apporte à cette néceffité, par Jacques *Jacques*. *Lyon*, 1702. *in*-12. pet. pap.

(Le même, *Lyon*, 1657. *in*-18. vél. bl.)

1606 La Religion, Poëme, par *Racine*. *Paris*, 1742. *in*-12. pet. pap.

1607 Clovis, ou la France chrétienne, Poëme, par *des Marefts*. *Paris*, 1666. *in*-12.

1608 Odes facrées, par *de Bollogne*, & Poëfies diverfes du même Auteur. *Paris*, 1758. *in*-12. pet. pap.

1609 Poëfies facrées & philofophiques, par M. *le Franc de Pompignan*. *Paris*, 1763. *in*-4. gr. pap. br.

P ij

BELLES-LETTRES.

1610 Œuvres diverses de M. *le Franc. Paris*, 1753. 4 vol. *in-12. pet. pap. fig.*

1611 La grandeur de Dieu dans les merveilles de la nature, Poëme, par *Dulard*. 1751. *in-12. pet. pap.*

1612 Cantiques spirituels de l'Abbé *de l'Attaignant*, avec les airs notés. *Londres, Paris*, 1758. *in-12.*

POEMES EPIQUES.

1613 Le Poëte sincère, ou les vérités du siecle, Poëme héroï-comique en vers. 1698. *in-12.*

1614 L'amitié, Poëme, par l'Abbé *de Villiers. Leyde*, 1692. *in-12. rel. éco.*

1615 L'Héroïsme de l'amitié. — David & Jonathas, Poëme en quatre chants, par M. l'Abbé *Brute. Paris*, 1776. *in-12. pet. pap.*

1616 Clovis, Poëme héroï-comique, avec des remarques historiques & critiques. *Londres, Paris*, 1765. 3 vol. *in-12.*

1617 Arminius, ou la Germanie délivrée, Poëme héroïque, par le Baron de *Schonaick. Paris*, 1769. 2 vol. *in-12. broc.*

1618 Olivier, Poëme. *La Haye*, 1763. 2 tom. en 1 vol. *in-8. pet. pap.*

1619 Conseils d'une mere à son fils, Poëme trad. de l'Italien par *Pingeron*, avec l'Ital. à côté, suivi d'un recueil de chansons. *Paris*, 1769. *in-18.*

1620 Les Saisons, Poëme, par *Saint-Lambert*, suivi de ses Œuvres diverses. *Amst.* 1771. *fig.*

1621 L'Agriculture, Poëme. *Paris, Imp. Royale*, 1774. *in-4. fig.*

1622 Les Abeilles, Poëme, trad. de l'Ital. de Rucellay, suivi d'un Traité de l'éducation de ces insectes, par *Pingeron. Amst. Paris*, 1770. *in-12. pet. pap.*

1623 L'Inoculation, Poëme en quatre chants. *Amst. Paris*, 1773. *in-8. broc.*

1624 La Peinture, Poëme en trois chants, par *le Mierre. Paris, in-4. fig. broc. en cart. verd.*

1625 L'Enlévement d'Hélene, Poëme, trad. du grec de *Coluthus. Paris*, 1742. *in-12. pet. pap.*

1626 Le Jugement de Paris, Poëme en quatre chants,

BELLES-LETTRES.

suivi d'Œuvres mêlées, par *Imbert*. *Amst*. 1774. *in*-8. *fig. broc.*

1627 Psyché, Poëme en huit chants, par l'Abbé *Aubert*, pour servir de suite à son recueil de fables. *Paris*, 1769. *in*-12. *pet. pap.*

1628 Le Temple de Gnide, mis en vers, par *Colardeau*. *in*-8. *fig. broc.*

1629 Des Plaisirs de l'imagination, Poëme en trois chants, trad. de l'Angl. *d'Akenside*. *Amst. Paris*, 1759. *in*-12.

1630 Philotanus, Poëme françois & latin. *in*-12. *pet. pap.*

1631 La Henriade, Poëme, par *Voltaire*, avec les Variantes. *La Haye*, 1760. *in*-12. *pet. pap.*

1632 La Henriade, par *Voltaire*, nouvelle édition. *Paris*, 1770. 2 *vol. in*-8. *fig.*

1633 La Henriade de Voltaire en vers latins & françois, par M. *de Caux de Cappeval*. *Deux-Ponts*, 1772. *in*-8. *pet. pap.*

1634 La Louiseïde, ou le Héros chrétien, Poëme épique. *Paris*, 1773. 2 *tom. en 1 vol. in*-8.

1635 La Conquête de la Terre promise, Poëme, par *Beraud*. *Paris*, 1766. 2 *vol. in*-8. *pet. pap. br.*

1636 Jumonville, Poëme, par M. *Thomas*. 1759. *in*-8.

1637 La Dunciade, Poëme de *Palissot*, suivi de quelques Mémoires pour servir à l'histoire de notre Littérature. *Londres*, 1773. 2 *vol. in*-8. *papier bleu.*

1638 Le Roué vertueux, Poëme en prose en quatre chants. *Lausane*, 1770. *in*-8. *fig. broc.*

1639 Hudibras, Poëme de *Buttler*, écrit dans le temps des troubles d'Angleterre, & trad. en vers françois, avec des remarques. *Londres*, 1757. 3 *vol. in*-12. *fig.*

1640 Christophe Colomb, ou l'Amérique découverte, Poëme en deux parties. *Paris*, 1773. *in*-8. *pet. pap. bro. fig.*

Recueil & Mélanges de Poésies.

1641 Etrennes du Parnasse, contenant une notice

BELLES-LETTRES.

des Poëtes Grecs & Latins, années 1771, 1772 & 1773. 7 vol. in-12. pet. pap. broc.

1642 Le Trésor du Parnasse, ou le plus joli des recueils. Londres, 1770. 6 tom. en 3 vol. in-12. pet. pap.

1643 Recueil de pieces curieuses, précédées du Poëme de la création du monde, par *Perrault*. in-18. vél. roug.

1644 Recueil de pieces, tant en vers qu'en prose, sur toutes sortes de sujets, en 21 vol. in-12.

1645 Recueil de pieces tant en vers qu'en prose, sur toutes sortes de sujets, en 17 vol. in-8. rel. écon.

1646 Recueil de divers Ouvrages en prose & en vers, par le Pere *Brumoy*. Paris, 1741. 4 vol. in-8. pet. pap.

1647 Recueil des Œuvres de Madame Dubocage. Lyon, 1770. 3 vol. in-8.

1648 Mélanges historiques & critiques de Physique, de Littérature & de Poësies, par le Marquis d'*Orbessan*. Paris, 1768. 4 vol. in-8. broch.

1649 Œuvres mêlées en vers & en prose, par M. le C. de B***. Geneve, 1753. in-12. pet. pap.

1650 Œuvres mêlées, contenant diverses pieces en prose & en vers, & un grand nombre de Contes. Amst. 1722. in-8. pet. pap.

1651 Les Amours du bon vieux temps, *Vaucluse*. Paris, 1756. —— Recueil de Littérature, de Philosophie & d'Histoire. Amst. 1730. in-12.

1652 Passe-temps poëtiques, historiques & critiques. Paris, 1757. 2 vol. in-8. pet. pap.

1653 Amusemens poëtiques, par *Légier*. Londres, 1769. in-8. pet. pap.

1654 Satyres & autres pieces. in-12. rel. écon.

1655 Esprit de Marivaux, ou analectes de ses Ouvrages, précédées de sa vie. Paris, 1769. in-8. bro.

1656 Choix varié de Poésies philosophiques & agréables, trad. de l'Angl. & de l'Allemand. Avignon, 1770. 2 vol. in-12.

1657 Mélanges. in-8. rel. écon.

BELLES-LETTRES,

5658 Neuf volumes *in-*12. contenant des Mélanges en prose & en vers, sur toutes sortes de sujets.

AUTEURS DRAMATIQUES.

Histoire des Théâtres. Art. du Théâtre.

1659 De l'art de la Comédie, ou détail raisonné des diverses parties de la Comédie & de ses différens genres, &c. par M. *de Cailhava. Paris,* 1772. 4 *vol. in-*8.

1660 La déclamation théâtrale, Poëme didactique en quatre chants, par *Dorat. Paris,* 1771. *in-*8. *fig.*

1661 Pensées sur la déclamation, par *Riccoboni. Paris,* 1738. *in-*8.

1662 Dictionnaire des Théâtres de *Paris,* contenant toutes les Pieces qui ont été représentées jusqu'à présent sur les différens Théâtres François. *Paris,* 1756. 7 *vol. in-*12. *mout. verd.*

1663 Bibliothéque du Théâtre François, depuis son origine. *Dresde,* 1768. 3 *vol. in-*8. *pet. pap. fig.*

1664 Anecdotes dramatiques, contenant toutes les Pieces de Théâtre qui ont été jouées à Paris ou en Province, depuis l'origine des Spectacles en France. *Paris,* 1775. 3 *vol. in-*8. *pet. pap.*

1665 Des Ballets anciens & modernes, selon les régles du Théâtre. *Paris,* 1682. *in-*12.

1666 Des Représentations en musique anciennes & modernes, par le Pere *Menestrier. Paris,* 1681. *in-*12.

1667 Histoire anecdotique & raisonnée du Théâtre Italien, depuis son établissement en France. *Paris,* 1770. 7 *vol. in-*12. *br.*

1668 Histoire du Théâtre de l'Académie Royale de Musique en France, depuis son établissement jusqu'à présent. *Paris,* 1757. 2 *tom. en* 1 *vol. in-*8.

1669 Essai sur l'Opera, trad. de l'Ital. *d'Algarotty. Paris,* 1773. *in-*8. *bro.*

1670 De la réformation du Théâtre, par *Riccoboni. Paris,* 1767. *in-*12. *br.*

1671 Lettres sur les Spectacles, avec une Histoire

des Ouvrages pour & contre les Théâtres, par M. de Boiſſy. Paris, 1777. 2 vol. in-12.

POETES DRAMATIQUES FRANÇOIS.

Poéſie Lyrique.

1672 Théâtre de Pierre Corneille, édit. augmentée de ſes Œuvres diverſes. Amſt. 1740. 6 vol. in-12. pet. pap. fig.

1673 Le Théâtre de Thomas Corneille. Amſt. 1754. 5 vol. in-12. pet. pap.

1674 Commentaires ſur le Théâtre de Corneille & autres morceaux intéreſſans, par *Voltaire*. 1764. 3 vol. in-12.

1675 Heraclius, Empereur d'Orient, Tragédie, par *P. Corneille*. Paris, 1647. in-16. mar. roug.

1676 Œuvres de Racine. Paris, 1741. 2 vol. in-8. pet. pap.

1677 Œuvres de J. Racine, avec des Commentaires, par *Luneau de Boisgermain*. Paris, 1768. 7 vol. in-8. fig. br. en cart. pap. bl.

1678 Œuvres de Moliere. Paris, 1753. 8 vol. in-12. fig.

1679 Œuvres de Moliere, avec des remarques grammaticales, des avertiſſemens & des obſervations ſur chaque Piece, par M. *Bret*. Paris, 1773. 6 vol. in-8. fig. bro. en cart.

1680 Le Théâtre de Quinault. Paris, 1715. 5 vol. in-12. fig.

1681 Les Œuvres de la Foſſe. Paris, 1747. 2 vol. in-12.

1682 Œuvres de Regnard. Paris, 1770. 4 vol. in-12. pet. pap.

1683 Œuvres de Campiſtron. Paris, 1731. 2 vol. in-12.

1684 Œuvres de Théâtre de Brueys & de Palaprat. Paris, 1755. 5 vol. in-12. pet. pap.

1685 Théâtre complet de P. Scarron. La Haye, Paris, 1775. 3 vol. in-12.

1686 Pieces de Théâtre de la Mothe. Paris, 1765. in-12.

BELLES-LETTRES.

1687 Œuvres de Théatre de le Sage. *Paris*, 1774. 2 *vol. in-*12.

1688 Œuvres de Nivelle de la Chauffée. *Paris*, 1762. 5 *vol. in-*12. *pet. pap.*

1689 Œuvres dramatiques de Nericault Deftouches. *Paris*, 1758. 10 *vol. in-*12.

1690 Œuvres de Théatre de la Noue. *Paris*, 1765. *in-*12.

1691 Œuvres de Crébillon. *Paris*, 1772. 3 *vol. in-*12. *pet. pap.*

1692 Œuvres de Piron. *Paris*, 1758. 3 *vol. in-*12. *fig.*

1693 Œuvres d'Alexis Piron, publiées par M. *Rigoley de Juvigny. Paris*, 1776. 7 *vol. in-*8.

1694 Pieces de Théâtre en vers & en profe, par le Préfident *Hénault.* 1770. *in-*8.

1695 Œuvres de Théatre de Delaunay. *Paris*, 1765. *in-*12.

1696 Œuvres de Voltaire, contenant la Henriade & fes Pieces de Théâtre. *Amft.* 1739. 4 *vol. in-*8.

1697 Théâtre & Œuvres diverfes de Sivry. *Londres*, 1764. *in-*12. *pet. pap.*

1698 Théâtre de Poinfinet de Sivry. *Londres, Paris*, 1773. *in-*8. *pet. pap.*

1699 Comédies & Tragédies détachées, dont *Agamemnon*, Tragédie. *Paris*, 1680. *in-*12.

1700 Sophonisbe, Tragédie de Mairet. — Le Cymbalum mundi en François, contenant quatre dialogues. 1770. *in-*8.

1701 Caton d'Utique, Tragédie, par *Defchamps. La Haye*, 1715. *in-*18.

1702 Les Philofophes & l'Ecoffaife, Comédies. *Paris*, 1760. *in-*12.

1703 Pieces de Théâtre, dont le Siége de Calais, par *de Belloy. Paris*, 1765. *in-*8.

1704 Le Comte de Comminges, ou les Amans malheureux, Drame, par *d'Arnaud. Paris*, 1768. *in-*8. *br.*

1705 Euphémie, ou le Triomphe de la Religion, Drame, par *d'Arnaud. Paris*, 1768. *in-*8. *br.*

1706 Tragédies & Comédies, dont la mort d'Adam,

Q

BELLES-LETTRES.

Tragédie, trad. de l'Allemand de *Klopstock*. *Paris*, 1762. *in*-12.

1707 Dictionnaire lyrique portatif, ou choix des plus jolies Ariettes de tous les genres, recueillies par *Dubreuil*. *Paris*, 1771. 4 *vol. in*-8. y compris les 2 *vol. de supplément bro. cart. ver.*

1708 Etudes lyriques d'après Horace, par M. *de Reganhac. Paris*, 1775. *in* 8. *pet. pap.*

1709 Discours sur la Poésie lyrique, avec les modéles du genre, tirés de Pindare, d'Anacréon, &c. *Paris*, 1761. *in*-12. *pet. pap.*

1710 Traité du Melo-Drame, ou réflexions sur la musique dramatique. *Paris*, 1772. *in*-8. *bro.*

1711 Liasse de dix neuf Opera, tant reliés que brochés. *in*-4. *pet. pap.*

1712 Recueil de Cantates, par *Bachelier*. *La Haye*, 1728. *in*-12.

1713 Les Lyriques sacrés. *Orléans*, 1774. *in*-12. *pet. pap.*

1714 Mich. Maieri Cantilenæ intellectuales de Phœnice redivivo, cum versione gallicâ. *Paris*, 1758. *in*-8. *pet. pap.*

1715 Anthologie françoise, ou chansons choisies depuis le treiziéme siecle jusqu'à présent, suivie d'un recueil de romances, avec les airs notés. 1765. 6 *vol. in* 8. *fig. rel. écon.*

1716 Les à-propos de société, ou chansons de M. L***. 1776. 3 *vol. in*-8. *fig. vign. culs-de-lampes, avec des airs notés.*

Poëtes & Auteurs dramatiques Italiens.

1717 Poésies du Dante. *Lyon*, 1571. *in*-18.

1718 Della Commedia di Dante Alighieri trasportata in verso latino-heroïco da Carlo d'Aquino, coll' aggiunta del testo Italiano, in *Napoli*, 1728. 9 *vol. in*-8.

1719 La divina Commedia di Dante Alighieri. *Parigi*, 1768. 2 *vol. in*-12. *pet. pap.*

1720 Dantis Alighieri monarchia. *Coloniæ Allobrogum*, 1740. *in*-8. *vél. gris.*

1721 Le Rime del Petrarca brevemente esposte, per

BELLES-LETTRES.

Lodovico *Caſtelvetro*. *In Venezia*, 1756. 2 vol. *in*-4 *fig*.

1722 Le Rime di Franceſco Petrarca. *Parigi*, 1768. 2 vol. *in* 12. *pet. pap.*

1723 Orlando innamorato di Bojardo, Rifatto da fran. Berni. *Parigi*, 1768. 4 vol. *in*-12. *pet. pap.*

1724 Orlando Furioſo di Lodovico Arioſto. *In Parigi*, 1746. 4 vol. *in*-12. *pet. pap.*

1725 Orlando Furioſo, di Lodovico Arioſto. *Parigi*, 1768. 4 vol. *in*-12 *pet. pap.*

1726 Lodovico Arioſto rime & ſatyre. *In Vinegia*, 1589. *in*-18.

1727 Il Morgante Maggiore di Luigi Pulci. *Londra*, *Parigi*, 1768. 3 vol. *in*-12. *pet. pap.*

1728 Aminta Favola Boſcareccia di Torquato Taſſo. *In Leida*, 1656. *in*-16.

1729 Aminta Favola Boſcareccia di Torquato Taſſo. *Parigi*, 1768. *in*-12. *pet. pap.*

1730 La Gieruſalemme di Torquato Taſſo. Colle oſſervazioni di Nic. Cianculo è di Scip. Gentili. *In Avignone*, 1764. 2 vol. *in*-8.

1731 La Gieruſalemme liberata di Torquato Taſſo. *Parigi*, 1768. 2 vol. *in*-12. *pet. pap.*

1732 Apologia del ſig. Torquato Taſſo in difeſa della ſua Gieruſalemme liberata. *In Ferrara*, 1585. *in* 8. *pet. pap. vel. bl.*

1733 Jéruſalem délivrée, Poëme du Taſſe, trad. en françois. *Paris*, 1774. 2 vol. *in*-12. *fig.*

1734 Dicierie ſacre, del Cavalier Marino. 1616. *in*-18.

1735 Il Paſtor Fido, tragicomedia Paſtorale del Cav. Guarini. *In Parigi*, 1768. *in*-12. *pet. pap.*

1736 Nouvelle traduction Françoiſe du Paſtor Fido, avec le texte à côté. *Paris*, 1733. 2 tom. en 1 vol. *in*-12.

1737 Il Malmantile Racquiſtato di Lorenzo Lippi. *Parigi*, 1768. *in*-12. *pet. pap.*

1738 Rime di Ceſare Caporali con l'oſſervationi di Carlo Caporali. *In Venezia*, 1662. *in*-24.

1739 Philli di Sciro Favola Paſtorale del conte Guidubaldo *In Venezia*, 1627. *in*-18.

Q ij

124 BELLESLETTRES.

1740 La Secchia rapita di Alessandro Tassoni. *Parigi.* 1768. *in*-12. *pet. pap.*
1741 Le sceau enlevé, Poëme héroï-satyro-comique, trad. de l'Italien du Tassoni, avec l'Ital. à côté. *Paris*, 1759. 3 *vol. in*-12.
1742 Il Torracchione Desolato di Bartholommæo Corsini. *Londra*, 1768. 2 *vol. in*-12. *pet. pap.*
1743 Rime del signor Giov. Batista Ricchieri. *In Genovâ*, 1753. *in*-8. *fig.*
1744 La Bellezza della Volgar Poesia di *Gio Mario Crescimbeni*. *In Venezia*, 1730. *in*-4. *pet. pap. vel. bl.*
1745 Opere varie del conte Algarotti. *In Venezia*, 1757. *in*-12. 2 *vol.*
1746 Ricciardetto di Nicolo Casteromaco. *Londra, Parigi*, 1767. 3 *vol. in*-12. *pet. pap.*
1747 Richardet, Poëme. *La Haye*, 1766. 2 *vol. in*-8. *bro.*
1748 Fasti di Lodovico XIV. Esposti in versi del *Filippo Sampieri*. *in*-4. *fig.*
1749 Choix de Poésies Italiennes, trad. en françois par *Palomba*. *Paris*, 1773. *in*-8. *bro.*
1750 La Dalida, Tragedia di Luigi Groto. *In Venezia*, 1583. *vel. bl.*
1751 Samson, Tragi-Comédie Italienne en cinq actes. *Paris*, 1729. *in*-12.
1752 Œuvres dramatiques d'Apostolo Zeno, trad. de l'Ital. *Paris*, 1758. 2 *vol. in*-12.
1753 Poesie del sig. Abbate Pietro Metastasio. *Parigi*, 1773. 6 *vol in*-12. *pet. pap.*

Poëtes & Auteurs dramatiques Espagnols & Portugais.

1754 Dissertation sur les Tragédies Espagnoles, trad. par *d'Hermilly*. *Paris*, 1754. 2 *vol. in*-12. *br.*
1755 Obras de Luis de Camoens. *Paris*, 1759. 3 *vol. in*-12. *pet. pap.*
1756 La Lusiade di Luigi Camoens, tradotta in Italiano da N. *Piemontese*. *Torino*, 1772. *in*-8. *pet. pap.*

BELLESLETTRES.

Poëtes & Auteurs dramatiques Allemands, Anglois, & Hollandois.

1757 Choix de Poésies Allemandes, par *Huber. Paris*, 1766. 4 vol. in-12. br.

1758 Œuvres choisies de Gesner, & Poésies diverses trad. de l'Allemand, en vers François. *Zurich, Paris*, 1774. in-8. pet pap. br.

1759 Idylles & Poëmes champêtres de Gesner, trad. de l'Allemand, par *Huber. Lyon*, 1762. in-8. pet. pap.

1760 Pastorales & Poëmes, trad. de l'Allemand de Gesner. *Paris*, 1766. in-8. pet. pap. br.

1761 La Mort d'Abel, Poëme en cinq chants, trad. de l'Allemand de Gesner, par *Huber. Paris*, 1760. in-12. pet. pap.

1762 Théâtre Allemand, ou recueil des meilleures pieces dramatiques qui ont paru en langue Allemande, par MM. *Junker & Liébault. Paris*, 1772, 2 vol. in-12.

1763 Hudibras, By Samuel Buttler. *London*, 1720. 2 tom. en 1 vol. in-12. pet. pap. fig.

1764 Paradise Lost à Poeme the autor. John Milton. *London*, 1751. in-12. fig.

1765 Le Paradis perdu de Milton, trad. de l'Angl. avec des notes, par *Racine. Paris*, 1755. 3 vol. in-8. pet. pap.

1766 Latin and English Poems By à Gentlman. *London*, 1741. in-12.

1767 The Works of the Earls of Rochester. *London*, 1714. 2 tom. en 1 vol. in-8. fig.

1768 Les Saisons, Poëme, trad. de l'Anglois de Thompson. *Paris*, 1759. in-8. pet. pap. fig.

1769 An Essay on Man. By Alexand. Pope With the notes of Doct. Warburton. *London*, 1760. in-8.

1770 Les Nuits & les Œuvres d'Young, trad. de l'Angl. par M. *le Tourneur. Paris*, 1769. 4 vol. in-8.

1771 Méditations d'Hervey, traduites de l'Anglois,

BELLES-LETTRES.

par M. *le Tourneur. Paris*, 1771. 2 part. *en* 1 *vol. in-*8.

1772 Tragicum Theatrum, actorum & casuum tragicorum Londini & publicè celebratorum. *Amstelod.* 1649. *in-*12. *pet. pap. vel. bl. fig.*

1773 Garrick, ou les Acteurs Anglois, Ouvrage contenant des observations sur l'art dramatique, &c. trad. de l'Angl. 1769. *in-*12. *br.*

1774 The Works of William Shakespear. *London*, 1709 7 *vol. in* 8. *fig.*

1775 Nouvelles pieces dramatiques du Théâtre Anglois, trad. par M. *Patu. Londres, Paris*, 1775. 2 *tom. en* 1 *vol. in-*12.

1776 Hunwelyk dat is het gantsche beleyt des Echten staats. *In Sgravenhargæ*, 1731. *in-*8. *fig.*

MYTHOLOGIE.

1777 Apollodori Atheniensis Bibliotheces sive de Deorum origine, tam græcè quam latinè adnotationibus illustrati lib. XIII. *Romæ*, 1555. *in-*8.

1778 Natalis Comitis Mythologiæ sive explicationis fabularum, lib. X. Ejusdem libri IV. de venatione. *Coloniæ Allobrog*, 1612. *in-*8. *vel. bl.*

1779 Lilii Gregorii Gyraldi opera quæ extant, sive Historia Deorum Gentilium. Syntagma Hercules de navigiis, de Poetarum Historiâ tam Græcorum, quam Latinorum, &c. *Basileæ*, 1580. *in-fol.*

1780 Henr. Schævii Mythologia Deorum ac Heroum, &c. *Stargardiæ*, 1660. *in-*18. *vel. bl.*

1781 Connoissance de la Mythologie par demandes & réponses. *Paris*, 1739. *in-*12. *pet. pap.*

1782 L'Origine des Dieux du Paganisme, & le sens des Fables découvert par une explication suivie des Poésies *d'Hésiode*, par *Bergier. Paris*, 1767. 1 *vol. in* 12. *en* 4 *part. br.*

1783 Dictionnaire Myto-Hermétique, dans lequel on trouve les allégories fabuleuses des Poëtes, les métaphores, les énigmes, &c. par Dom *Pernety. Paris*, 1758. *in-*8. *pet. pap.*

1784 Relation du monde de Mercure. *Genève*, 1750. 2 *vol. in-*12. *pet. pap.*

BELLES-LETTRES.

1785 Mémoire sur Vénus, par *l'Archer*. *Paris*, 1775. *in*-12.

1786 L'Encyclopédie des Dieux & des Héros, par M. *Liebois*. *Paris*, 1773. 2 *vol. in*-8.

1787 Histoire Poëtique tirée des Poëtes François, suivie d'un Dictionnaire Poëtique. *Paris*, 1767. *in*-12. *pet. pap.*

1788 Essais de Mythologie physique, ou explication naturelle du changement que chaque saison apporte au monde, par *Duncan*. *Paris*, 1690. *in*-12. *pet. pap. vel. bl.*

1789 Dissertations sur la Mythologie Françoise, & sur plusieurs points curieux de l'Histoire de France, par *Bullet*. *Paris*, 1771. *in*-12.

1790 A new Pantheon or fabulous, of the Heathen Gods heroen Goddes, &c. By Samuel Boyse. *London*, 1753. 1 *vol. in*-8. *fig.*

1791 Dictionnaire de Mythologie, pour l'intelligence des Poëtes & de l'Histoire fabuleuse, &c. *Paris*, 1745. 3 *vol. in*-12. *rel. écon.*

1792 Dictionnaire de la Fable, par *Chompré*. *Paris*, 1766. *in* 12. *pet. pap.*

Fables Egyptienues, Orientales, Grecques & Latines.

1793 Fables Orientales & Poësies diverses. *Deux-Ponts*, 1772. 3 *tom. en* 1 *vol. in*-8. *pet. pap.*

1794 Euripidis Fabulæ cum interpretatione Latinâ. *in*-18.

1795 Æsopi Phrygis & aliorum Fabulæ. *Parisiis*, 1564. *in*-18. *fig.*

1796 Æsopi Phrygis Fabulæ, elegantissimis Iconibus veras. animalium species ad vivum, adumbrantes, Græcè & Latinè. *Lugduni*, 1582. *in*-24.

1797 Les Fables d'Esope, gravées par Sadeler, avec un discours préliminaire & les sens moraux en distiques. *Paris*, 1743. *in*-4. *fig.*

1798 Phædri Fabularum Æsopiar. lib. v. ex recensione Meursii Raphelengii. *Plantin*, 1590. *in*-8. *pet. pap. vel. bl.*

1799 Phædri Fabularum Æsopiar. lib. v. notis perpetuis illustrati, edente Joan. Laurentio. *Amstelod. Jeanson*, 1667. *in-*8. *fig.*

1800 Phædri Fabularum Æsopiarum, lib. v. accedit Avieni Æsopicarum Fabul. lib. 1. *Londini*, 1713. *in-*12.

1801 Phædri Fabulæ & Syri Mimi sententiæ cum notis & emendationibus Tanaquilli Fabri. Accedit & Gallica Versio. *Hagæ-Comitum*, 1725. *in-*8. *pet. pap.*

1802 Phædri Augusti Liberti Fabulæ, ex emendatione Steph. And. Philippes, cum notis ad calcem. *Lutetiæ Parisiorum. Granger*, 1748. *fig. vig. &c. in-*8. *pet. pap.*

1803 Franc. Jos. Desbillons, Fabularum Æsopiarum libri v. priores diligenter emendati. *Parisiis*, 1759. *in-*12.

1804 Franc. Josep. Desbillons, Fabulæ Æsopiæ. *Mannhemii & Parisiis, Barbou*, 1768. 2 *vol. in-*8. *pet. pap. fig.*

1805 Franc. Josephi Desbillons, Fabulæ Æsopiæ curis posterioribus omnes ferè emendatæ, quibus accesserunt plusquam CLXX. novæ. *Parisiis*, 1769. *in-*12.

1806 Les Fables de Phèdre en Latin & en François. *Rouen*, 1758. *in-*8. *pet. pap.*

1807 Speculum vitæ Aulicæ; de admirabili fallaciâ & astuciâ Vulpeculæ Reinikes Lib. IV. ex idiomate germanico latinitate donati. Autore Hartmanno Schoppero. *Francofurti ad Mœnum*, 1574. *in-*16. *fig.*

1808 Hygini Augusti Liberti fabularum liber. Ejusdem Poeticum astronomicon, lib. IV., &c. *Parisiis*, 1578. *in-*8. *fig.*

1809 Hygini quæ extant, accurante Scheffero, cum annotationibus Munkeri. *Hamburgi*, 1674. *in-*8.

1810 Tanaquilli Fabri fabulæ, ex Locmannis arabico latinis versibus redditæ. *Salmurii*, 1673. *in-*8. *pet. p.*

1811 Phædrus alter, seu Gabri. Faërni Cremonensis fabulæ. *Parisiis*, 1697. *in-*12.

1812 Fontanii fabulæ selectæ, è gallico in latinum sermonem conversæ. Aut. *Giraud. Rhotomagi*, 1775. 2. *vol. in-*8. *pet. pap.*

Fabulistes

BELLES-LETTRES.

Fabulistes François, Anglois & Allemands.

1813 Fables choisies, mises en vers par la Fontaine, avec les commentaires de Coste. *Paris*, 1743. 2 part. en 1 *vol. in--12.*

1814 Fables choisies, mises en vers par de la Fontaine, avec les figures, par *Oudry. Paris*, 1755. 4 *vol. in-fol.*

1815 Fables choisies, mises en vers par *la Fontaine. Paris*, 1779. *in-8. pet. pap.*

1816 Les Fables de Houdart de la Mothe, trad. en vers françois. *in-8. pet. pap.*

1817 Fables nouvelles, mises en vers, avec la vie d'Esope, par *Richer. Paris*, 1748. *in-12. pet. pap.*

1818 Fables nouvelles avec des notes, par l'Abbé *Aubert. Paris*, 1764. *in-12. pet. pap.*

1819 Fables nouvelles, par *Dorat. La Haye. Paris*, 1773. *in-8. fig. & vign. bro. carton.*

1820 Fables & Contes mis en vers. *Paris*, 1754. *in-8. pet. pap.*

1821 Fabliaux & Contes des Poëtes françois des 12, 13, 14 & 15 siecles. *Paris*, 1756. 3 *vol. in-12. pet. pap.*

1822 Le Fablier françois, ou Elite des meilleures fables depuis la Fontaine, par M. *Herissant. Paris*, 1771. *in-12.*

1823 Paraboles ou fables, & autres petites narrations d'un citoyen de la république chrétienne du 18e siecle, mises en vers par *Cesar de Missy. Londres*, 1770. *in-8. bro.*

1824 Fables de Gay, suivies du poëme de l'Eventail, trad. de l'angl., par Madame de *Keralio. Londres. Paris*, 1750. *in-12.*

1825 Fables nouvelles, trad. de l'allemand de *Lichtwehr. Strasbourg. Paris*, 1763. *in-8. pet. pap. bro.*

1826 Fables & dissertations sur la nature de la fable, trad. de l'allemand de *Lessingue*, par *d'Antelmy. Paris*, 1764. *in-12.*

1827

130 BELLES-LETTRES.

Poësie prosaïque, ou facéties, plaisanteries, histoires comiques & récreatives ; contes & nouvelles.

1828 Apuleii opera omnia quæ extant. *Lutetiæ Parisiorum*, 1650. *in*-12. *pet. pap.*
1829 Apuleii metamorphoteos, sive de asino aureo, lib. XI., &c. *Parisiis*, 1536. *in*-8. *pet. pap. let. ital.*
1830 Apuleii matamorphoseos l.b. XI., cum notis Pricæi. *Goudæ*, 1650. *in*-8.
1831 Apuleius madaurensis Platonicus, serio castigatus. *Amstelod.*, 1623. *in*-24.
1832 Il Decamerone di Giov. *Bocaccio*, 1533. *in*-8. *fig. vel. bl.*
1833 Il Decamerone di Giov. *Bocaccio. Londra*, 1768. 3 *vol. in*-12. *pet. pap.*
1834 Priapeia, sive diversorum Poetarum in Priapum lusus, cum commentariis Gasparis Schoppi, &c. *Bataviæ*, 1664. *in*-8. *pet. pap.*
1835 Facetiæ Bebelianæ. *Tubingæ*. 1506. *in*-16.
1836 Facetiæ facetiarum hoc est joco-seriorum fasciculus novus. *Patopoli*, 1645. *in*-16.
1837 Joci Guillelmi *Duvair. Parisiis*, 1601. *in*-12. *pet. pap. vel. bl.*
1838 Lheptameron, ou histoires des amans fortunés, tirées des nouvelles de Marguerite de Valois, Reine de Navarre, &c., par *Claude Gruget. Paris*, 1615. *in*-12. *pet. pap.*
1839 Les Œuvres choisies de Rabelais. *Geneve*, 1752. 3 *vol. in*-12. *pet. pap.*
1840 Le Rabelais moderne, ou les Œuvres de François Rabelais. *Amsterd.* 1752. 6 *tom.* en 8 *vol. in*-12. *pet. pap.*
1841 Dictionnaire comique, satyrique, critique, burlesque, libre & proverbial, par *Leroux. Amsterd.* 1750. *in*-8.
1842 Diabotanus, où l'Orviétan de Salins, Poëme héroï-comique, trad. du languedocien. *Paris*, 1749. *in*-12.
1843 Les Contes & Discours d'Eutrapel, par *Noël Dusail, sieur de la Herissay*. 1732. 2 *vol. in*-12. *pet. pap.*

BELLES-LETTRES.

1844 Nouvelles en vers, par *la Fontaine. Amſterd.*, 1699. 2 *vol. in-*8. *pet. pap. fig.*

1845 Choix de Contes & de Poéſies Erſes, trad. de l'anglois. *Amſterd. Paris*, 1772. 2 *part. en* 1 *vol. in-*12.

1846 The Prince, of abyſſinia à tale. *London*, 1766. 2 *vol. in-*8 *pet. pap.*

1847 Dom Carlos, nouvelle hiſtorique & galante, par *de Saint-Real. in-*18.

ROMANS.

Romans Grecs.

1848 Les Amours paſtorales de Daphnis & de Chloé. 1745. *in-*8. *pet. pap. fig.*

1849 Les Amours de Théagène & de Chariclée, Hiſtoire Ethiopique d'Héliodore. *Paris*, 1623. *in-*8. *fig.*

1850 Le Phaſma ou l'apparition, Hiſtoire grecque, contenant les aventures de Neoclès, trad. par *Poinſinet de Sivry. Deux Ponts. Paris*, 1772. *in-*12. *rel. œcon.*

1851 Achillis Tatii Alexandrini ΕΡΩΤΙΚΑ, ſive de Clitophontis & Leucippes amoribus, lib. VIII. ex editione *Salmaſii. Lugduni Batavorum*, 1640. *in-*18.

1852 Les Amours d'Iſmene & d Iſmenias, par de *Beauchamp. Paris*, 1729. *in-*8. *pet. pap.*

1853 Les Amours de Rhodante & de Doſiclei, trad. du grec. 1746. *in-*8. *pet. pap.*

1854 Hiſtoire des Amours de Chéréas & de Callirrhoé, trad. du grec. *Paris*, 1763. 2 *vol. in-*8. *pet. pap.*

1855 Les affections de divers Amans, trad. du grec de *Parthenius*, 1743. *in-*8. *pet. pap.*

Romans érotiques ou d'amour, moraux, allégoriques, comiques & amuſans.

1856 Les Amours de Pſyché & de Cupidon, par *la Fontaine. La Haye*, 1700. *in-*8. *pet. pap.*

1857 Barclaii Argenis, cum clave. *Amſtelod. Elzevir*, 1659. *in-*16.

BELLES-LETTRES.

1858 Il Tempio di Gnido trasportato dal francese in italiano. *Parigi*, 1767. *in-*12. *pet. pap.*

1859 Il Tempio di Gnido, tradotto dal francese. —— Templum Cnidiæ veneris. *In Londrá. in-*8. *vign.*

1860 Le Temple de Gnide. *Londres*, 1755. *in* 8. *pet. pap.*

1861 Le Temple de Gnide. *Londres*, 1767. *in-*12. *pet. pap.*

1862 Il Congresso di Citera, del Conte Algarotti. *Parigi*, 1768. —— Il Tempio di Gnido, trasportato dal francese in italiano. *Parigi*, 1767. *in-*12. *pet. pap.*

1863 L'Amore di Carlo Gonzaga, & dell Contessa Margarita della Rovere. Dal Signor *Julio Capocoda*. *Ragusa*, 1666. *in-*18.

1864 La nouvelle Héloïse, ou Lettres de deux Amans habitans d'une petite ville aux pieds des Alpes, recueillies & publiées par *J. J. Rousseau. Neufchâtel*, 1764. 4 *vol. in-*12. *fig.*

1865 Les Aventures de Télémaque, par M. *de Fenelon. Paris. Barbou*, 1757. 2 *vol. in-*12. *fig.*

1866 Bélisaire, par M. *Marmontel. Paris*, 1767. *in-*12. *fig.*

1867 Sethos, Histoire ou vie tirée des monumens anecdotes de l'ancienne Egypte, trad. du grec. *Paris*, 1731. 3. *vol. in-*12.

1868 Paméla, ou la Vertu récompensée, trad. de l'anglois. *Amsterd. Paris*, 1768. 4 *vol. in-*8. *pet. pap.*

1869 La Vie & les Opinions de Tristram Shandy, trad. de l'anglois de Stern., par *Frénais*. *Yorck. Paris*, 1776. 2 *vol. in-*12. *bro.*

1870 Histoire de Gilblas de Santillane, par *le Sage*. *Paris*, 1757. 4 *vol. in-*12.

1871 Lazarillo de Tormès. *In Barcelona*, 1621. *in-*8. *pet. pap. fig. vel. bl.*

1872 Le Roman Comique *de Scarron. Paris*, 1678. 2 *part. en* 1 *vol. in-*12. *pet. pap.*

1873 Le Roman Comique de *Scarron. Paris*, 1733. 2 *vol. in-*12.

1874 Supplément au Roman Comique, ou Mémoires pour servir à la vie de Jean *Monnet. Londres*, 1772. 2 *tom. en* 1 *vol. in-*8. *pet. pap.*

BELLES-LETTRES. 133

1875 La Picara montanefa, *la Coureufe des montagnes*, Roman Efpagnol, par *F. Lopez de Vega. In Barcelonâ*, 1605. *in-8. pet. pap. bro.*

1876 Œuvres du Comte de Hamilton, contenant le Bélier, conte. Fleur d'Epine, &c. *Utrecht*, 1731. 2 *vol. in-*16.

1877 Les hommes volans, ou les Aventures de P. Wilkains, trad. de l'anglois. *Londres. Paris*, 1763. 3 *vol. in-*12. *fig.*

1878 Les Aventures de Jofeph Andrews, traduites de l'angl. de Fielding, par l'Abbé *Desfontaines. Londres*, 1750. 2 *vol. in-*8. *pet. pap.*

1879 Lettres de Milady Juliette Catesbi, à Milady Henriette Campley, fon amie. *Amfterd.* 1759. *in-*12.

Romans de Chevalerie; Romans hiftoriques, fabuleux & imaginaires.

1880 Hiftoire de l'admirable Don Quichotte de la Manche. *Amfterd.*, 1692. 4 *vol. in-*12. *pet. pap. fig.*

1881 Pet. Abelardi & Heloiffæ Epiftolæ, curâ *Ricardi Rawlinfon. Londini*, 1718. *in-*8.

1882 Les Lettres & Epîtres amoureufes d'Héloïfe & d'Abeilard, trad. librement en vers & en profe au *Paraclet*, 2 *vol. in-*12. *pet. pap.*

1883 Nouveau recueil contenant la Vie, les Amours, les Infortunes, les Lettres d'Abeilard & d'Héloïfe, & plufieurs autres lettres amoureufes. *Anvers*, 1720. 2 *tom. en* 1 *vol. in-*12.

1884 Hiftoire de la Dragonne, contenant les Aventures de Genevieve *Prémoy. Paris*, 1703. *in-*12.

1885 Lettres d'Amour d'une Religieufe Portugaife, écrites au Chevalier de Chamilly, avec les réponfes. *La Haye*, 1682. *in-*12. *pet. pap.*

1886 La Princeffe de Cleves, ou les Amours du Duc de Nemours avec cette Princeffe. *Amfterd.*, 1744. *in-*12. *pet. pap.*

1887 Mémoires de madame de Staal, écrits par elle-même. *Londres*, 1755. 3 *tom. en* 2 *vol. in-*8. *pet. pap.*

1888 Lettres athéniennes extraites du porte-feuille

BELLES-LETTRES.

d'Alcibiade, par *Crébillon*. *Londres. Paris*, 1771. 4 vol. in 8. pet. pap. bro.

1889 Le Cousin de Mahomet. *Constantinople*, 2 vol. in-12. fig. pet. pap.

1890 Les Confessions du Comte de ***. *Amsterd.*, 1767. 2 tom. en 1 vol. in-8. pet. pap.

1891 Lettres du Chevalier de Méré. *Lyon*, 1691, in 12.

1892 Mémoires du Comte de Grammont, par *Hamilton. Paris*, 1746. in-12.

1893 Histoire de Richard Savage & de J. Thomson, trad. de l'anglois, par M. *le Tourneur. Paris*, 1771. in-12.

1894 Bibliotheque bleue, contenant Histoire de Robert le Diable, Richard sans peur, &c. *Paris*, 1769. 2 vol. in-8. bro. en cart. pap. bleu.

Voyages imaginaires.

1895 Les Voyages de Cyrus, avec un discours sur la mythologie, par *Ramsay. Paris*, 1753. 2 vol. in 12. pet pap.

1896 Voyages de Gullyver, trad. par l'Abbé *Desfontaines. Paris*, 1772. 2 vol. in-12. fig.

1897 Voyage du monde de Descartes, édition revue par le P. *Daniel. Amsterd.*, 1713. in-12. fig.

1898 Le Voyage du Parnasse. *Rotterdam*, 1716. in-12.

PHILOLOGIE.

Traités sur l'origine & sur la maniere d'enseigner & d'étudier les Belles-Lettres.

1899 Matthæi Gribaldi, de methodo acratione studendi, lib. III. *Lugduni*, 1564. in-18.

1900 Th. Campanellæ, de libris propriis & rectâ ratione studendi Syntagma. *Parisiis*, 1642. — Aretinus, de Studiis & Litteris. *Parisiis*, 1742. in-8. pet. pap. vel. bl.

1901 De ratione discendi & docendi. Autore *Juventio*, Soc. Jes. *Parisiis*, 1711. in-12.

1902 Math. Corderii de corrupti sermonis emenda-

BELLES-LETTRES.

tione, & latinè loquendi ratione, liber unus. *Parisiis*, 1533. *in-4. pet. pap. vel. bl.*

1903 De la maniere d'enseigner & d'étudier les Belles-Lettres, par *Rollin. Paris*, 1741. 4 *vol. in-12.*

1904 Supplément au traité de la maniere d'enseigner les Belles-Lettres, par *Rollin. Paris*, 1734. *in-12.*

1905 La Méthode d'étudier & d'enseigner chrétiennement & solidement les Lettres humaines, par rapport aux Lettres divines & aux Ecritures, par le P. *Thomassin. Paris*, 1681. *in-8.*

1906 Pet. Danie. Huetii, de interpretatione libri duo. *Parisiis*, 1661. *in-4. vel. bl.*

1907 Philologicarum Epistolarum Centuria una diversorum à renatis litteris doctissimorum virorum. Accessit *Richa. de Bury*, Philobiblion. *Francofurti*, 1610. *in-8. pet. pap. vel. bl.*

1908 Traité du Choix & de la Méthode des Etudes, par *Fleury. Paris*, 1724. *in-12.*

1909 Augustini Niphi Medicis, libri duo de Pulchro & de Amore. *Lugduni*, 1549. *in-8.*

1910 Essai sur le Beau. *Paris*, 1763. 2 *vol. in-12.*

1911 La maniere de bien penser dans les ouvrages d'esprit, par le P. *Bonhours. Paris*, 1688. *in-12.*

1912 Essai sur le Goût, par *Alex. Gerard. Paris. Dijon*, 1766. *in-12. bro.*

1913 Des causes de la corruption du Goût, par madame *Dacier. Paris*, 1714. *in-12.*

1914 Recherches sur le Style, par le Marquis *Beccaria*, traduit de l'italien. *Paris*, 1771. *in-8. pet. pap.*

1915 Bellum grammaticale. *Parisiis*, 1532. *in-8. pet. pap. vel. bl.*

1916 La Secretaria di Appollo, del Boccalini. *In Venetia*, 1653. *in-24.*

1917 L'Homme de Lettres, par *Garnier. Paris*, 1764. *in-12.*

1918 Principes de Littérature, par l'Abbé *Batteux. Paris*, 1764. 5 *vol. in-12.*

1919 Essai sur l'Etude de la Littérature. *Londres. Paris*, 1762. *in-12. pet. pap.*

1920 Mélanges de Littérature tirés des Lettres manuscrites de *Chapelain. in-12.*

1921 Le Génie de la Littérature italienne. *Florence. Paris*, 1760. 2 part. in-12 bro.

1922 Le Génie de la Littérature italienne. *Florence. Paris*, 1760. in-12.

Philologues, ou Critiques anciens & modernes.

1923 Athenæi Deipnosophistarum lib. XV, ex recensione Casauboni, cum interpretatione latinâ & notis Dalechampii. *Cadomensis*, 1597. in-fol.

1924 Auli Gellii noctes Atticæ. *Amstelod.*, 1666. in-12. pet. pap.

1925 Pet. Lambecii prodromus lucubrationum criticarum, in Auli Gellii noctes Atticas. *Parisiis*, 1647. in-8. pet. pap. vel. bl.

1926 Aurel. Theod. Macrobii opera, cum notis Pontani, Meursii & Gronovii. *Lugduni. Batavor.*, 1670. in-8.

1927 Alexandri ab Alexandro Jurisperiti Neapolitani, genialium dierum lib. VI. *Parisiis*, 1565. in-8.

1928 Jacob. Toilii fortuita, in quibus critica non nulla & tota fabularis Historia græca &c., ad Chymiam pertinere asseritur. *Amstelod.*, 1587. in-8. pet. pap.

1929 Samuelis Werenfelsii dissertationes de Logomachiis eruditorum; accessit Diatribe, de meteoris Orationis. *Amstelod.*, 1616. in-8. pet. pap. vel. bl.

1930 Joan. Schultzii florum sparsio, ad loca quædam in re Litterariâ controversa. *Francofurti ad Mœnum*, 1707. in-12. pet. pap.

1931 Christoph. Saxii Onomasticon Litterarium, sive nomenclator historico-criticus præstantissimorum omnis ætatis, populi, artiumque scriptorum, &c. *Trajecti ad Rhenum*, 1775. in-8. bro. cart.

1932 Conjecturæ de Scriptis à despotis pseudepigraphis & suppositis. 1581. in-16.

1933 Elémens de critique, ou Recherches des différentes causes de l'altération des textes latins, avec les moyens d'en rendre la lecture plus facile, par l'Abbé *Morel. Paris*, 1766. in-12.

BELLES-LETTRES.

1934 Projet & Fragmens d'un dictionnaire critique. *Roterdam*, 1692. *in-8*.

1935 Lettres sur l'Encyclopédie pour servir de supplément à ce dictionnaire. *Amsterd.*, 1764. *in-8. pet. pap.*

1936 Le Monde de verre réduit en poudre, ou Analyse & réfutation des époques de la nature de M. de Buffon, par l'Abbé *Royou*. Paris. *in-12. bro.*

1937 Dissertation sur les ouvrages des plus fameux Peintres, par *Depilles*, suivie de la vie de Rubens. *Paris*, 1681. *in-12*.

1938 Réflexions critiques sur les différentes écoles de peinture, par le Marquis *d'Argens*. *Paris*, 1752. *in-8. pet. pap.*

1939 Lettre sur l'exposition des ouvrages de Peinture, Sculpture, &c., de l'année 1747, & en général sur l'utilité de ces sortes d'expositions, &c. 1747. *in-8. pet. pap.*

1940 Réflexions critiques sur la Poésie & sur la Peinture. *Paris*, 1733. 3 *vol. in-12*.

1941 Histoire raisonnée des discours de Cicéron, avec des notes critiques, &c. *Paris*, 1765. *in-12*.

1942 Dissertation critique sur l'Iliade d'Homere, par l'Abbé *Terrasson*. *Paris*, 1715. 2 *vol. in-12*.

1943 Comparaison de Pindare & d'Horace, par *Blondel*. *Paris*, 1673. *in-12*.

1944 Lettre à M. Delavaur sur son discours contre la latinité des modernes, suivie d'observations sur cette lettre. 1756. *in-12*.

1945 Parallelle des anciens & des modernes, en ce qui regarde les Arts & les Sciences, par *Perrault*. *Paris*, 1693. 2 *tom. en 1 vol. in-12*.

1946 Tableau des Révolutions de la Littérature ancienne & moderne, trad. de l'italien de *Denina*. *Paris*, 1767. *in-12*.

1947 Les trois siecles de la Littérature françoise, ou Tableau de l'esprit de nos Ecrivains depuis François I. jusqu'en 1773, par M. l'Abbé *Sabbatier de Castres*, avec les observations sur les trois siecles de la Littérature françoise. *Amsterd. Paris*, 1774. 5 *vol. in-12*.

BELLES-LETTRES.

1948 Entretiens sur les Romans, ouvrage moral & critique. *Paris*, 1755. *in-*12.

1949 Dictionnaire Néologique à l'usage des beaux Esprits du siecle, avec l'Éloge historique de Pantaléon Phébus. *Amsterd.*, 1756. *in-*8. *pet. pap.*

1950 Singularités historiques & littéraires, contenant plusieurs recherches, découvertes & éclaircissemens sur plusieurs difficultés de l'Histoire ancienne & moderne, ouvrage historique & critique, par D. Livois. *Paris*, 1738. *in-*12.

1951 Nouveaux Mémoires d'Histoire, de Critique & de Littérature, par l'Abbé *Dartigny*. *Paris*, 1749. 7 *vol. in-*12.

1952 Le Chef-d'Œuvre d'un inconnu, par le Docteur *Mathanasius*, &c. *Londres*, 1758. 2 *tom. en* 1 *vol. in-*12. *pet. pap.*

1953 Mélanges historiques & philologiques, par *Michault*. *Paris*, 1754. 2 *vol. in-*12.

1954 Mélanges critiques de Littérature, recueillis par M. ** *Amsterd.*, 1701. *in-*12.

1955 Nouvelles observations critiques sur différens sujets de littérature, par M. *Clément*. *Amsterd. Paris*, 1772. *in-*8. *pet. pap.*

1956 Recueil des saisons littéraires. Dissertation critique sur la Tragédie d'Atrée & de Thieste, sujet très-curieux & historique, par Mademoiselle *Barbier*. *Rouen*, 1722. *in-*12.

1957 L'histoire d'Appolon de Thyane, convaincue de fausseté & d'imposture, par l'Abbé *Dupin*. *in-*12.

1958 Opere varie critiche di Lodov. Castelvetro. *In Berná*, 1727. *in-*4.

1959 The Liven of the Roman poets, contening à Critical and historical account, of Them and their Writings, &c. By L. *Crusius*. *London*, 1753. 2 *vol. in-*12.

1960 Lettres historiques & philologiques du Comte Dorreri, sur la vie & les ouvrages de Swift. *Londres. Paris*, 1753. *in-*12.

BELLES-LETTRES. 139

Satyres, Invectives, Défenses, Apologies.

1961 Joann. Ant. Vulpii liber de satyræ latinæ naturâ & ratione, ejusque scriptoribus qui supersunt, cum Commentariis Vulpii. *Patavii*, 1744. *in*-8.

1962 Discours sur la satyre, ouvrage traduit de l'italien. *Amsterd.*, 1763. — Fables nouvelles, morales & philosophiques. *Paris*, 1765. *in*-12.

1963 Petronii arbitri Satiricon, cum notis variorum *Lugd. Batavor. Plantin*, 1596. *in*-8. *vel. bl.*

1964 Tit. Petronii Arbitri Satyricon cum Petroniorum fragmentis & notis variorum. *Lugduni*, 1615. *in*-12.

1965 Petronii Arbitri Satyricon ejusdemque fragmenta illustrata notis & criticis Bourdelotii. *Amstelod*, 1663. *in*-18. *vel. bl.*

1966 Petronii Arbitri Satyricon, cum notis Bourdelotii. *Parisiis*, 1677. *in*-18.

1967 Petronii Satyricon, cum fragmentis Albæ Grècæ recuperatis, anno 1688. *Roterodami*, 1693. *in*-12. *pet. pap.*

1968 Tit. Petronii Satyricon quæ supersunt, cum notis Nic. Heinsii & Guil. Goesii; accedunt Dousæ præcidanea & commenta Gonsali de Salas, curante Burmanno. *Trajecti ad Rhenum*, 1709. 2 *vol. in*-4. *broc. en carton.*

1969 Pétrone, Latin & François, traduction entiere, suivant le Manuscrit trouvé à Bellegrade en 1688, *sans nom de lieu*, 1694. 2 *vol. in*-8. *rel. écon.*

1970 Satyre de Petrone, par *de Boispreaux*. 2 *tom. en* 1 *vol. in*-8. *pet. pap.*

1971 Observations sur le Petrone trouvé à Belgrade en 1688. *Paris*, 1694. *in*-12. *pet. pap. broc. cart. bleu.*

1972 Satyræ duæ, Hercules tuam fidem, & Virgula divina, adversus Gasp. Scioppium, autore Heinsio. Accessit Burdonum Fabulæ confutatio, autore *Scaligero*. *Lugd. Bat.* 1629. *in*-12. *vel. blanc.*

1973 Euphormionis Lusinini, sive Joan. Barclaii Satyricon partes v, cum clavi. Accessit conspiratio Anglicana. *Amsterd.* 1629. *in*-24.

1974 Sylvæ nuptialis libri sex, autore *Joanne Nc-*

BELLES-LETTRES.

visano, Astensi, Jurisconsulto. Lugduni, 1545. in-8.

1975 De Charlataneriâ eruditorum declamationes duæ, autore *Menckenio. Lypsiæ*, 1715. in-8. pet. papier.

1976 Sardi Venales. Satyra Mænippæa in hujus sæculi homines plerosque ineptè eruditos, autore Cunæo. Addita est Juliani Imperatoris Satyra in Principes Romanos, &c. *Raphelingii*, 1592. in-12. vel. bl.

1977 Gronovii in Papinii statii Sylvarum Libros V, diatribæ. *Hagæ-Comitis*, 1637. in-8. pet. pap.

1978 Fred. Platneri lanx satura. *Altenburgi*, 1758. in-12.

1979 Satyres nouvelles. *Paris*, 1695. in-12.

1980 Satyre del Cavalier Dotti. *Ginevra*, 1757, 2 part. en 1 vol in-12.

1981 Histoire de Pierre de Montmaur, par *de Sallengre. La Haye*, 1715. 2 vol. in-8. pet. pap. fig.

1982 Ecrits Satyriques de Voltaire, dont remerciment sincere à un homme charitable, &c. *Amsterd.* 1750. in-12.

1983 Satyres de Rabner, traduites de l'Allemand, par *de Boispreaux. Paris*, 1754. 4 part. en 2 vol. in-12.

1984 Satyres du Prince Cantemir, traduites du Russe en François, avec l'histoire de sa vie. *Londres*, 1750. in-12. broc.

1985 The True-Born Englishman à Satyre. *London*, 1731. in-12. vel. bl.

1986 Love of Fame the universal passion, in seven characteristical Satyres. *London*, 1741. in-8.

1987 Apologie d'Homere, où l'on explique le véritable dessein de son Iliade, &c. Théomythologie, par le P. *Hardouin. Paris*, 1716. in-12.

1988 Apologie pour Hérodote, ou Traité de la conformité des merveilles anciennes avec les modernes, par Henri *Etienne*, avec les Remarques de *le Duchat. La Haye*, 1735. 3 vol. in-8. pet. pap.

1989 Apologie pour tous les Grands Hommes qui ont été accusés de magie, par *Naudé. Paris*, 1669. in-12. pet. pap.

1990 Apologie de Balzac, & le Barbon dudit Balzac. *Paris*, 1663. in-12. pet. pap.

1991 Apologie de la Peyrere. *Paris*, 1663. in-12.

BELLES-LETTRES.

Dissertations philologiques, critiques, allégoriques & enjouées; & Traités critiques & apologétiques de l'un & de l'autre sexe.

1992 Antoni Legrand, apologia pro Renato Descartes, contra Samuelem Parkerum, &c. *Londini*, 1679. *in-*12.
1993 Apologie de l'Abbé de Prade. *Amsterd.* 1752. *in-*8.
1994 Apologie du caractere des Anglois & des François, ou observations sur le Livre intitulé : Lettres sur les Anglois & les François, & sur les voyages. *in-*12.
1995 Desid. Erasmi Moriæ Encomium, &c. *Lutetiæ Parisiorum*, 1524. *in-*4. *pet. pap. vel. bl.*
1996 D. Erasmi Moriæ Encomium, cum commentariis Gerardi *Listrii.* — Ejusdem Dialogus de rectâ Latini Græcique sermonis pronuntiatione *Lugd. Batav.* 1648. *in-*12. *pet. pap.*
1997 Morias Encomium; stultitiæ laudatio. D. Erasmi declamatio, editio castigatissima ex recognitione A. G. M. de Querlon. *Londini. Parisiis. Barbou*, 1777. — De optimo reipublicæ statu deque novâ insulâ Utopiâ Lib. II, autore Th. *Moro*, opus sincerè expressum ex antiquioribus & melioris notæ editionibus collatis, curâ & studio A. G. M. *de Querlon. Londini. Parisiis. Barbou*, 1777. *in-*12.
1998 Joan. Saresberiensis Policraticus, sive de nugis Curialium & vestigiis philosophorum, lib. VIII, *Lugd. Batav.* 1595. *in-*8. *pet. pap. vel. bl.*
1999 Anton. de Arena provinçalis de Bragardissima villa, de soleriis ad suos compagnones. *Londini*, 1758. *in-*12. *cart.*
2000 Franc. Vavassoris de Ludicrâ dictione liber, in quo tota jocandi ratio, ex veterum scriptis æstimatur. *Lutetiæ Parisiorum*, 1658. *in-*4. *pet. pap.*
2001 Le Conte du Tonneau, contenant tout ce que les Arts & les Sciences ont de plus sublime, &c. par le Docteur *Swift. La Haye*, 1757. 2 *vol. in-*12. *fig.*
2002 Les Soirées Helvétiennes, Alsaciennes &

Francomtoifes. *Amfterd. Paris*, 1771. *in-8. p. pap.*
2003 Obras Efcogidas de D. Francifco Quevedo-Villegas con un Vocabolario Efpañol y Francès. En *Amberes*, 1757. 2 *vol. in-8.*
2004 L'Ami des Femmes, par *Boulier de Villemont. Paris*, 1766. — Le Triomphe du Sexe, ouvrage dans lequel on démontre que les femmes font en tout égales aux hommes, par l'Abbé *Dinouart. Paris*, 1749. *in-*12.
2005 Bened. Curtii Symphoriani in Arefta amorum commentaria. *in-*4. *vel. bl.*

Gnomiques, ou Sentences, Apophtegmes, Adages, Proverbes & Ana.

2006 Ciceronis Sententiarum Illuftrium Apophtegmatum, &c. Farrago. Autore *Lagnerio. Lugduni*, 1548. *in-*18.
2007 Apophtegmata ex probatis Grecæ Latinæque linguæ fcriptoribus, à Conrado Lycofthene collecta, &c. 1602. *in-8.*
2008 D. Erafmi Apophtegmatum lib. VIII, *Amftelod.* 1671. *in-*12. *pet. pap.*
2009 Adagiorum Def. Erafmi Epitome. *Amftelod.* 1649. *in-*12. *pet. pap.*
2010 Chevræana. *Paris*, 1697. 2 *vol. in-*12.
2011 Furetieriana, ou les bons mots & les remarques d'hiftoire, &c., de *Furetiere. Bruxelles*, 1696. *in-*12. *pet. pap.*
2012 Huetiana, ou Penfées diverfes de *Huet*, Evêque d'Avranches. *Paris*, 1722. *in-*12.
2013 Longueruana, ou Recueil de Penfées, de Difcours & de Converfations de *Longuerue. Berlin*, 1754. 2 *part. en* 1 *vol. in-*12.
2014 Menagiana, ou les bons mots & remarques critiques, hiftoriques, morales & d'érudition de *Ménage. Paris*, 1615. 4 *vol. in-*12.
2015 Anti-Menagiana, où l'on cherche ces bons mots, cette morale, ces penfées judicieufes, & tout ce que l'affiche du Menagiana nous a promis. *Paris*, 1693. *in-*12.
2016 Parrhafiana, ou penfées diverfes fur des ma-

BELLES-LETTRES.

tieres de critique, d'histoire, de morale & de politique, par *Parrhase*. Amsterd. 1699. 2 vol. in-8. pet. pap.

2017 Perroniana & Thuana, Editio tertia. *Coloniæ Agrippinæ*, 1691. in-12. pet. pap.

2018 Poggiana, ou la vie, le caractere, les sentences, & les bons mots de *Pogge*, Florentin, avec son histoire de la République de Florence, &c. *Amsterdam*, 1720, 2 tom. en 1 vol. in-8. pet. pap.

2019 Saint Evremoniana, ou Recueil de diverses pieces curieuses de *Saint Evremont*. Paris, 1710. in-12.

2020 Scaligerana sive excerpta ex ore, *J. Scaligeri*. Genevæ, 1666. ie-8. pet. pap.

2021 Sorberiana, ou les Pensées critiques de *Sorbieres*, recueillies par *Graverol*. Paris, 1695. in-12.

2022 Valesiana, ou les Pensées critiques, historiques & morales, & les Poésies Latines de *Vallois*. Paris, 1694. in-12.

2023 Mémoire sur l'Abbé Goujet, suivi du *Patiniana*. La Haye, 1767. in-12.

2024 Mathanasiana, ou Mémoires littéraires, historiques & critiques du Docteur *Mathanasius*. 2 tom. en 1 vol. in-8. pet. pap. fig.

2025 Carpentariana, ou Recueil de pensées historiques, morales, & de bons mots de *Charpentier*. Paris, 1741. in-12.

2026 Ducatiana, ou Remarques de *le Duchat* sur divers sujets d'histoire & de littérature, 1738. 2 vol. in-8. pet. pap.

2027 Santoliana, Ouvrage qui contient la vie de Santeuil, ses bons mots, son démêlé avec les Jésuites, &c., par l'Abbé *Dinouart*. Paris, 1764. in-12.

2028 Arliquiniana, ou les bons mots, les histoires plaisantes & agréables recueillies des conversations d'Arlequin. Paris, 1694. in-12.

Iconologie, Hieroglyphes, ou Emblêmes & Devises.

2029 Dictionnaire Iconologique, ou Introduction à la connoissance des peintures, sculptures, médailles, estampes, &c. Paris, 1756. in-12.

BELLES-LETTRES.

2030 Almanach Iconologique de *Gravelot*, années 1764, 1766, 1767, 1768, 1769, 1770, 1771, & 1774. *in-*18. *relié, broché & en feuille.*

2031 Ori Apollinis Niliaci hieroglyphica, five de facris notis & fculpturis libri duo, Græc. & Lat. *Parifiis*, 1551. *in-*8. *vel. bl. fig.*

2032 And. Alciati Emblematum libri duo. *Lugduni*, 1549. *in-*24. *fig.*

2033 Symbola Heroica Claudii Paradini & Gabrielis Symeonis de Gallicâ Linguâ in Latinam converfâ. *Antuerpiæ* 1583. *in-*18. *fig. vel. bl.*

2034 Lauren. Pignorii Symbolorum Epiftolicorum libri. *Bataviæ. in-*8. *pet. pap. fig. rel. econ.*

2035 La Philofophie des Images enigmatiques, par le P. *Méneftrier. Lyon*, 1694. *in-*12. *fig.*

2036 Dictionnaire des monogrammes, chiffres, lettres initiales, logogriphes, rébus, &c., traduit de l'Allemand de *Chrift*, par *Cellius. Paris*, 1750. *in* 8.

2037 Devifes des Princes, Cavaliers, Dames, Savans & autres perfonnages illuftres de l'Europe, ou la philofophie des Images, par le P. *Meneftrier. Paris*, 1683. *in-*8. *fig.*

POLYGRAPHIE.

Auteurs anciens, & modernes, Grecs, Latins, François, Italiens, &c. qui ont écrit fur différens fujets.

2038 Luciani Samofatenfis philofophi opera omnia quæ extant, ex emendatione & cum notis *Bourdelotii. Lutetiæ Parifiorum*, 1615. *in-fol.*

2039 Luciani opera omnia in duos tomos divifa, ex emendatione Joan. Bened. Græc. & Lat. *Salmurii*, 1619. 2 vol. *in-*8. *vel. bl.*

2040 Lucien, de la traduction de *Perrot d'Ablancourt. Amfterd.* 1664. 2 part. en 1 vol. *in-*8. *pet pap. vel. bl.*

2041 Philoftrati Lemnii de vitâ Apollonii Thyanæi lib. VIII, Interprete Alemano Rhinuccino ; Eufebius contra Hieroclem qui Apollonium Thyanæum Chrifto conferre conatus eft. *Parifiis*, 1555. *in-*24.

2042 Les Images ou Tableaux de plate peinture des deux Philoftrates, fophiftes Grecs, & les ftatues tués de Callistrate mises en François, par *Blaise de Vigenere*. Paris, 1637. *in-fol. gr. pap. fig.*

2043 Speculum tragicum, Regum, Principum & Magnatum ruinas complectens, &c. *Lugduni Batavorum*, 1503. *in-18.*

2044 Platinæ opuscula varia. *Parisiis*, 1505. *in-8.*

2045 Maphæi Vegii opera omnia. *Parisiis*, 1521. *in-4. pet. pap.*

2046 Pet. Mannii ac Mariani Miscellaneorum Decas una. *Lugduni*, 1548. *in-8. pet. pap. vel. bl.*

2047 Annæ Mariæ à Schurman opuscula Hebræa, Græca, Latina, Gallica, prosaica & metrica. *Lugduni. Batavorum. Elzevir*, 1650. *in-8. pet. pap.*

2048 Joan. Brodæi annotationes in quatuor Oppiani Cynegeticon libros. — Quinti Calabri Paralypomenon Homeri, lib. XIV. — Coluthi Thebani de Helenæ raptu liber. *Basilea*, 1552. *in-16.*

2049 Jani Parrhasii liber de rebus quæritis; adjuncta est Francisci Campani questio Virgiliana, 1567. *in-8. pet pap. vel. bl.*

2050 Paul. Leopardi Emendationum & Miscellaneorum libri. *Antuerpiæ*, 1568. *in-4. pet. pap. vel. bl.*

2051 Ant. Mureti variarum lectionum, lib. XV, *Antuerpiæ*, 1580. *in-8. pet. pap. vel. bl.*

2052 Marci Antonii Mureti orationes, epistolæ & poemata cum Augmentis Thomasii. Accedent Nuptiæ Parisinæ *Lypsiæ*, 1698. *in-8. pet. pap.*

2053 Aurelii Cassiodori variorum lib. XII. De Animâ liber I. De Institutione divinarum scripturarum libri II, &c. cum notis Fornerii. *Parisiis*, 1589. *in-fol.*

2054 Hyero. Magii de Equuleo liber posthumus. Ejusdem de Tintinnabulis liber posthumus, &c. *Hanoviæ*, 1609. *in-8. pet. pap. vel. bl.*

2055 Jannis Pierii Valeriani de litteratorum infelicitate, libri duo, *Venetiis*, 1620. *in-8. pet. pap.*

2056 Uxor justa seu syntagma excerptum ex libro secundo Selectorum *Joannis Philesaci. Parisiis*, 1630. *in-8. pet. pap.*

2057 Gisleni Busbequii omnia quæ extant. *Lugduni. Batavorum. Elzevir*, 1633. *in-24.*

2058 Joan. Woweri dies æstiva, sive de umbrâ Pægnion, una cum Jani Dousæ in eamdem declama-

BELLES-LETTRES.

tione. *Auxonii*, 1636. *in-12. pet. pap. vel.*

2059 Joan. Fred. Gronovii obfervationum lib. XIII. *Lugduni. Batavorum*, 1662. *in-8. pet. pap.*

2060 Pauli Colomefii opufcula. *Parifiis*, 1668. *in-16.*

2061 Ifaaci Voffii variarum obfervationum liber. *Londini*, 1685. *in-4.*

2062 Anecdota Ludovici Antonii Muratorii ; accedunt quatuor Sancti Paulini Epifcopi poemata. *Mediolani*, 1697. 2 *tom. en* 1 *vol. in-4.*

2063 Ulrici Obrechti Academica in unum volumen collecta, differtationes, orationes, &c. *Argentorati*, 1704. *in-4. pet. pap. vel. bl.*

2064 Fabii Devoti in Ænigma Dametæ de Coeli fpatio in terris quibusdam tres non amplius ulnas patente, Commentarius. *Romæ*, 1763. *in-8. broc. carton.*

2065 Les Effais de Michel Montaigne. *Paris*, 1669. 3 *vol. in-12. pet. pap.*

2066 Les Entretiens de Balzac. *Paris*, 1660. *in-18.*

2067 Les Œuvres de Voiture, contenant fes lettres & fes poëfies. *Paris*, 1658 *in-12.*

2068 Nouvelles Œuvres de Voiture. *Paris*, 1663.
—— Traité de la Beauté des ouvrages d'efprit & particuliérement de l'Epigramme. *Paris*, 1670. *in-12. pet. pap.*

2069 Œuvres mêlées de Chevreau. *La Haye*, 1697. *in-12.*

2070 Œuvres de Saint Evremont. *Londres*, 1706. 5 *vol. in-12.*

2071 Differtation fur les Œuvres mêlées de Saint Evremont. *Paris*, 1718. *in-12.*

2072 Analyfe raifonné de Bayle, ou Abregé méthodique de fes Ouvrages. *Londres*, 1755. 8 *vol. in-12. broc.*

2073 Œuvres de Ségrais. *Paris*, 1755. 2 *vol. in-12. pet. pap.*

2074 Œuvres de Fontenelle. *Paris*, 1752, & années fuivantes. 10 *vol. in-12. fig.*

2075 Œuvres de l'Abbé de Saint Réal. *Paris*, 1724. 5 *vol. in-12.*

2076 Œuvres de la Mothe le Vayer. *Paris*, 1669. 15 *vol. in-12.*

BELLES-LETTRES. 147

2077 Hexameron rustique, ou les six journées passées à la campagne entre des personnes studieuses, par *la Mothe le Vayer*. Paris, 1671. *in-*12.

2078 L'Esprit de Madame de Maintenon, avec des notes. *Paris*, 1771. *in-*12. *broc.*

2079 Dissertations sur différens sujets, par *Huet*, Evêque d'Avranches, recueillies par l'Abbé *de Tilladet*, avec les remarques de *Behoist*. *La Haye*, 1720. 2 *vol in-*12.

2080 Mélanges d'Histoire & de Littérature, recueillis par *de Vigneul-Marville*. Rouen, 1700. 2 *vol. in-*12.

2081 Discours & Œuvres mêlées du Chancelier d'*Aguesseau*. *Paris*, 1773. 2 *vol. in-*12. *broc.*

2082 Opuscules de *Rollin*, contenant ses lettres, ses harangues, discours, &c. *Paris*, 1771. 2 *vol. in-*12.

2083 Œuvres de *Houdart de la Mothe. Paris*, 1754. 11 *vol. in-*12.

2084 Les Folies du S^r. *le Sage*, de Montpellier. *Amsterdam*, 1700. L'Embarras de la Fieiro de Beaucaire en vers burlesques, par *Denismes*. *Amsterdam*, 1700. *in-*8. *pet. pap.*

2085 L'Esprit des Poëtes & Orateurs célèbres du regne de Louis XIV, par Mademoiselle *de Saint Wast*. *Paris*, 1769. *in-*12.

2086 Mélange amusant de saillies d'esprit & de traits historiques des plus frappans, par *le Sage*. *Amsterd.* 1755. *in-*12.

2087 Choix d'Histoires tirées de Bandel, Italien, de Belleforêt, &c., par *Feutry*. *Londres*. *Paris*, 1753. 4 *part. en 2 vol. in-*12.

2088 Nouveaux Opuscules de M. *Feutry*. Dijon. *Paris*, 1779. *in-*8. *broc.*

2089 Variétés sérieuses & amusantes, par *Sablier*. *Amsterd. Paris*, 1769. 4 *vol. in-*12. *broc.*

2090 Dissertations historiques, politiques & littéraires, par l'Abbé Comte *de Guasco*. *Tournay*, 1756. 2 *vol. in* 8. *pet. pap.*

2091 Histoire des Couplets attribués à J. B. Rousseau. *in* 12.

2092 Œuvres de l'Abbé de Pons. *Paris*, 1738. *in-*12.

BELLES-LETTRES.

2093 Esprit, saillies & singularités du P. *Castel. Amsterdam. Paris*, 1763. *in-*12. *broch.*

2094 Les Œuvres de Montesquieu. *Amsterdam*, 1757. 5 *vol. in-*12.

2095 Discours Académiques de Maupertuis. *Dresde*, 1753. — Lettres de M. *Lefranc* à M. *Racine*, sur le Théatre en général, &c. *Paris*, 1755. *in-*16.

2096 Nouveau Recueil de pieces fugitives d'histoire, de littérature, &c., par l'Abbé *Archimbaud. Paris*, 1717. 4 *tom. en* 2 *vol. in-*12.

2097 Lettres curieuses de littérature & de morale, par l'Abbé de *Bellegarde. Paris*, 1702. *in-*12.

2098 Recueil de différentes pieces de littérature. *Amsterd.* 1758. — Songe d'Alcibiade, &c. *in-*8. *broc.*

2099 Deux Discours; le premier, du peu de certitude qu'il y a dans l'Histoire; le second, de la connoissance de soi-même. *Paris*, 1668. *in-*16.

2100 Instructions pour l'Histoire. *Paris*, 1777 — Lettres de l'origine des Romans, par *Huet. Paris*, 1678. — Dissertation sur les oracles des Sybilles, par le P. *Crasset. Paris*, 1678. *in-*12.

2101 Recueil de pieces d'histoire & de littérature, par l'Abbé *Granet. Paris*, 1731. 2 *vol. in-*12.

2102 Mémoires historiques, critiques & littéraires, par *Bruys. Paris*, 1751. 2 *vol. in-*8. *pet. pap.*

2103 Réflexions diverses du Chevalier *de Bruys. Londres. Paris*, 1758. *in-*8. *pet. pap.*

2104 Œuvres du P. André, contenant un Traité de l'homme, selon les différentes merveilles qui le composent, avec des discours sur différens sujets. *Paris*, 1766. 4 *vol. in-*8. *broc. pet. pap.*

2105 Recueil de littérature, de philosophie, & d'histoire. *Amst.* 1730. *in-*8. *pet. pap.*

2106 Du vrai & parfait Amour. *in-*12. *rel. en cart. gris. imparf.*

2107 Bagatelles morales. *Londres. Paris*, 1754. *in-*12. *pet. pap.*

2108 Lettres Françoises & Germaniques, ou réflexions militaires, littéraires & critiques sur les François & les Allemans. *Londres*, 1749. *in-*12.

BELLES-LETTRES.

2109 Recueil de divers écrits sur l'amour & l'amitié, la politesse, la volupté, &c. *Paris*, 1736. *in*-12.

2110 Récréations historiques, critiques, morales & d'érudition, avec l'histoire des Fous en titre d'office. *Paris*, 1767. 2 *vol. in*-12.

2111 Récréations littéraires, ou Anecdotes & remarques sur différens sujets, par *Cizeron Rival*. *Lyon*, 1765. *in*-12.

2112 Variétés littéraires, ou Recueil de pieces, tant originales que traduites, concernant la philosophie, la littérature & les arts. *Paris*, 1768. 4 *vol. in*-12. broch.

2113 Mélanges historiques, recueillis & commentés par N***. *Amsterdam*, 1718. *in*-12

2114 Le Portefeuille trouvé, ou Tablettes d'un Curieux. *Genève*, 1757. 2 *vol. in*-12.

2115 Mélanges d'histoire, de littérature, de Jurisprudence littéraire, de critique, &c., par *Terrasson*. *Paris*, 1768. *in*-12. broch.

2116 Opuscules de Fréron, contenant les critiques de quelques ouvrages de littérature, les vies de la Fontaine & de Pope, & des poësies diverses. *Amsterdam*, 1753. 3 *vol. in*-12. rel. écon.

2117 Mélanges de littérature, d'histoire & de philosophie, par *d'Alembert*. *Amsterdam*, 1759. 5 *vol. in*-12.

2118 Œuvres de M. Thomas. *Amsterdam. Paris*, 1773. 4 *vol. in*-8. broch.

2119 Œuvres de M. *d'Arnaud*. Epreuves du sentiment. *Paris*, 1773. 3 *vol. in*-12. broc.

2120 Œuvres de Bernard Palissy, avec des notes, par MM. *Fojas de Saint Fond & Gobet*. *Paris*, 1777. *in*-4.

2121 Mélanges de littérature Orientale, par M. *Cardonne*, Interprète du Roi. *Paris*, 1770. 2 *vol. in*-12.

2122 Œuvres diverses de J. J. Rousseau. *Neufchâtel*, 1764. 5 *vol. in*-12. *fig.*

2123 Littérature mêlée, *in*-4.

2124 D. M. Giulio Camillo tutte le opere. *in Vinegia*, 1554. *in*-12. pet. pap.

2125 Recueil de questions proposées à une Société

de Savans, par *Michaelis*, traduit de l'Allemand. *Francfort sur le Mein*, 1763. *in-*12.

2126 Les Honnêtetés littéraires, 1767. ⸺ Lettres de Miss Elisabeth Aurely, traduites de l'Anglois. *Amsterdam*, 1765. *in-*12.

2127 Recueil Anglois, ou Morceaux choisis en tous genres, traduits ou extraits de l'Anglois. *Amsterdam*, 1763. 2. *tom. en* 1 *vol. in-*18.

2128 Essai sur le Génie original d'Homere, avec l'état actuel de la Troade, comparé à son état ancien, traduit de l'Anglois de Wood. *Paris*, 1777, *in-*8.

2129 Mémoires littéraires, contenant des réflexions sur l'origine des Nations, tirées de leur langage; plusieurs dissertations sur la pierre philosophale, &c., trad. de l'Anglois. *Paris*, 1750. *in-*12. *fig.*

2130 Œuvres de Franklin, Docteur ès Loix, trad. de l'Anglois par *Barbeu Dubourg*. *Paris*, 1773. 2 *vol. in*·4. *fig.*

Dialogues, ou entretiens sur différens sujets.

2131 Luciani Dialogi Selectiores, Græcè & Latinè, *Argentorati* 1554. *in-*8. *pet. pap. vel. bl.*

2132 Petri Godofredi Dialogus de Amoribus, tribus libris distinctus. *Lugduni*, 1552. *in-*18. *rel. écon.*

2133 Des. Erasmi Dialogus Ciceronianus sive de optimo genere dicendi. *Lugd. Batav.* 1643. ⸺ Ejusdem lingua sive de linguæ usu atque abusu. *Lugd. Batav.* 1649. *in-*12. *pet. pap.*

2134 D. Erasmi Colloquia cum annotationibus *Arnol. Montani. Amstelod.* 1658. *in-*12. *pet. pap.*

2135 Dialogue sur la Musique des Anciens, par l'Abbé *de Chateauneuf*. *Paris*, 1735. *in-*12.

2136 Dialogues en François & en Latin, pour servir de guide à MM. les Militaires, & aux personnes qui voyagent. *Paris*, 1760. *in-*12. *pet. pap.*

2137 La Circée de M. Giovan. Battista Gello, trad. par *Duparc*, Champenois. *Lyon*, 1554. *in-*16. *vel. bl.*

2138 Socrate en délire, ou Dialogues de Diogene de

BELLES-LETTRES.

Synope, trad. de l'Allemand de Wieland. *Dresde. Paris*, 1772. *in*-12.

2139 Dialogues nouveaux en Espagnol & en François, par *Sobrino. Bruxelles*, 1747. *in*-12.

2140 Les Entretiens d'Ariste & d'Eugene, par le P. *Bouhours. Amsterdam*, 1708. *in*-12. *pet. pap.*

2141 Entretiens sur les vies & sur les ouvrages des plus excellens Peintres anciens & modernes, avec la vie des Architectes, par *Félibien. Trévoux*, 1725. 6 *vol. in*-12.

EPISTOLAIRES.

Lettres des Auteurs Grecs, Latins, François, &c. Anciens & modernes.

2142 Verrepæi Selectiores Epistolæ Clarorum virorum in usum Scholarum in tres libros digestæ. Ejusdem de Epistolis Latinè scribendis & rescribendis lib. v. *Coloniæ*, 1581. *in*-8. *pet. pap. vel. bl.*

2143 Gudii & Doctorum virorum ad eum Epistolæ; Accedunt Sarravii Epistolæ, curante Pet. *Burmanno. Hagæcomitum*, 1714. *in*-4.

2144 Epistolarum obscurorum virorum, volumina duo. *Londini. in*-8. *pet. pap.*

2145 Aristæneti Epistolæ Græcæ cum versione latinâ & notis Merceri, curante *Depauw. Trajecti ad Rhenum*, 1737. *in*-8. *pet. pap.*

2146 Plinii Cæcilii secundi Epistolæ & Panegyricus Trajano Dictus, ex recentione J. N. *Lallemant. Parisiis, Barbou*, 1769. *in*-12.

2147 Lettres de Pline le jeune, traduction nouvelle. *Paris*, 1760. 2 *vol. in*-12. *pet. pap.*

2148 Symmachi Epistolarum ad diversos libri x. *Sancti Gervasii*, 1601. *in*-18.

2149 Josep. Scaligeri Epistolæ omnes quæ reperiri potuerunt. *Francofurti*, 1628. *in*-8. *pet. pap.*

2150 Hug. Grotii Epistolæ ad Gallos, editio cui additæ sunt Claud. Salmasii & Claud. Sarravii ad Hug. Grotium Epistolæ. *Lipsiæ*, 1674. *in*-18.

2151 Baudi Epistolæ; accedunt ejusdem orationes &

libellus de fœnore. *Amstelod. Elzevir*, 1662. *in-12. pet. pap.*

2152 Justi Lipsii Epistolicarum quæstionum libri quinque. *Antuerpiæ*, 1577. *in-8. pet. pap.*

2153 Just. Lipsii Epistolarum Centuriæ duæ. *Parisiis*, 1559, *in-16.*

2154 Th. Reynesii Epistolarum ad Nesteros patrem & filium conscriptarum Farrago, in quâ varia medica & philologica continentur. *Lypsiæ*, 1670. *in-4. pet. pap.*

2155 Phil. Melanchthonis Epistolarum liber. *Lugduni, Batavorum*, 1647. *in-8. vel.*

2156 Franc. Xaverii e Soc. Jes. Epistolæ novæ. *Parisiis*, 1661. *in-12.*

2157 Huber. Langueti ad Joac. Camerarium patrem, &c. Scriptæ Epistolæ. Edente Lud. Camerario. *Groningæ*, 1646. *in-18. vel. bl.*

2158 Lettres de Bayle, avec des remarques, par *des Maizeaux. Amsterdam*, 1729. 3 *vol. in 12.*

2159 Lettres de Madame de Sévigné au Comte de Bussy Rabutin. *Amsterdam. Paris*, 1775. *in-12. br.*

2160 Lettres de Rousseau sur différens sujets de littérature. *Genève*, 1750. 5 *vol. in-12. pet. pap.*

2161 Lettres de l'Abbé *Leblanc*, qui ont paru sous le titre de Lettres d'un François. *Lyon*, 1758. 3 *vol. in-8. pet. pap.*

2162 Lettres de Madame la Duchesse de la Valliere. *Liege. Paris*, 1767. *in-12.*

2163 Lettre à MM. de Port-Royal sur leur esprit de révolte. — Lettres Flamandes, ou Histoire des variations & contradictions de la prétendue Religion Naturelle — Lettre d'un Philosophe sur les explications de M. de Buffon. — Réveil philosophique; Lettre à Rousseau. *in-12. rel. écon.*

2164 Lettres édifiantes & curieuses, écrites des missions étrangeres par quelques Missionnaires de la Compagnie de Jesus; Recueils 28, 29, 30, 31 & 32. 5 *vol. in-12. dont le premier relié.*

2165

BELLES-LETTRES.

2166 Lettres de M. Godeau, Evêque de Vence, sur divers sujets. *Paris*, 1713. *in* 12.

2167 Lettres de Wicquefort, avec les réponses de Barlée, en François & en Latin, données par *Huguetan. Amsterdam.* 1696. *in-*12.

2168 Lettres du Baron de Pollnitz, contenant les observations qu'il a faites dans ses voyages. *Londres*, 1740. 3 *vol. in-*12. *broch.*

2169 Lettres familieres du Président de Montesquieu. *Florence. Paris*, 1767. *in-*12. *broc.*

2170 Lettres sur les Anglois & les François, & sur les voyages, 1726. 2 *vol. in-*8. *pet. pap.*

2171 Lettres choisies de *La Riviere. Paris*, 1750. 2 *tom. en* 1 *vol. in-*12.

2172 Lettres de M. *de Marigny. La Haye*, 1658. *in* 18.

2173 Lettres critiques aux Arcades de Rome, trad. de l'Italien. *Paris*, 1759. *in-*12. *pet. pap.*

2174 Lettres anonymes. *Leyde*, 1750. *in-*12. *p. pap.*

2175 Lettres Persannes suivies des Lettres Turques. *Cologne*, 1739. 3 *tom. en* 1 *vol. in-*12.

2176 Lettres Persannes, édition augmentée du Temple de Gnide. *Londres*, 1759. 2 *vol. in-*12. *p. pap.*

2177 Lettres d'un Persan en Angleterre, à son ami à Ispahan ; ou nouvelles Lettres Persannes. *Londres*, 1770. *in-*12. *broc.*

2178 Lettres de Malady Worthley Montagut, écrites pendant ses voyages en divers pays du monde & trad. de l'Anglois. *Londres. Paris*, 1764. 3 *part. en* 1 *vol. in-*12.

HISTOIRE.

PROLÉGOMENES HISTORIQUES,

OU INTRODUCTION A L'HISTOIRE.

2179 Christophori Milæi de scribendâ historiâ, *in-*8. *pet. pap.*

2180 Quadrivio di horatio Toscanella in quale contiene un Trattato della Strada, dello scrivere Istoria, &c. *In Venetia*, 1567. *in-8. pet. pap. vel. bl.*

2181 Isa. Pontani discutionum historicarum libri 11. *Harderuici Gelrorum*, 1637. *in-12.*

2182 Méthode pour étudier l'Histoire, avec un Catalogue des principaux Historiens, par *Mencke*. *Leipsic*, 1714. 2 *vol. in-8. pet. pap.*

2183 Méthode pour étudier l'Histoire, avec un Catalogue des principaux Historiens, par l'Abbé *Lenglet Dufresnoy*, édition revue par *Drouet*. *Paris*, 1772. 15 *vol. in-12.*

2184 Elémens de l'Histoire, par l'Abbé *de Vallemont*. *Paris*, 1758. 5 *vol. in-12. fig.*

2185 Traité des différentes sortes de preuves qui servent à établir la vérité de l'Histoire, par le P. *Griffet. Liége* 1769. *in-12. broc.*

2186 Conférence de la Fable avec l'Histoire Sainte, par *Delavaur. Paris*, 1730. 2 *vol. in-12.*

2187 Cosmographie universelle, physique & astronomique, pour l'étude de l'Histoire, dirigée par M. *Philippe*, 1768. *in-4. gr. pap. cart. enlum.*

2188 La Physique de l'Histoire, ou Considérations générales sur les principes élémentaires du tempérament & du caractere naturel des Peuples. *La Haye*, 1765. *in-12.*

GÉOGRAPHIE.

Géographie proprement dite, ou Cosmographie & description de l'Univers.

2189 Geographia nubiensis, id est accuratissima totius orbis in 7 climata divisi descriptio, &c., ex Arabico in latinum versa, à Gabriele Sionitâ & Joanne Hesronitâ. *Parisiis*, 1619. *in-4. vel.*

2190 Marciani Heracleotæ orbis descriptio, cum interpretatione latinâ Erasmi. Græcè & Latinè. *Hafniæ*, 1662. *in-12. vel. bl.*

2191 Lucæ de Linda descriptio orbis & omnium ejus Rerum publicarum. *Lugduni. Batavor.* 1655. *in-8. vel. bl.*

2192 Orbis delineatio sive Geographia vetus, sacra &

HISTOIRE.

profana autore Georgio Hornio. *Hagæ comitum*, 1740. *in-fol. gr. pap. br. cart.*

2193 Lexicon Geographicum in quo universi orbis oppida, urbes, &c., recensentur, autore *Ferrario Mediolani*, 1627. *in-4. vel. bl.*

2194 Indiculus universalis, ou l'Univers en abregé du P. Pomey, édition corrigée, par l'Abbé *Dinouart. Paris*, 1755. *in-8. pet. pap.*

2195 Tableau de l'Univers, enrichi de cartes géographiques. *Paris*, 1767. *2 vol. in-8. pet. pap. br.*

2196 Tableau précis du Globe terrestre, par l'Abbé *le Beau. Paris*, 1767. *in-12. pet. pap.*

2197 La Topographie de l'Univers, par l'Abbé *Expilly. Paris*, 1757. *in-8. cart.; les 2 premiers vol. vel. verd.*

2198 Tablettes géographiques, pour l'intelligence des Historiens & des Poëtes latins, par *Philippe de Pretaut. Paris*, 1755. *2 vol. in-12.*

2199 Dictionnaire historique portatif de la Géographie Sacrée ancienne & moderne. *Paris*, 1759. *in-8.*

2200 Dictionnaire Géographique universel, par *Baudran. Amsterd.* 1701. *in-4.*

2201 Abregé portatif du Dictionnaire Géographique de *la Martiniere. Paris*, 1759. *2 tom. en 1 vol. in-8. pet. pap.*

2202 Dictionnaire Géographique portatif, trad. de l'Anglois de Laurent Echard, par *Vosgien. Paris*, 1767. *in-8. pet. pap.*

2203 Dictionnaire classique de Géographie ancienne, pour l'intelligence des Auteurs anciens. *Paris*, 1768. *in-8. broc.*

Géographes anciens & modernes, Grecs, Latins & François.

2204 Strabonis rerum Geographicarum lib. XVII, à Guillelmo Xilandro recogniti & in sermonem Latinum transcripti. Græcè & Latinè. *Basileæ*, 1571, *in-fol. vel. bl. cart. & plans.*

2205 Geographia Ptolomæi, Alexandrini Codicibus

græcis collecta, à Josepho Meletio Mathematico. *Venetiis*, 1562. *in-*4. *pet. pap. fig. & cartes.*

2206 Pausaniæ de veteris Greciæ regionibus Commentarii, Interprete Romulo Amazeo. *Francofurti*, 1624. *in-*8. *vel. bl.*

2207 Stephani Bizantini de urbibus & populis fragmenta ; accedit Hannonis Periplus. Græcè & Latinè. *Lugduni in Batavis*, 1674. *in-*12.

2208 Gyllii de Constantinopolios Topographiâ lib. IV, *Lugduni. Batavor. Elzevir.* 1632. *in-*24.

2209 Pomponius Mela de situ orbis, cum notis variorum. *Lugduni Batavor.* 1646. *in-*18.

2210 Notitia Imperii Romani ex recensione Phil. Labbe. *Parisiis*, 1651. *in-*24.

2211 Vallesiæ Descriptio lib. II. De Alpibus Commentarius Josiâ Simlero autor. *Tiguri*, 1574. *in-*8. *pet. pap. vel. bl.*

2212 Geographiæ Poeticæ, id est diversæ terræ descriptionis, ex optimis quibusque Poetis, lib. IV. operâ Lamberti *Dauri.* 1580. *in-*8. *pet. pap. vel. bl.*

2213 Samu. Bocharti Geographia sacra. *Francofurti ad Mænum*, 1681. *in-*4. *cart. & plans.*

2214 Géographie Elémentaire en forme d'entretiens, par *Hénault. Paris*, 1771. *in-*12.

2215 Institutions Géographiques, par *Robert de Vaugondy. Paris*, 1766. *in-*8. *fig.*

2216 Élémens historiques de Géographie, ou la Géographie sans maître, par Madame la Baronne de Saint-Aubin. *Paris*, 1772. *in-*12.

2217 Institutions abrégées de Géographie, par *Maclot. Paris*, 1759. *in-*12. *pet. pap.*

2218 Géographie ancienne abrégée, par *d'Amville. Paris*, 1768. 3 *vol. in-*12.

2219 Géographie abrégée de la Grèce ancienne. *Paris*, 1772. *in-*8. *pet. pap.*

2220 Géographie moderne, avec une introduction, par l'Abbé *Clouet. Paris*, 1767. *in-fol. gr. pap. cart. enlum. rel. écon.*

2221 Géographie moderne, précédée d'un petit Traité de la Sphere & du Globe, par l'Abbé *Nicole de la Croix. Paris*, 1773. 2 *vol. in-*12.

HISTOIRE.

2222 Géographie historique. *Paris*, 1761. 2 vol. *in*-8.
2223 Concorde de la Géographie des différens âges, par *Pluche. Paris*, 1764. *in*-12. *cart.*
2224 Notice de l'Ecriture Sainte, ou Description topographique, chronologique, historique & critique des Royaumes, Provinces, Tribus, &c. qui s'y trouvent cités, par le P. *Colome*, Barnabite. 1773. *Paris, in-8.*
2225 Lettres sur divers sujets importans de la Géographie sacrée & de l'Histoire Sainte, par le Pere *Joly. Paris*, 1772. *in*-4. *plan. & cart.*

Descriptions, Plans & Cartes Géographiques.

2226 Atlas élémentaire de la Géographie, contenant les quatre Parties du monde, en vingt feuilles *in-fol. bro. cart. pap. bleu.*
2227 Etrennes Géographiques, ou recueil de cartes. *Paris, Ballard*, 1760. *in*-18. *mar. roug.*
2228 Plans de différentes villes d'Italie. *in*-4. *bro. cart.*
2229 Description du Golphe de Venise & de la Morée, par M. *Bellin. Paris*, 1771. *in*-4. *cartes. broc.*
2230 Description Géographique, historique & politique du Royaume de Sardaigne. *La Haye*, 1725. *in*-8. *pet. pap.*
2231 Histoire des grands chemins de l'Empire Romain, par *Bergier. Paris*, 1622. *in*-4.
2232 Cartes générales des Elections de la Généralité d'Amiens & de la Généralité de Soissons, autrement Atlas de Picardie. *in-fol. br. pap. verd.*
2233 Recueil de cartes, commençant par les dix-sept Provinces-Unies. *in*-4. *oblong. br. en cart.*
2234 Explication de la Carte des nouvelles découvertes au Nord de la Mer du Sud, par *de l'Isle. Paris*, 1752. *in*-4. *vel. verd.*
2235 Liasse de cartes Géographiques.

HISTOIRE.

VOYAGES ET RELATIONS.

Voyages en diverses parties de la terre, en Europe, Asie, Afrique & Amérique.

2236 Georgii Loysii pervigilium Mercurii, in quo agitur de præstantissimis peregrinantis virtutibus, &c. *Spiræ*, 1600. *in-*24. *mar. roug.*

2237 Itinerarium Binjamini Tudelensis, in quo res memorabiles terrarum orbis describuntur, ex Hebraico-Latinum factum. *Antuerpiæ*, 1575. *in-*8. *pet. pap. vel. bl.*

2238 Claudii Rutilii itinerarium, cum animadversionibus Theodori Sitzmani. *Lugduni*, 1616. *in-*8. *pet. pap.*

2239 Rutilii Itinerarium. *Amstelod.* 1687. *in-*12. *pet. pap.*

2240 Itinéraire des routes les plus fréquentées, ou Journal d'un Voyage aux villes principales de l'Europe. *Paris*, 1775. *in-*8. *pet. pap.*

2241 Nic. Klinii iter subterraneum, novam Telluris Theoriam ac Historiam quintæ Monarchiæ adhuc nobis incognitæ exhibens. *Hafniæ*, 1741. *in-*8. *pet. pap. fig.*

2242 Histoire générale des Voyages, par l'Abbé *Prevost*, avec la suite par MM. *de Querlon* & *de Surgy. Paris*, 1746, & années suivantes. 22 *vol. in-*4. y compris les 3 volumes de figures, cartes & plans relatifs à cet Ouvrage. *bro. en cart.*

2243 De Commentitio Lazari & Maximini, Magdalenæ & Marthæ in provinciam appulsu dissertatio, autore *de Launoy. Lutetiæ Parisiorum*, 1641. *in-*12. *vel.*

2244 Voyage autour du monde, par Georg. *Anson*, trad. de l'Angl. *Paris*, 1750. 4 *vol. in-*12. *fig.*

2245 Voyage autour du monde, fait en 1764, par le Chef d'Escadre *Byron*, avec une description du Détroit de Magellan, & des Géans appellés Patagons. *Paris*, 1767. *in-*12. *bro.*

2246 Journal d'un Voyage autour du monde en 1768, 1769, &c. traduit de l'Anglois de So-

HISTOIRE.

lander, par *de Fréville*. Paris, 1772. *in-*8. *br.*

2247 Voyage autour du monde sur la Frégate du Roi *la Boudeuse*, &c. par *Bougainville. Paris*, 1771. *in-*4. *cart. broc.*

2248 Voyage autour du monde sur la Frégate du Roi *la Boudeuse*, par M. *de Bougainville. Paris,* 1772. 2 *vol. in-*8. *cart. br.*

2249 Les Voyageurs modernes, ou abrégé de plusieurs Voyages faits en Europe, Asie & Afrique, trad. de l'Angl. *Paris,* 1760. 4 *vol. in-*12. *cart. broc.*

2250 Journal des Voyages du sieur Monconys, publié par *Liergues. Lyon,* 1665. 3 *vol. in-*4 *fig.*

2251 Le Guide d'Italie, pour faire agréablement le voyage de Rome, Naples & autres lieux. *Paris,* 1675. *in-*16.

2252 Voyage d'Italie & de Dalmatie, de Grèce & du Levant, par Jacob *Spon* & Georges *Wheller. La Haye,* 1724. 2 *vol. in-*12. *fig.*

2253 Journal du Voyage de Michel de Montaigne, en Italie, avec des notes par M. *de Querlon,* en Ital. & en Franç. *Rome, Paris,* 1774. 3 *tom. en* 2 *vol. in-*12. *pet. pap.*

2254 Les Epîtres de Rabelais, écrites pendant son voyage d'Italie, avec des observations historiques & l'abrégé de la vie de l'Auteur. *Paris,* 1651. *in-*8. *pet. pap. vel. bl.*

2255 Voyage d'Italie, par *Misson. La Haye,* 1702. 3 *vol. in-*12. *fig.*

2256 Remarques sur divers endroits d'Italie, par *Adisson,* pour servir de supplément au voyage de Misson. *Paris,* 1722. *in-*12.

2257 Voyage d'un François en Italie, fait dans les années 1765 & 1766. *Venise, Paris,* 1769. 8 *vol. in-*12.

2258 Voyage d'Italie, ou recueil de notes sur les Ouvrages de Peinture & de Sculpture qu'on voit dans les principales villes d'Italie. *Paris,* 1758. 3 *tom. en* 1 *vol. in-*8. *pet. pap.*

2259 Voyage en Sicile & à Malthe, trad. de l'Angl. de Brydone, par M. *de Meusnier. Amst. Paris,* 1775. 2 *vol. in-*8. *rel. écon.*

2260 Relation de l'Isle de Corse, journal d'un voyage dans cette Isle, & Mémoires de Pasc. Paoli, trad. de l'Angl. de Boswell, par *Dubois*. La Haye, 1769. *in*-8. cart. br.

2261 Jodoci Sinceri Itinerarium Galliæ, Iconibus præcipuarum urbium illustratum. *Amstelodami*, 1649. *in*-16.

2262 Jodoci Sinceri Itinerarium Galliæ. *Amst*. 1649. *in*-18. *fig.*

2263 Abrahami Gennitzii Ulisses Belgico-Gallicus, seu itinerarium Belgico-Gallicum. *Amstelod. Elzevir*, 1656. *in*-16. *vel. bl.*

2264 Guide des chemins de la France. *Paris*, 1768. *in*-12. *pet. pap.*

2265 Itinéraire portatif d'un arrondissement de 30 à 40 lieues de la ville de Paris, par *Denis*. *Paris*, 1776. 3 part. en 2 vol. *in*-12. bro. cart.

2266 Voyage en France, en Italie & aux Isles de l'Archipel, trad. de l'angl. *Paris*, 1763. 4 *vol. in*-12.

2267 Voyage au mont Pilat dans la province du Lyonnais, contenant des observations sur l'histoire naturelle de cette montagne. *Avignon*, 1770. *in*-8. *broc.*

2268 Relations historiques & curieuses de voyages en Allemagne, Angleterre, &c., par *Patin*. *Amsterd*., 1695. *in*-12. *fig. & cart.*

2269 Relation de deux voyages faits en Allemagne, par rapport à la figure de la terre, à la Géographie & à l'Astronomie, par *Cassini*. *Paris*, 1765. *in*-4.

2270 Relation d'un voyage fait en Allemagne, touchant les opérations relatives à la figure de la terre & à la Géographie particuliere du Palatinat, suivie de la description des conquêtes de Louis XV., par *Cassini de Thury*. *Paris*, 1775. *Imprimerie Royale*. *in*-4. cart. bro. en cart.

2271 Voyage pittoresque de la Flandre & du Brabant, par *Descamps*. *Paris*, 1769. *in*-8. *fig.* bro.

2272 Remarques d'un Voyageur sur la Hollande, l'Allemagne, l'Italie, &c. *La Haye*, 1728. *in*-18.

HISTOIRE.

2273 Voyage d'Espagne historique & politique, fait en l'année 1655, 1666. *in*-18.

2274 Relation d'un voyage de Paris en Espagne, Portugal & Italie, par *Silhouette*. Paris, 1770. 4 tom. en 2 vol. *in*-8. pet. pap.

2275 Voyage d'Espagne, trad. de l'italien du P. *de Livoy*. Paris, 1772. 2 vol. *in*-12. bro.

2276 Lettres sur le voyage d'Espagne. *Pampelune*, 1756. *in*-12.

2277 Les Voyages de Jean Struyt en Moscovie, en Tartarie, aux Indes, &c. *Amsterd.*, 1681. *in*-4. cart. & *fig*.

2278 Voyages en Moscovie. *Leyde*, 1688. *in*-12.

2279 Voyages & Découvertes faites par les Russes le long des côtes de la Mer glaciale, & sur l'Océan oriental; on y a joint l'histoire du fleuve Amur, trad. de l'allemand de Müller, par *Dumas*. *Amsterd.*, 1766. 2 vol. *in*-12. cart. bro.

2280 Journal d'un voyage au Nord en 1736 & 1737, par *Cuthier*. Paris, 1744. *in*-4. *fig*. & *cart*.

2281 Voyage en Sybérie, traduit de l'allemand de Gmelin, par de *Keralio*. Paris, 1767. 2 vol. *in*-12. *fig*.

2282 Relation d'un voyage dans la mer du Nord, aux côtes d'Islande, &c., par de *Kergnelen Tremaret*. Paris, 1771. *in*-4. cart. bro.

2283 Ambassades & voyages en Turquie & Amasie, de *Busbequius*, traduits en françois. Paris, 1646. *in*-8. pet. pap.

2284 Voyage d'Alep à Jérusalem, par *Maundrell*, trad. de l'angl. Paris, 1706. *in*-12. *fig*.

2285 Journal du voyage de Siam, par l'Abbé *de Choisy*. Paris, 1687. *in*-12.

2286 Voyages depuis Saint Petersbourg en Russie, dans diverses contrées de l'Asie, trad. de l'angl. de *d'Antermony*. 3 vol. *in*-12. cart. bro.

2287 Relation des voyages en Tartarie, de Guillaume de Rubruquis, avec un traité des Tartares & un abrégé de l'histoire des Sarrasins & Mahométans, le tout recueilli par *Bergeron*. Paris, 1634. *in*-8. pet. pap.

2288 Relation d'un voyage du Levant, par *de Tour-*

HISTOIRE.

nefort. Lyon, 1727. 3 vol. in-8. cart. & fig.

2289 Voyages dans le Levant, par *Hasselquist*, publiés par Linnæus, & trad. de l'allemand, 2 part. en 1 vol. in-12.

2290 Voyage aux Indes orientales, trad. de l'anglois de Groze, par *Hernaudez*. Londres, 1758. in-12.

2291 Journal historique du voyage fait au Cap-de-bonne-Espérance, par l'Abbé *de la Caille*. Paris, 1763. in-12. fig.

2292 Histoire d'un voyage aux Isles Malouines, fait en 1763, &c., avec des observations sur le détroit de Magellan & sur les Patagons, par dom. *Pernetty*. Paris, 1770. 2 vol. in-8. cart. & fig. broc.

2293 Voyage de Dampierre aux Terres Australes, avec le voyage de Lionel Wiafer. Amsterd., 1705. in-12. fig.

2294 Nouveaux voyages du Baron de la Hontan dans l'Amérique septentrionale. La Haye, 1715. 2 tom. en 1 vol. in-12. fig.

2295 Relation d'un voyage fait dans l'Amérique septentrionale, par *de la Condamine*. Paris, 1745. in-8. cart.

2296 Voyage à la Martinique, contenant diverses observations sur la Physique, l'Histoire naturelle, l'Agriculture, &c. de cette Isle. Paris, 1763. in-4. cart.

2297 Journal d'un voyage à la Louisiane, fait en 1720. La Haye. Paris, 1768. in-12. bro.

2298 Voyage en Californie, pour l'observation du passage de Venus sur le disque du soleil, par *Chappe d'Auteroche*. Paris, 1772. in-4. fig. bro.

2299 Voyage à la nouvelle Guinée, par M. Sonnerat, enrichi de 120 fig. en tailles douces. Paris, 1776. in-4. bro. en cart.

2300 Voyage au nouveau monde, & Histoire intéressante du naufrage du P. Crespel. Amsterd., 1757. in-12.

2301 Histoire des nouvelles découvertes faites dans la mer du Sud, rédigée par *de Fréville*. Paris, 1774. 2 vol. in-8. bro. cart.

2302 Voyages dans la mer du Sud, par les Espa-

HISTOIRE.

nois & les Hollandois, trad. de l'angl., par *Defreville*. Paris, 1774. *in*-8. *cart. bro.*

2303 Nouveaux voyages aux Indes occidentales, par M. *Boſſu.* Paris, 1768. 2 *vol. in-*12. *fig. bro.*

2304 Journal de la navigation d'une Eſcadre françoiſe aux ordres du Capitaine Thurot. *Bruxelles.* Paris, 1778. *in-*12. *pap. roug.*

2305 Voyage fait en 1768 pour éprouver les montres marines inventées par M. Leroy, par M. *Caſſini fils*, &c. Paris, 1770. *in-*4. *cart. bro.*

2306 Journal du voyage du Marquis de Courtenvaux, pour eſſayer pluſieurs inſtrumens relatifs à la longitude. *Paris*, 1768. *in-*4. *bro. cart. & fig.*

2307 Voyage littéraire de la Grece, ou lettres ſur les Grecs anciens & modernes, par M. *Guys*. Paris, 1776. 2 *vol. in-8.*

CHRONOLOGIE.

Chronologie technique & hiſtorique.

2308 L. Gregorii Gyraldi de annis & menſibus cæteriſque temporum partibus, diſſertatio. *Baſileæ*, 1541. — Marbodei de lapidibus pretioſis Encherydion. *Pariſiis*, 1531. *in-*8. *pet. pap. vel. bl.*

2309 Exterarum ferè omnium & præcipuarum gentium anni ratio, & cum Romano collatio, Autore Joanne *Lalamantio*, 1571. *in-*8. *pet. pap.*

2310 Dioni. Petavii, è Soc. Jeſ., rationarium temporum. *Pariſiis*, 1703. 2 *vol. in-*12.

2311 Abrégé de la Chronologie des anciens royaumes, trad. de l'anglois de Newton, par *Reïd.* Geneve, 1743. *in-*8.

2312 L'art de vérifier les dates des faits hiſtoriques, des Chartes, des chroniques & autres anciens monumens, par un R. Bénédictin, de la Congrégation S. Maur. *Paris*, 1770. *in-fol.*

2313 Hiſtoire du Calendrier Romain, ſon origine & les divers changemens qui lui ſont arrivés, par *Blondel.* Paris, 1682. *in-*4.

2314 Calendrier perpétuel, par *Dupleſſis.* Paris, 1767. *in-*4. *br. cart.*

2315 Tablettes chronologiques de l'histoire universelle, sacrée & profane, ecclésiastique, &c., par l'Abbé *Lenglet Dufresnoy. Paris*, 1763. *pet. pap. in-8. 3 vol. br. cart.*

Histoire universelle de tous les temps & de tous les lieux.

2316 Mich. Beutheri animadversionum sive disceptationum tàm historicarum, quàm chronographicarum, liber singularis. Ejusdem in publii Corn. Taciti de situ, moribus & populis Germanorum libellum Commentarii, &c. *Argentinæ*, 1593. *in-8.*

2317 Chronici Carionis latinè expositi & aucti multis & veteribus & recentibus Historiis libri IV. 1564. *in-16. 2 vol.*

2318 Trogus Justinus cum notis selectissimis variorum. *Lugduni*, 1670. *2 vol. in-12.*

2319 Justini historiarum ex Trogo Pompeio, libri XLIV. *Londini. Thompson*, 1713. *in-12.*

2320 Justini Historiarum ex Trogo Pompeio, libri XLIV. *Parisiis. Barbou*, 1770. *in-12. bro.*

2321 Histoire Universelle de Justin, extraite de Trogue Pompée, trad. avec des notes, par l'Abbé *Paul. Paris*, 1774. *2 vol. in-12. bro.*

2322 Jac. August. Thuani historiarum sui temporis, libri CXXV. *Lutetiæ*, 1609. *les XI prem. vol. in-12. pet. pap.*

2323 Thuanus restitutus, sive Sylloge locorum variorum in historiâ Thuani hactenùs desideratorum, &c. *Amstelod.* 1663. *in-18.*

2324 Histoire des premiers temps du monde, prouvée par l'accord de la Physique avec la Genèse, par les Philosophes, par le P. *Berthier Orato. Paris*, 1778. *in-12.*

2325 Histoire Universelle de Diodore de Sicile, servant à l'histoire de l'origine des peuples & des anciens Empires, trad. en françois, par l'Abbé *Terrasson. Paris*, 1758. *7 vol. in-12.*

2326 Histoires diverses d'Elien, trad. du grec, avec des remarques. *Paris*, 1772. *in-8. bro.*

HISTOIRE.

2327 Abrégé chronologique de l'Histoire Universelle. Amsterd. Paris, 1757. in-8. pet. pap.

2328 Le Promptuaire historique de tout ce qui est advenu depuis la création du monde jusqu'à présent, par J. d'Ongoys. Paris, 1579. in-16.

2329 Histoire du monde sacré & profane, depuis la création du monde jusqu'à la fin de l'Empire des Assyriens, trad. de l'angl. de *Shuckford*. Paris, 1752. 3 vol. in-12. cart.

2330 Histoire du monde, par *Chevreau*. Paris, 1683. 2 vol. in-4. vel. bl.

2331 Discours sur l'histoire universelle, par *Bossuet*. Paris, 1682. in-12.

2332 Discours sur l'histoire universelle, par *Bossuet*. Paris, 1744. 2 vol. in-12.

2333 Histoire universelle imitée de l'angl., par *Turpin*. Paris, 1770. 4 vol. in-12. bro.

2334 Dissertation historique & politique sur la population des anciens temps, comparée avec celle du nôtre, par *Wallace*. Amsterd. Paris, 1769. in-8. bro.

2335 Histoire ancienne des peuples de l'Europe, par le Comte de *Buat*. Paris, 1772. 12 vol. in-12.

2336 Elémens d'histoire générale, ancienne & moderne, par M. l'Abbé *Millot*. Paris, 1772. 9 vol. in-12. bro.

2337 Les mœurs, coutumes & usages des anciens peuples pour servir à l'éducation de la jeunesse, par M. *Sabbatier*. Châlons sur Marne. Paris, 1770. 3 vol. in-12. br.

2338 Cours d'histoire universelle, petits élémens, par *Luneau de Boisgermain*. Paris, 1768. 2 vol. in-8.

2339 Etats formés en Europe, après la chûte de l'Empire Romain en Occident, par *Danville*. Paris, 1771. in-4. carte br. cart.

2340 Tableau de l'Histoire moderne depuis la chûte de l'Empire d'Occident jusqu'à la paix de Westphalie, par le Chevalier *de Mehégan*. Paris, 1766. 3 vol. in-12. br.

2341 Mémoire pour servir à l'Histoire universelle de l'Europe depuis 1600 jusqu'en 1716, par le P. *d'Avrigny*. Paris, 1757. 5 vol. in-12.

HISTOIRE.

2342 Mémoire sur l'origine des guerres de l'Europe, par *Linage de Vauciennes*. Paris, 1677. 2 vol. *in*-12.

2343 Essai de Cosmologie, par *de Maupertuis*, 1751. *in*-12.

2344 Les Etrennes de Clio & de Mnémosyne, par Mademoiselle *Philippe de Prétaut*.

2345 Anecdotes historiques, militaires & politiques de l'Europe, par l'Abbé *Raynal*. Amst. 1753. 2 vol. *in*-8. pet. pap.

2346 Histoire des plus illustes Favoris, anciens & modernes, recueillie par *Dupuy*. Paris, Leyde, 1659. *in*-12.

2347 Histoire des Fripons, Ouvrage nécessaire aux honnêtes gens pour se préserver des grecs. Amst. 1773. *in*-8. pet. pap. br.

HISTOIRE ECCLÉSIASTIQUE.

Histoire Ecclésiastique proprement dite, ou l'Histoire de l'Eglise ancienne & nouvelle, Judaïque & Chrétienne, c'est-à-dire, tant de l'Ancien que du Nouveau Testament.

2348 Sulpitii Severi opera omnia quæ extant. Amst. Elzevir, 1656. *in*-16.

2349 Histoire Sainte des deux alliances, avec des réflexions en forme de dissertation sur chaque livre de l'ancien & du nouveau Testament, &c. Paris, 1741. 7 vol. *in*-12.

2350 Mœurs des Israélites & des Chrétiens, par l'Abbé *Fleury*. Paris, 1760. *in*-12.

2351 Essais historiques & critiques sur les Juifs anciens & modernes, ou supplément aux mœurs des Israélites de l'Abbé *Fleury*. Lyon, 1771. 2 vol. *in*-12.

2352 Lettres pour & contre, sur la fameuse question si les Solitaires, appellés Thérapeutes, dont a parlé Philon le Juif, étoient Chrétiens. Par *Bouhier*. Paris, 1712. *in*-12.

HISTOIRE.

Histoire Ecclésiastique depuis la Naissance de Jésus-Christ.

2353 Histoire de l'établissement du Christianisme, tirée des seuls auteurs Juifs & Païens, par *Bullet*. *Besançon*, 1764. *in-4*.

2354 Mémoires pour servir à l'histoire Ecclésiastique des six premiers siecles, par *le Nain de Tillemont*. *Bruxelles*, 1706. 24 vol. *in-12*. *Il manque le tome 9, qui contient 3 part.*

2355 Historia confessionis auricularis, ex antiquis scripturis Patrum, &c. monumentis expressa, auctore Jacobo *Boileau*. *Lutetiæ Parisiorum*, 1683. *in-8*.

2356 Anecdotes Ecclésiastiques, contenant la police & la discipline de l'Eglise Chrétienne, depuis son établissement jusqu'au XIe siecle, tirées de l'Histoire du Royaume de Naples, de *Gyannone*. *Amst.* 1738. *in-8. pet. pap.*

2357 Tableau de l'Histoire de l'Eglise. *Paris*, 1773. 4 vol. *in-12*.

2358 Abrégé chronologique de l'Histoire Ecclésiastique. *Paris*, 1757. 2 vol. *in-8*.

2359 Discours sur l'Histoire Ecclésiastique, par l'Abbé *Fleury*. *Paris*, 1763. *in-12*.

2360 Table générale des matieres contenues dans les trente-six volumes de l'Histoire Ecclésiastique de *Fleury* & du Pere *Fabre*. *Paris*, 1758. 4 vol. *in-12*.

2361 Abrégé de l'Histoire Ecclésiastique, avec des réflexions, par *Racine*, suivie des Lettres à Morenas. *Cologne*, 1754. 16 vol. *in-12*.

2362 Historica disquisitio de re vestiariâ hominis sacri. *Amstelod.* 1704. *in-12. pet. pap. vél. bl.*

Histoire Ecclésiastique particuliere des différentes nations.

2363 Oriens Christianus in quatuor Patriarchatus digestus, quo exhibentur Ecclesiæ, Patriarchæ, cæterique Præsules totius Orientis. Studio & operâ P.

Machuelis le Quien. *Parisiis*, 1740. *in-fol. gr. pap. tom.* 3. *rel. écon.*

2364 Tablettes chronologiques, contenant avec ordre l'état de l'Eglise en Orient & en Occident, les Conciles généraux & particuliers, &c. par *Marcel. Paris*, 1682. *in-*8.

2365 Gallia Christiana in provinciàs Ecclesiasticas distributa, in quâ series & Historia Archiepiscoporum & Abbatum deducitur. *Parisiis*, 1759. *in-fol. tom.* XI.

2366 Abrégé de l'Histoire de Port-Royal, par *Racine. Paris*, 1767. *in-*12.

2367 Les Plaintes des Protestans cruellement opprimés dans le Royaume de France, par le Ministre *Claude. Cologne*, 1713. *in-*8. *pet. pap.*

2368 Dissertations sur l'Histoire Ecclésiastique & Civile de Paris, suivies d'éclaircissemens sur l'Histoire de France, par l'Abbé *le Beuf. Paris*, 1739. 3 *vol. in-*8. *pet. pap. fig.*

2369 Abrégé chronologique de l'Histoire Ecclésiastique, Civile & Littéraire de Bourgogne, par M. *Mille. Dijon, Paris*, 1771. 2 *vol. in-*8. *cart. br.*

2370 Mémoires pour servir à l'Histoire Ecclésiastique, Civile & Militaire de la Province du Vermandois, par M. *Colliette. Çambray*, 1771. 3 *vol. in-*4. *broch.*

2371 Essai historique & critique sur les dissentions des Eglises de Pologne, par *Bourdillon. Basle*, 1767. *in-*8. *br.*

2372 La Religion du Médecin, c'est-à-dire, description nécessaire, par Thomas *Brown*, touchant son opinion accordante avec le pur service divin d'Angleterre. 1668. *in-*18.

HISTOIRE CATHOLIQUE ET PONTIFICALE.

Histoire des Conciles, des Papes & des Cardinaux.

2373 Histoire du Concile de Trente, traduite de l'Italien de Fra-Paolo Sarpi, avec des notes par *le Courrayer. Amst.* 1751. 3 *vol. in-*4. *br.*

2374 Histoire de la réception du Concile de Trente dans

HISTOIRE.

dans les différens Etats Catholiques, &c. *Amst.* 1756. 2 *vol. in-*12.

2375 Bapt. Platinæ opus de vitis ac gestis summorum Pontificum, 1645. *in-*12. *pet. pap.*

2376 Familiers éclaircissemens de la question si une femme a été assise au Siège Papal de Rome, entre Léon IV & Benoît III, par *Blondel. Amst.* 1647. *in-*12. *vél. bl.*

2377 Histoire des Souverains Pontifes qui ont siégé dans Avignon. *Avignon,* 1774. *in-*4. *br.*

2378 Histoire du Pontificat de Paul V. *Amst.* 1766. 2 *vol. in-*12. *br.*

2379 Histoire du démêlé du Pape Paul V avec la République de Venise, par le Pere. *Paul. Avignon,* 1759. *in-*12.

2380 L'Etat du Siége de Rome dès le commencement du siecle passé jusqu'à présent, avec une idée du gouvernement & des maximes politiques de la Cour de Rome. *Cologne,* 1707. 3 *tom.* en 1 *vol. in-*12.

2381 La vie du Pape Clément XIV, (*Ganganelli*) *Paris,* 1775. *in-*12.

2382 Histoire de Photius, Patriarche Schismatique de Constantinople, suivie d'observations sur le Fanatisme, par le Pere *Faucher. Paris,* 1772. *in-*12.

2383 Opere del Padre Paolo del l'ordine dè Servi. *In Venetiâ,* 1677. 3 *vol. in-*12. *pet. pap.*

2384 Histoire du Cardinal de Grandvelle, Ministre de Charles V. Empereur, par *Courchetet. Paris,* 1761. *in-*12. *br.*

Histoire des Ordres Monastiques & Religieux, des Monasteres, & des Ordres Militaires & de Chevalerie.

2385 Cassiani Heremitæ de institutis renuntiantium, libri XII. &c. *Lugduni,* 1606. *in-*8.

2386 La Régle de Saint Benoît. *Paris,* 1769. *in-*32.

2387

Y

HISTOIRE.

2388 Histoire critique des Coqueluchons, par Dom Cajot. *Cologne*, 1762. *in-12. pet pap.*

2389 L'Apocalypse de Méliton, ou révélation des Mysteres Cénobitiques, par *Méliton. Saint-Léger.* 1668. *in-12. pet. pap.*

2390 Regulæ Societatis Jesu. *Lugduni*, 1606. *in-18.*

2391 Les Jésuites démasqués, ou Annales historiques de la Société. *Cologne*, 1759. *in-18. papier rouge.*

2392 Empire des Solypses divisé en cinq assistances, & subdivisé par Provinces, ou recueil de cartes touchant la Société de Jesus. 1764. *in-16. oblong. bro.*

2393 Histoire de Dom Inigo de Guipuscoa, Chevalier de la Vierge, &c. *La Haye*, 1738. *in-12.* 2 vol.

2394 Les Jésuites mis sur l'échaffaud pour plusieurs crimes capitaux par eux commis dans la province de Guyenne, &c. par *Jarrige. Leyde*, 1648. *in-12. vel. bl.*

2395 Histoire abrégée de Port-Royal depuis sa fondation jusqu'en 1709. *Amst.* 1720. *in-12.*

2396 Histoire & pratique de la clôture des Religieuses, &c. par *Cherrier. Paris*, 1764. *in-12. br.*

2397 Histoire de l'Ordre du Saint-Esprit, par M. *de Saint-Foix. Paris*, 1775. 2 vol. *in-12. br.*

2398 Histoire des Ordres Royaux-Hospitaliers-Militaires de Notre-Dame du Mont-Carmel & de Saint-Lazare de Jérusalem, par *Gautier de Sibert. Paris*, 1772. *in-4. br. en cart.*

2399 Essai critique sur l'Histoire des Ordres Royaux-Hospitaliers & Militaires de Saint-Lazare de Jérusalem, &c. *Liége*, 1775. *in-12. br.*

HISTOIRE SAINTE.

Martyrologes & Vies des Saints, & des Personnes illustres en Piété. Traités des Reliques.

2400 Abrégé chronologique de l'Histoire Sacrée & profane, par le Pere Dom *Calmet. Nancy*, 1729. *in-12.*

HISTOIRE.

2401 Abdiæ de Historiâ certaminis Apostolici, libri decem, *Julio Africano* interprete. *Item. Perionii* de rebus gestis & vitis Apostolorum liber. *Coloniæ*, 1576. *in-18. vel. bl.*

2402 Discours sur les Vies des Saints de l'Ancien Testament. *Paris*, 1732. 6 *vol. in-12.*

2403 Dissertation historique & critique sur le Martyre de la Légion Thébéenne, par *du Bourdieu*. *Amst.* 1705. *in-12.*

2404 Vies des Peres, des Martyrs & des autres principaux Saints, tirées des Actes originaux & des Monumens les plus authentiques, avec des notes historiques & critiques, Ouvrage traduit de l'Anglois. *Villefranche, Paris, Barbou*, 1763. & années suivantes. *in-8.* les 9 premiers vol. les 4 derniers bro.

2405 Les Vies des Saints Peres des Déserts, & de quelques Saintes, écrites par des Peres de l'Eglise, & traduites en françois par *Arnauld d'Andilly*. *Paris*, 1701. 3 *vol. in-8.*

2406 La vie de Saint Bruno, Fondateur des Chartreux, peinte par *le Sueur*, & gravée par *Chauveau*. *Paris, in-fol. fig.*

2407 Histoire du vénérable D. Didier de la Cour, réformateur des Bénédictins, &c. *Paris*, 1772. *in-8. broc.*

2408 Histoire littéraire de Saint Bernard, Abbé de Clairvaux, & de Pierre le Vénérable, Abbé de Cluny. *Paris*, 1773. *in-4. broc.*

2409 De Vitâ & moribus Loyolæ Fundatoris Societatis Jesu, libri XIII. *Coloniæ*, 1585. *in-8. pet. pap.*

2410 La vie de la Vénérable Sœur de Foix de la Valette d'Epernon, Religieuse Carmelite, par l'Abbé *de Montis. Paris*, 1774. *in-12. broc.*

2411 Analyse d'un Ouvrage de Benoît XIV, sur les béatifications & canonisations, par l'Abbé *Bodeau*. *Paris*, 1761. *in-12. broc.*

2412 De Historiâ Sanctarum imaginum & picturarum pro vero earum usu contrà abusus, lib. IV, autore *Molano. Lovanii*, 1594. *in-8. pet. pap. vel. bl.*

2413 Lettre sur la Sainte Ampoule & sur le Sacre de

nos Rois à Reims, écrite par *Pluche. Paris*, 1775. *in*-12. *broch.*

2414 Le Pélerinage d'un nommé Chrétien, écrit sur l'allégorie d'un songe, traduit de l'Anglois. *Paris*, 1772. *in*-18.

Histoire des Hérésies & des Superstitions.

2415 Vincentii Lerinensis Galli libellus vere aureus adversùs prophanas hæreseos novationes. *Raceburgi*, 1665. *in*-24. *maroq. noir.*

2416 Belli Monasteriensis contrà Anabaptistica monstra gesti, brevis atque succincta descriptio. Autore *Kerssenbrock. Coloniæ*, 1545. *in*-16. *vel. bl.*

2417 Histoire de Photius, Patriarche de Constantinople, suivie d'observations sur le fanatisme. *Paris*, 1772. *in*-12.

2418 Mosis Maimonidæ de Idolâtriâ liber cum interpretatione Latinâ & notis Vossii. *Amsterod.* 1641. 2 *vol. in*-4. *pet. pap.*

2419 Histoire des Variations des Eglises protestantes, par *Bossuet. Paris*, 1770. 5 *vol. in*-12.

2420 Apologie catholique contre les libelles, déclarations, avis, &c. publiés par les Ligués, 1586. *in*-16. *vel. bl.*

2421 Relation sur le Quiétisme, par *Bossuet. Paris*, 1698. *in*-8. *pet. pap.*

2422 Avis à MM. les Religionnaires de France, & Dissertation sur le péché originel, par *Fontbonne. Paris*, 1762. *in*-12. (Le même, broché.)

2423 Mémoires pour servir à l'histoire des égaremens de l'esprit humain, ou Dictionnaire des hérésies, &c., par *Pluquet. Paris*, 1761. 1 *vol. in*-8.

2424 Parallele de la Doctrine des Païens avec celle des Jésuites, & de la constitution *Unigenitus* du pape Clément XI, 1756. *in*-8.

2425 Extrait des Assertions dangereuses & pernicieuses en tout genre des soi-disant Jésuites. *Paris*, 1762. 4 *vol. in*-12.

2426 Témoignages remarquables. *in*-12. (suite des Assertions.)

2427 Apologie pour la Doctrine des Jésuites. *Liege*, 1703. *in*-12.
2428 Histoire de l'inquisition & son origine. *Cologne*, 1693. *in*-12.
2429 Le Manuel des Inquisiteurs, à l'usage des Inquisitions d'Espagne & de Portugal. *Lisbonne*, 1762. *in*-12.
2430 Mémoires pour servir à l'Histoire de la fête des Fous, par *du Tilliot*. *Lausane. Geneve*, 1751. *in*-8. *fig. pet. pap.*
2431 Le secret des Francs-Maçons, avec un Recueil de leurs chansons, par l'Abbé *Peraut*, 1744. Le Sceau rompu, ou la Loge ouverte aux profanes, par un Franc-Maçon. *Cosmopolis*, 1745. *in*-16.
2432 Les vrais Jugemens sur la Société des Francs-Maçons, &c. *Bruxelles*, 1754. *in*-12.

HISTOIRE PROFANE.

Histoire ancienne des Juifs, des Chaldéens, des Babyloniens, des Assyriens, des Perses, &c.

2433 Petri Cunæi de Republicâ Hebræorum, libri XIII. *Salmuriæ*, 1674. *in*-18.
2434 Navigatio Salomonis Ophiritica, illustrata à Martino *Lipenio*, 1660. *in*-18.
2435 La vérité de l'Histoire de Judith, par *Dom Bernard de Montfaucon*. *Paris*, 1692. *in*-12.
2436 Josephi de Bello Judaico, lib. VII. *Lugd.* apud *Gryphium*, 1546. *in*-8.
2437 Philonis Judæi opera ex interpretatione Sigismondi Gelenii, &c. *Lugduni*, 1561. 2 *vol. in*-8. *pet. pap.*
2438 Histoire des Juifs & des Peuples voisins, trad. de l'Anglois de *Prideaux*. *Amsterd.* 1755. 6 *vol. in*-12. *fig.*
2439 Abregé Chronologique de l'Histoire des Juifs jusqu'à la ruine de Jérusalem. *Paris*, 1759. *in*-8. *pet. pap.* La même double.
2440 Dissertation sur les tremblemens de terre, & les éruptions de feu qui firent échouer le projet formé par l'Empereur Julien de rébâtir le Temple

de Jérusalem, par *Warburton. Paris*, 1764. 2 vol. *in*-12. broch.
2441 Justi Lipsii de Cruce, lib. XIII, ad sacram profanamque historiam utiles. *Antuerpiæ. Plantin*, 1595. *in*-8. *fig.*
2442 Æliani variæ historiæ lib. XIV. Rerum publicarum descriptiones ex Heraclide, Græcè & Latinè. *Parisiis*, 1618. *in*-16.
2443 Christoph. Cellarii historia antiqua multis accessionibus aucta & emendata. *Cizæ*, 1685. *in*-12. *pet. pap.*
2444 Historiæ sacræ & profanæ epitome, ab Horatio Turcellino contexta. *Lutetiæ Parisiorum*, 1700. *in*-18.
2445 Abrégé chronologique de l'Histoire ancienne des Empires & des Républiques, par *la Combe. Paris*, 1757. *in*-8. *pet. pap.*
2446 Dictys Cretensis de bello Trojano & Dares Phrygius de excidio Trojæ. *Amstelod.* 1630. *in*-24.
2447 Essai sur les troubles actuels de Perse & de Géorgie. *Paris*, 1754. 2 part. en 1 vol. *in*-8. *pet. pap.*

Histoire Grecque générale & particuliere.

2448 Herodoti Halicarnassei Historiographi, libri IX, musarum nominibus inscripti, &c. *Lugduni. apud Gryphium*, 1551. *in*-18.
2449 Recherches & dissertations sur Hérodote, par le Président *Bouhier*, avec des Mémoires sur la vie de l'Auteur. *Dijon*, 1746. *in*-4.
2450 Jacob. Palmerii Græciæ antiquæ descriptio. *Lugd. Batav.* 1578. *in*-4.
2451 Gerard. Joan. Vossii de historicis Græcis, lib. IV. *Lugduni Batavor.* 1524. *in*-4. *pet. pap.*
2452 Carthago sive Carthaginensium Respublica. *Francofurti ad Oderam*, 1664. *in*-8. *pet. pap.*
2453 Abregé de l'Histoire Grecque à l'usage des Colléges, par M. *Alletz. Paris*, 1763. *in*-12.
2454 Description géographique & historique de la Morée, par le P. *Coronelli. Paris*, 1686. 2 part. en 1 vol. *in*-8. *cart. & fig.*

HISTOIRE.

2455 La Cyropédie ou l'Histoire de Cyrus, traduite du Grec de Xenophon, par *Charpentier*. *La Haye*, 1732. 2 tom. en 1 vol. *in*-12.

2456 Arriani de expeditione Alexandri magni historiarum, lib. VII, ex recensione & cum versione *Blancardi*, Græcè & Latinè. *Amstelod.* 1668. *in*-8. *vél. bl.*

2457 Historia Alexandri magni sive Prodromus quatuor Monarchiarum. Autore *Christ. Matthiâ Amstel.* 1645. *in*-18.

2458 Q. Curtii Rufi Historia Alexandri Magni cum notis variorum. *Lugd. Batav. Elzevir*, 1658. *in*-8.

2459 Quint. Curtius Rufus de rebus Alexandri magni cum commentario Samuelis Pitisci. *Ultrajecti*, 1685. *in*-8. *cartes & plans.*

2460 Q. Curtii Rufi de rebus gestis Alexandri magni, lib. X. *Parisiis, Barbou*, 1757. *in*-8. *doré sur tranche.*

2461 Histoire d'Alexandre le Grand, par Quinte-Curce, de la traduction de Vaugelas, avec le latin à côté. *Paris*, 1760. 2 vol. *in*-12.

2462 Examen critique des anciens Historiens d'Alexandre le Grand. *Paris*, 1775. *in*-4. *broch. cart.*

2463 Histoire de Zénobie, Impératrice de Palmyre, par *Euvoi de Hauteville*. *Paris*, 1758. *in*-12.

2464 Leonis Allatii de Patriâ Homeri. *Lugduni.* 1640. *in*-8. *pet. pap.*

2465 Histoire de Symonide & du siecle où il a vécu, avec des éclaircissemens chronologiques, par *de Boissy*, fils. *Paris*, 1755. *in*-12.

2466 Familiæ Regum Macedoniæ quæ à Carano usque ad captum Persea regnarunt annos DCXLVI, edente Renero Reineccio. *Lypsiæ*, 1571. *in*-4. *pet. pap. vél. bl.*

2467 Observations sur l'Histoire de la Grece, ou des causes de la prospérité & des malheurs des Grecs, par l'Abbé *de Mably*. *Geneve*, 1766. *in*-12.

2468 Examen historique & politique du Gouvernement de Sparte, ou Lettre à un ami sur la législation de Lucurgue, par *Bauvilliers*. *Paris*, 1769. *in*-12. *broc.*

2469 Observations historiques & géographiques sur les

peuples barbares qui ont habité les bords du Danube & du Pont Euxin, par M. *Peyssonnel*. *Paris*, 1765. *in-4. cart. & fig.*

Histoire Romaine générale & particuliere.

2470 Dionisii Halicarnassei scripta quæ extant omnia historica & rhetorica, Latinè edita. *Hanoviæ.* 1615. *in-8. pet. pap.*

2471 Titi-Livii Patavini historiarum libri, cum notis Selectissimis Sigonii, &c. accurante Tillemonio. *Parisiis*, 1672. *3 vol. in-12.*

2472 Tit. Livii Patavini historiarum ab urbe conditâ libri qui supersunt xxxv; recensuit J. N. Lallemant. *Paris*, *Barbou*, 1775. *7 vol. in-12. br.*

2473 Annæi Flori Epitome rerum Romanarum, cum notis Grævii, Salmasii & Variorum. *Amstelod.* 1658. *in-8. fig.*

2474 Abregé de l'Histoire Romaine de Florus, traduit avec des notes, par l'Abbé *Paul*. *Paris*, 1774. *2 tom. en 1 vol. in-12. br.*

2475 Velleius Paterculus, cum notis variorum; edente. *Ant. Thisio. Anton. Lugd. Batavor.* 1653. *in-8. vel. bl.*

2476 Velleii Paterculi quæ supersunt, ex recensione Heinsii. *Amstelod. Elzevir.* 1678. *in-12. pet. pap.*

2477 C. Velleii Paterculi Histor. Romanæ, libri duo, accurante Steph. And. Philippes. *Parisiis. Barbou*, 1754. *in-12. doré sur tranch.*

2478 Abregé de l'Histoire Grecque & Romaine, traduit du latin de Vell. Paterculus, avec le texte corrigé, &c. par l'Abbé *Paul*. *Paris*, 1770. *in-12. broché.*

2479 Eutropii breviarium Historiæ Romanæ. *Parisiis, Barbou*, 1754. *in-8. pet. pap.*

2480 Just. Lipsii admiranda, sive de magnitudine Romanâ, libri IV. *Parisiis*, 1598. *in-8. vel. bl.*

2481 C. Sallustii Crispi quæ extant opera. *Lutet. Parisior. Barbou*, 1754. *in-12. doré sur tranch.*

2482 C. Sallustii Crispi quæ extant opera. *Parisiis, Barbou*, 1761. *in-12. doré sur tranch.*

2483 L'Histoire Catilinaire composée par Salluste, Historien

HISTOIRE.

Historien Romain, & traslatée du Latin en François par *Parmentier*. Paris, 1539. *in-*18.

2484 Traduction de Salluste avec le texte latin, la vie de cet Historien, des notes critiques & de variantes, par *Dotteville*. Paris, 1769. *in*-12.

2485 Discours historiques & politiques sur Saluste, par *Gordon*, 1759. 2 *vol. in*-12.

2486 C. Jul. Cæsaris quæ extant, ex emendatione Scaligeri. *Lugdun. Batavor. Elzevir.* 1635. *in*-16.

2487 Julii Cæsaris quæ extant, cum notis Vossii, accessit Jul. Celsus de vitâ Jul. Cæsaris. *Amstelod.* 1697. 2 *vol. in*-8. *cart. & plans.*

2488 Jul. Cæsaris Commentariorum de bello Gallico, libri VII. *Parisiis, Barbou*, 1755. 2 *vol. in*-12. *doré sur tranch.*

2489 Les Commentaires de Cæsar, traduction nouvelle, revue & retouchée avec soin, avec le latin à côté. *Paris. Barbou*, 1766. 2 *vol. in*-12.

2490 Cornelius Tacitus juxtà correctius exemplar editus. *Amstelod. Blaeu*, 1649. *in*-18.

2491 Cornelii Taciti quæ extant opera. Recensuit J. N. Lallemant. *Parisiis*, 1760. 3 *vol. in*-12. *fig.*

2492 Cornel. Taciti opera recognovit, emendavit supplementis explevit & notis Gabr. *Brothier*. *Parisiis*, 1771. 4 *vol. in*-4.

2493 Corn. Taciti opera supplementis, notis & dissertationibus illustravit Gabr. *Brothier*. *Parisiis. De la Tour*, 1776. 7 *vol. in*-12. *doré sur tranche.*

2494 Traduction de quelques ouvrages de Tacite, par l'Abbé *de la Bletterie*. Paris, 1755. 2 *vol. in*-12.

2495 Tibere, ou les six premiers livres des annales de Tacite, trad. par l'Abbé *de la Bletterie*. Paris, *Imprimerie Royale* 1768. 3 *vol. in*-12 *fig. bro.*

2496 Histoire de Tacite en latin & en françois, avec des notes, par le sieur *Dotteville*. Paris, 1772. 2 *vol. in*-12. *bro.*

2497 Annales de Tacite en latin & en françois, trad. par le sieur *Dotteville*. Paris, 1774. 2 *vol. in*-12. *bro.*

2498 Discours historiques, critiques & politiques sur Tacite, trad. de l'angl. *de Gordon*. 2 *vol. in*-12.

Z

HISTOIRE.

2499 Suetonii Tranquilli XII. Cesares, ex Erasmi recognitione. *Parisiis*, 1543. *in*-8. *pet. pap.*

2500 Suetonius Tranquillus, & in eum Commentarius; exhibente Schildio. *Lugd. Batav.* 1656. *in*-8. *fig. vel. bl.*

2501 Histoire des XII Césars de Suétone, trad. par *de la Pause*. *Paris*, 1771. 4 *vol. in*-8. *bro.*

2502 Dion. Cassius Nicœus, Ælias Spartianus, Julius Capitolinus, &c., &c., cum annotationibus Egnatii. *Parisiis*, 1544. *in*-8. *pet. pap.*

2503 Herodiani de Imperatorum Roman. præclarè gestis, libri VIII. græcè & latinè. *Basileæ*, 1549. *in*-8. *pet. pap.*

2504 Histoire Romaine ou des Empereurs Romains, par *Dion Herodien*. *in*-8. *grec & lat.*

2505 Ammiani Marcellini rerum sub Imperatoribus Constantio, Juliano, Joviano, &c., per XXVI. annos gestarum historia, libris XVIII. comprehensa. *Lugduni*, 1591. *in*-8. *pet. pap.*

2506 Historiæ Augustæ Scriptores sex; Ælius Spartianus, Julius Capitolinus, Ælius Lampiridius, &c., cum notis Casauboni & Salmazii. *Lugd. Batavo.*, 1661. *in*-8.

2507 Histoire Romaine écrite par Xiphilin, par Zonare & par Zozime, trad. par *Cousin*. *Paris*, 1686. 2 *vol. in*-12.

2508 Historiæ Romanæ Epitome, ex Museo Nicolai *Blankardi*. *Lugd. Batav.*, 1649. *in*-18.

2509 Engelberti de ortu & fine Romani Imperii, liber. *Moguntiæ*, 1603. *in*-8. *pet. pap. vel.*

2510 Commentarii rerum romanarum, sub regio & consulari Imperio gestarum, autore *Nobisio*. *Lypsiæ*, 1655. *in*-8. *pet. pap.*

2511 De Romanâ Republicâ, sive de re militari & civili Romanorum, autore P. J. *Cantelio*. *Ultrajecti*, 1691. *in*-8. *pet. pap. fig.*

2512 Annales romaines, ou abrégé chronologique de l'Histoire romaine depuis la fondation de Rome, jusqu'aux Empereurs. *Paris*, 1756. *in*-8 *pet. pap.*

2513 Elémens de l'Histoire romaine, par *Mentelle*. *Paris*, 1766. *in*-12. *cart. bro.*

2514 La République romaine, ou plan général de

HISTOIRE. 179

l'ancien gouvernement de Rome, par de *Beaufort*. *Paris*, 1767. 6 *vol. in-12. bro.*

2515 Histoire critique du gouvernement Romain. *Paris*, 1765. *in-12. bro.*

2516 Considérations sur les causes de la grandeur des Romains, & de leur décadence. *Paris*, 1755. *in-8. pet. pap.*

2517 Histoire des Révolutions Romaines, par l'Abbé de *Vertot*. *Paris*, 1710. 3 *vol. in-12.*

2518 Histoire des Révolutions de l'Empire Romain, par M. *Linguet*. *Paris*, 1766. 2 *vol. in-12. broch.*

2519 Histoire abrégée des Empereurs Romains & Grecs, des Impératrices, des Césars, des Tyrans, &c. pour lesquels on a frappé des médailles, depuis Pompée jusqu'à la prise de Constantinople par les Turcs, par *Beauvais*. *Paris*, 1767. 3 *vol. in-12. broc. en cart.*

2520 Nouvel Abrégé chronologique de l'Histoire des Empereurs, par *Richer*. *Paris*, 1753. 2 *vol. in-8. pet. pap.*

2521 Histoire secrete de Néron, ou le Festin de Trimalcion, trad. de Pétrone, avec des notes histor. par *Lavaur*. *Paris*, 1726. 2 *tom. en 1 vol. in-12.*

2522 Mémoires de la Cour d'Auguste, tirés de l'Anglois du Docteur Blackwell. *La Haye*. *Paris*, 1768. 4 *vol. in-12.*

2523 Justiniani Augusti Historia, in qua bellum Persicum in Asiâ, Vandalicum in Africâ, Gothicum in Europâ, clarissimor. Ducum Belisarii præsertim & Narseti prudentiâ feliciter absolutum, &c. *Coloniæ Allobrogum*, 1594. *in-8. pet. pap. vel. bl.*

2524 Histoire du Tribunat de Rome, depuis sa création. *Amsterd. Paris*, 1774. 2 *vol. in-8. pet. pap.*

2525 Les Impératrices Romaines, par *de Serviez*. *Paris*, 1728. 3 *vol. in-12.*

2526 Le Imprese Illustri del Signor Hyeron. Russelli, in IV°. Lib. Aggiuntovi da *Vincenzo Russelli*. In *Venetia*, 1584. *in-4. fig.*

2527 Histoire des quatre Cicerons, dans laquelle on fait voir que le fils de Ciceron étoit aussi illustre que son pere, par *Macé*. *Paris*, 1714. *in-12.*

Z ij

2528 Diſſertation qui a remporté le Prix propoſé par l'Académie Royale des Science & Belles-Lettres, ſur les progrès des armes Romaines en Allemagne, avec les Pieces qui y ont concouru. *Berlin*, 1751. *in-4. Cartes & plans.*

2529 Hiſtoire de Théodoſe le Grand, par *Fléchier. Paris*, 1690. *in-*12.

2530 Hiſtoire du Bas-Empire, en commençant à Conſtantin le Grand, par M. *le Beau. Paris*, 1757, *& années ſuivantes.* 20 *vol. in-*12. *Les deux derniers broch.*

HISTOIRE MODERNE.

Ou des Monarchies qui ſubſiſtent aujourd'hui.

I. HISTOIRE D'ITALIE.

2531 Deſcription hiſtorique & critique de l'Italie, par l'Abbé *Richard. Paris*, 1769. 6 *vol. in-*12.

2532 Abrégé chronologique de l'hiſtoire générale d'Italie, par *de Saint-Marc. Paris*, 1761. 6 *vol. in* 8. *pet. pap. broc*

2533 Relation de l'Etat de Gênes, avec le traité de la ceſſion de ſa ſouveraineté à Charles VI. par *le Noble. Paris*, 1690. *in-*12.

2534 Hiſtoire de la République de Veniſe, depuis ſa fondation juſques à préſent, par l'Abbé *Laugier. Paris*, 1759, *& années ſuivantes.* 12 *vol. in-*12. *broch.*

2535 Venetia citta nobiliſſima & ſingolare deſcritta in XIV Libri, da Franc. Sanſovino. *In Venetia*, 1581. *in-*4. *pet. pap.*

2536 Le cauſe notabili della citta di Venetia, da Nic. Dolgioni, ampliate da Zuan. Ziltio. *In Venetia*, 1662. *in-*18.

2537 Examen de la Liberté originaire de Veniſe, trad. de l'Ital. &c. *Ratisbonne*, 1684. *in-*8.

2538 Hiſtoire des révolutions de Florence ſous les Médicis, trad. du Toſcan de *Benedetto Marchi*, par *Requier. Paris*, 1764. 3 *vol. in-*12.

2539 Les Anecdotes de Florence, ou l'Hiſtoire ſe-

HISTOIRE.

crette de Médicis, par *Varillas. La Haye*, 1689. *in-*12.

2540 La vera guida de Foreſtieri curioſi di videre ed'intendere le cauſe pozi notabili di Napoli, &c. da Pomp. Sarnelli. *In Napoli*, 1713. *in-*12. *fig.*

2541 La Guide des Etrangers curieux de voir & de connoître les choſes les plus mémorables de Pouzzols, Baies, Cumes, &c. trad. de l'Italien de Sarnelli, par *Bulifont*, avec l'Italien à côté. *Naples*, 1696. *in-*12. *fig. vel. bl.*

2542 Hiſtoire & Phénomenes du Véſuve, trad. de l'Italien, par l'Abbé *Péton. Paris*, 1760. *in-*12. *fig.*

2543 Mémoires hiſtoriques, militaires & politiques ſur les événemens arrivés dans l'Iſle & Royaume de Corſe, avec l'hiſtoire naturelle de ce pays, par *Jauſſin. Lauſane*, 1758. 2 *vol. in-*12. *cart. broc.*

2544 Révolutions d'Italie, trad. de l'Italien de Denina, par l'Abbé *Jardin. Paris*, 1770. 8 *vol. in-*12. *broc.*

2545 Obſervations ſur l'Italie & ſur les Italiens, par *Groſley. Amſterd. Paris*, 1774. 4 *vol. in* 12.

2546 Les Italiens, ou Mœurs & Coutumes d'Italie, ouvrage trad. de l'Anglois de *Baretty. Geneve. Paris*, 1773. *in-*12. *broc.*

II. HISTOIRE DE FRANCE.

Topographie, ou Deſcription générale de la France.

2547 Deſcription Géograph. abrégée de la France, par *Bonne. Paris*, 1764. *in-*12. *pet. pap.* ſuivie du petit tableau de la France, ou Cartes Géograph. ſur toutes les parties de ce Royaume, par le même. *Paris*, 1764. *en feuilles.*

2548 Dictionnaire univerſel de la France, contenant la Deſcription Géographique & Hiſtorique des Provinces, &c. du Royaume, par M. *Robert de Heſſeln. Paris*, 1771 6 *vol. in-*8. *pet. pap. bro.*

2549 Le Royaume de France & les Etats de Lorraine diſpoſés en forme de Dictionnaire, contenant le nom de toutes les Provinces, Villes, &c. de ce Royaume, par *Doyzi*. *Paris*, 1753. *in-4*.

2550 Lettres du Chevalier Robert Talbot sur la France comme elle est dans ses divers Départemens, trad. de l'Anglois, par *Maubert*. *Paris*, 1768. 2 *vol. in-12. broc*.

2551 Atlas historique & géographique de la France ancienne & moderne, par *Rizzi Zannoni*. *Paris*, 1764. *in-4. vel. verd. cart. enlumi*.

2552 Atlas de la France divisée en ses 40 Gouvernemens généraux & militaires, en autant de cartes particulieres, avec les principales routes qui traversent les Provinces du Royaume. *Paris*, 1775. *in-24. mar. roug*.

2553 Atlas chorographique, historique & portatif des Elections du Royaume. *Paris*, 1763. *in-4. cartes enlum. broc*.

2554 Atlas maritime de la France, suivi des Plans des principales villes maritimes du Royaume, par M. *Bonne*. *Paris*, *Lattré*, *en feuilles*.

2555 L'Indicateur Fidele, ou Guide des voyageurs, qui enseigne toutes les routes de la France, par le S. *Michel*. *in-4. broc. bleu. cartes*.

2556 Le Voyageur curieux, ou vue des routes de France. *Paris*, *in-4. mince. broc. bl*.

Histoire ancienne des Gaules, & Notice générale du Royaume de France & de son antiquité.

2557 Dissertations sur l'origine des Francs, sur l'établissement & les premiers progrès de la Monarchie dans les Gaules. *Paris*, 1748. *in-8. pet. pap*.

2558 Histoire des Celtes, & particuliérement des Gaulois & des Germains, par *Pelloutier*, *Paris*, 1770. 8 *vol. in-12. broc*.

2559 Les Mœurs & Coutumes des François dans les premiers tems de la Monarchie, par l'Abbé *Legendre*. *Paris*, 1753. *in-12*.

2560

2561 Usages & Mœurs des François, ouvrage où l'on

HISTOIRE. 183

traite de l'origine de la Nation, &c. par *Poullain de Lumina. Lyon. Paris*, 1769. 2 vol. *in*-12. *bro.*

2562 Galliæ antiquitates quædam felectæ, atque in plures epiſtolas diſtributæ. Accedit carmen de moribus Siculis, & rebus inter Henric. VI. Romano. Imperator, & Tancredum fæculo XII° geſtis. *Pariſiis*, 1733. *in*-4.

2563 Traité de l'origine du Gouvernement François, par *Garnier. Paris*, 1765. *in*-12. *pet. pap.*

2564 Variations de la Monarchie Françoiſe dans ſon Gouvernement politique, civil & militaire : ou Hiſtoire du Gouvernement de France depuis Clovis juſqu'à Louis XIV. par *Gauthier de Sibert. Paris*, 1765. 4 vol. *in*-12. *broc.*

2565 Les Recherches de la France d'Etienne *Paſquier. Paris*, 1611. *in*-4.

2566 Nouvelles Recherches ſur la France, ouvrage qui peut ſervir de ſupplément à l'Etat de la France de M. *de Boullainvilliers. Paris*, 1766. 2 *volum. in*-12.

2567 Quel fut l'état des perſonnes en France ſous la premiere & la ſeconde Race de nos Rois? par l'Abbé *de Gourcy. Paris*, 1769. *in*-12.

2568 Réflexions critiques ſur les Obſervations de l'Abbé D***. où l'on fait voir la fauſſeté des conjectures de l'Obſervateur, ſur l'origine, la puiſſance & la valeur des Gaulois, &c. *Paris*, 1747. *in*-12.

2569 Le Mont-Glone, ou recherches hiſtoriques ſur l'origine des Celtes, Angevins, Aquitains, Armoriques, & ſur la retraite du premier Solitaire des Gaules au Mont-Glone, &c. par M. *Robin. Paris*, 1774. 2 *tom*. en 1 *vol. in*-12. *br.*

Hiſtoire générale de France.

2570 Florus Gallicus, ſive rerum à veteribus Gallis Bello geſtarum Epitome, autore *Berthault. Pariſiis*, 1660. *in*-12. *pet. pap.*

2571 Inventaire général de l'Hiſtoire de France, par *de Serres. Paris*, 1624. 8 *vol. in*-24. *fig.*

2572 Expoſition de l'Hiſtoire de France depuis le

commencement de la Monarchie jusqu'à la paix d'Aix-la-Chapelle, en 1748, par M. *Cavaillons*. *Paris*, 1775. *in-12.*

2573 Abrégé chronologique de l'Histoire de France, par *Mezeray*. *Paris*, 1668. 8 *vol. in-12. avec les portraits.*

2574 Nouvel Abrégé chronologique de l'Histoire de France, par le Président *Hénault*. *Paris*, 1768. 2 *vol. in-8. pet. pap.*

2575 Abrégé chronologique des grands Fiefs de la Couronne de France, avec la chronologie des Princes & Seigneurs qui les ont possédés, par *Brunet*. *Paris*, 1759. *in-8. pet. pap.*

2576 Histoire de France depuis l'établissement de la Monarchie, par l'Abbé *Vely* & ses Continuateurs. *Paris*, 1757. *& années suivantes.* 26 *vol. in-12.*

2577 Elémens de l'Histoire de France depuis Clovis jusqu'à Louis XV. par M. l'Abbé *Millot*. *Paris*, 1770. 3 *vol. in-12.*

2578 Historia delle guerre civili Francia di Henr. Cat. Davila. *In Venezia*, 1642. *in-4.*

2579 Figures de l'Histoire de France, représentant, règne par règne, les principaux faits & les traits les plus intéressans de cette Histoire, &c. gravées par *Lebas. in-4. en feuill.*

Histoire particuliere de France sous chaque règne.

2580 Histoire de Saint Louis, Roi de France, par M. *de Bury*. *Paris*, 1775. 2 *vol. in-12. br.*

2581 Histoire de Suger, Abbé de Saint-Denis, Ministre d'Etat, sous le règne de Louis-le-jeune. *Paris*, 1721. 3 *vol. in-12.*

2582 Histoire de Louis XI & des choses mémorables advenues en Europe pendant son règne, par P. *Matthieu*. *Paris*, 1620. *in-4. vel. bl.*

2583 Histoire de Louis XI, par *Duclos*. *Paris*, 1745. 4 *vol. in-8. pet. pap.*

2584 Mémoires de Comines, contenant l'Histoire des Rois Louis XI & Charles VIII, augmentés par *Godefroy*. *Bruxelles*, 1714. 3 *vol. in-8. fig.*

2585

2585 Histoire de François premier, par M. *Gaillard*. Paris, 1766 & années suivantes. 7 vol. in-12. br.

2586 Mémoires de la vie de François de Scépeaux, fire de Vieilleville, contenant plusieurs anecdotes des règnes de François premier, Henri II & Charles IX, par *Carloix*. Paris, 1757. 5 vol. in-8. pet. pap. br.

2587 Les Mémoires du Duc de Guise, donnés par *de Saint-Yon*. Paris, 1668. in-4.

2588 Mémoires des troubles arrivés en France sous les règnes de Charles IX, Henri III & Henri IV, par *de Ville Gomblain*. Paris, 1667. 2 vol. in-12. pet. pap.

2589 Mémoire de Brantome, contenant les anecdotes de la Cour de France sous les Rois Henri II, François II, Henri III & Henri IV., touchant les duels. *Leyde*, 1722. in-12. pet. pap.

2590 Recueil de diverses pieces servant à l'histoire d'Henri III, Roi de France. ——Le grand Alexandre. ——Le divorce satyrique, &c. Cologne, 1662. in-16. vel. bl.

2591 Satyre Ménippée, de la vertu du Catholicon d'Espagne & de la tenue des Etats de Paris. *Ratisbonne*, 1664. in-18. fig.

2592 Cunæi satyra Menippæa incastrata, item Juliani imperatoris satyra. ——Bacchica Cantio.——De fide meretricum in suos amatores. 1557. —— De fide concubinarum in Sacerdotes, &c. *Lugduni Batavor.*, 1612. in-24. vel. bl.

2593 Daphnidium sive Henrici IV. Francor. Regis, heroica; ex recensione Hyeron. Seguier. *Lutetiæ*, 1606. bro. cart. in-4.

2594 Mémoires de Margueritte de Vallois, Reine de France. *La Haye*, 1715. 2 part. en 1 vol. in-12.

2595 Vie de Marie de Médicis, Reine de France. Paris, 1774. 3 vol. in-8. bro.

2596 Mémoires du Cardinal la Valette, nécessaires à l'intelligence de l'histoire de Louis XIII. *Paris*, 1772. 2 vol. in-12. bro.

2597 Mémoires pour servir à l'histoire d'Anne d'Au-

HISTOIRE.

triche, épouse de Louis XIII., par Madame de Motteville. Amsterd., 1723. 5 vol. in-12.

2598 Mémoires de Bassompierre, contenant l'histoire de sa vie & de ce qui s'est fait de plus remarquable à la Cour de France, pendant quelques années. Cologne, 1665. 3 vol. in-18.

2599 Les Aventures du Baron de Fœneste, par Théodore Agrippa d'Aubigné. Amsterd., 1731. 2 vol. in-12.

2600 Journal du Cardinal de Richelieu, durant les années 1630 & 1631. Amsterd. 1664. 2 part. en 1 vol. in-12. pet. pap. vél. bl.

2601 Mémoires de la Rochefoucault, sur les brigues à la mort de Louis XIII, les guerres de *Paris* & de *Guyenne*, & la prison des Princes. Cologne, 1663. in-18. vel. bl.

2602 Mémoires du Comte de Brienne, contenant les événemens les plus remarquables des regnes de Louis XIII. & de Louis XIV. Amsterd., 1720. 2 vol. in-12.

2603 Mémoires de Michel de Marolles, Abbé de Villeloin, avec des notes historiques & critiques. Amsterd., 1755. 3 vol. in-12.

2604 Mémoires de l'Abbé Arnaud, contenant quelques anecdotes de la Cour de France depuis 1634, jusqu'en 1675. Amsterd., 1756. 3 part. en 1 vol. in-8. pet. pap.

2605 Recueil de maximes véritables & importantes pour l'institution du Roi, contre la fausse & pernicieuse politique du Cardinal Mazarin. Paris, 1663. in-18. vel. bl.

2606 Mémoires de Puységur, sous les regnes de Louis XIII. & de Louis XIV, donnés par *Duchesne*. Paris, 1747. 2 vol. in-12.

2607 Mémoires du Marquis de Montglas, contenant l'histoire de la guerre entre la France & la maison d'Autriche, sous les regnes de Louis XIII. & de Louis XIV. Amsterd., 1727. 2 tom. en 1 vol. in-12.

2608 L'Esprit de la ligue, ou histoire politique des troubles de France pendant les 16 & 17e siecles, par *Anquetil*. Paris, 1771. 3 vol. in-12. bro.

HISTOIRE.

2609 Apologie de Louis XIV. & de son Conseil, sur la révocation de l'Edit de Nantes, avec une dissertation sur la journée de la Saint Barthelemy. 1758. *in-8. bro.*

2610 Journal historique, ou fastes du regne de Louis XV. *Paris*, 1766. 2 *vol. in-8. pet. pap.*

2611 Journal de la Cour de Louis XIV. depuis 1684 jusqu'à 1715, avec des notes intéressantes. *Londres*, 1770. *in-8.*

2612 Mémoires du Cardinal de Retz, contenant ce qui s'est passé de remarquable pendant les premieres années du regne de Louis XIV. *Geneve*, 1751. 5 *vol. in-12. pet. pap.*

2613 Mémoires de la Porte, premier Valet de Chambre de Louis XIV. *Geneve*, 1756. *in-12. pet. pap.*

2614 Mémoires de Guy Joly. *Geneve*, 1751. 2 *vol. in-12. pet. pap.*

2615 Mémoires de mademoiselle de Montpensier, avec les portraits. *Amsterd.*, 1735. 8 *vol. in-12.*

2616 Mémoires de Roger de Rabutin, Comte de Bussy. *Paris*, 1712. 3 *vol. in-12.*

2617 Mémoires de M. de Lyonne au Roi. 1668. *in 16.*

2618 Histoire de Louis de Bourbon, Prince de Condé surnommé le Grand, par *Desormeaux*. *Paris*, 1766. 4 *vol in-12. avec les plans bro.*

2619 Mémoires du Maréchal de Grammont. *Paris*, 1716. 2 *vol. in-12.*

2620 Mémoires de Charles Perrault, contenant des particularités & anecdotes intéressantes du ministere de Colbert. *Avignon*, 1759. *in-12.*

2621 Mémoires du Duc de Navailles & de la Valette. *Amsterd.*, 1741. *in-12.*

2622 Mémoires de Bordeaux. *Amsterd.*, 1758. 4. *vol. in-12.*

2623 Lettres de la Comtesse de la Riviere à la Baronne de Nieupont, contenant les principaux événemens, & des anecdotes du regne de Louis XIV. *Paris*, 1776. 3 *vol in-8. broc. pet. pap.*

2624 Mémoires du Marquis de Feuquieres, contenant ses maximes sur la guerre. *Londres*, 1736. 4 *vol. in-8. pet. pap.*

HISTOIRE.

2625 Journal des choses les plus mémorables qui se sont passées au dernier siege de la Rochelle, par Pierre *Méruault*. *La Rochelle*, 1692. *in-*12.

2626 Journal de ce qui s'est passé au siege de la ville & du Château de Namur. *Paris*, 1695, *in-*16.

2627 Histoire de Maurice, Comte de Saxe, par M. le Baron *d'Espagnac*. *Paris*, 1775. 3 *vol. in-*4. *gr. pap. cart.*

2628 Histoire de Maurice, Comte de Saxe, par M. le Baron *d'Espagnac*. *Paris*, 1775. 2 *vol. in-*12.

2629 Campagnes de MM. les Maréchaux de Maillebois, de Broglie, de Belle-isle, de Noailles & de Coigny. *Amsterd.*, 1772. 10 *vol. in-*12. *cart.*

2630 Ambassades de Noailles en Angleterre, rédigées par l'Abbé *de Vertot*. *Leyde*, 1763. 5 *vol. in-*12. *bro.*

2631 Mémoires de l'Abbé de Montgon, contenant ses négociations dans les cours de France, d'Espagne & de Portugal, depuis 1725 jusqu'à présent. 1750. 6 *vol. in-*12.

2632 Mémoires du Marquis de Langallery. *La Haye*, 1743. *in-*12.

2633 Collection historique, ou Mémoires pour servir à l'histoire de la guerre terminée par la paix d'Aix la Chappelle en 1748 ; suivie d'un voyage aux Indes, par *Rostaing*. *Londres*, 1758. *in-*12. *fig.*

2634 Guerre de 1755 à 1763, avec les plans des villes & forts, &c. *in-*4. *pet. pap.*

2635 Théâtre de la guerre présente en Allemagne. *Paris*, 1758. 6 *vol. in-*12. *cart.*

2636 Mémoires pour servir à l'histoire de Louis, Dauphin de France, mort à Fontainebleau en 1765. *Paris*, 1777. 2 *vol. in-*12.

2637 Histoire de la maison de Bourbon, par M. *Déformeaux*. *Paris*, *Imprimerie Royale*. 1772 & années suivantes. *les deux premiers vol. in-*4.

Histoire des Provinces & Villes de France.

2638 Nouvelles recherches sur la France, ou re-

HISTOIRE. 189

cueil de mémoires historiques sur quelques provinces, villes & bourgs du royaume. *Paris*, 1766. 2 vol. *in*-8. *pet. pap. bro.*

2639 Nouvelles annales de *Paris* jusqu'au regne de Hugues Capet; on y a joint le poëme d'Abbon sur le siege de Paris, par les Normans, en 885, par D. Toussaint *Duplessis. Paris*, 1753. *in*-4.

2640 Histoire de la ville & de tout le diocese de Paris, par *le Beuf. Paris*, 1754. 15 *vol. in*-12.

2641 Plan topographique de *Paris*, par les sieurs *Pasquier & Denis.* 1758. *in*-12. *cart.*

2642 Mémoires historiques & critiques sur la topographie de Paris, avec la critique de l'histoire de l'emplacement de l'ancien hôtel de Soissons. *Paris*, 1771. *in*-4. *bro.*

2643 Plan de la ville & fauxbourgs de Paris, divisé en 20 quartiers, d'après les desseins du Chevalier Beaurain, par *de Harmé.* 1766. *in*-4. *cart.*

2644 Description historique de la ville de paris & de ses environs, par *Piganiol de la Force. Paris*, 1765. 10 *vol. in*-12. *fig.*

2645 Essais historiques sur Paris, par de *Saint-Foix. Londres*, 1755. 5 *part. en* 1 *vol. in*-12.

2646 Voyage pittoresque de Paris, par M. *Dargenville. Paris*, 1757. *in*-12. *fig.*

2647 Voyage pittoresque des environs de Paris, par M. *Dargenville. Paris*, 1762. *in*-12.

2648 Recherches critiques, historiques & topographiques sur la ville de Paris, par *Jaillot. Paris*, 1775. 5 *vol. in*-8. *cart. & plans.*

2649 Monasterii Sancti Martini de Campis Parisiensis historia, à Martino *Marrier. Parisiis*, 1637. *in*-4. *vel. bl.*

2650 Tableaux historiques de l'Abbaye de Port Royal des Champs. *in*-12. *fig. pap. roug.*

2651 Histoire de la ville de Rouen, suivie d'un essai sur la Normandie littéraire. *Rouen*, 1775. 2. *vol. in*-8. *pet. pap. bro.*

2652 Histoire de la ville de Cherbourg & de ses antiquités, par Madame *Rétau Dufresne. Paris*, 1760. *in*-12. *bro.*

HISTOIRE.

2653 Essai sur l'histoire générale de Picardie, par *Deverité*. *Abbeville*, 1770. 2 vol. in-12. bro,

2654 Histoire du Comté de Ponthieu, de Montreuil & de la ville d'Abbeville. *Londres*, 1767. 2 vol. in-12. bro.

2655 Mémoires sur le Port, la Navigation & le Commerce du Havre-de-Grace, & sur quelques singularités de l'histoire naturelle des environs. *Au Havre de Grace*, 1753. in-8. pet. pap. bro.

2656 Mémoires pour servir à l'histoire de la province d'Artois, & principalement de la ville d'Arras, par *Harduin*. *Arras*, 1763. in-12. bro.

2657 Histoire de la ville de Soissons & de ses Rois, Ducs, Comtes & Gouverneurs, par *Dormay*. *Soissons*, 1663. 2 vol. in-4.

2658 Histoire des antiquités de la ville de Soissons, par M. *le Moine*. *Paris*, 1771. 2 vol. in-12. bro.

2659 Histoire de le réunion de la Bretagne à la France, par l'Abbé *Irail*. *Paris*, 1764. 2 vol. in-12. broch.

2660 Description de l'Abbaye de la Trappe. *Paris*, 1682. avec le plan. in-18.

2661 Essai sur l'Histoire des premiers Rois de Bourgogne, & sur l'origine des Bourguignons. *Dijon*, 1770. in-4. cart. br.

2662 Vesuntio civitas Imperialis libera, Sequanorum Metropolis, plurimis sacræ, profanæque historiæ monumentis illustrata, autore *Chiffletio*. *Lugduni*, 1618. in-4. fig. vel. bl.

2663 Augustoduni Antiquitates, autore *Ladoneo*. *Augustoduni*, 1640. in-8. pet. pap. vel. bl.

2664 Recherches pour servir à l'Histoire de Lyon, ou les Lyonnois dignes de mémoire. *Lyon*, 1757. 2 vol. in 8. pet. pap.

2665 Abregé chronologique de l'Histoire de Lyon, contenant les événemens de l'Histoire de cette ville, &c. par *Poullin de Lumina*. *Lyon*, 1767. in-4.

2666 Histoire de l'Eglise de Lyon, depuis son établissement, par M. *Poullin de Lumina*. *Lyon*, 1770. in 4. broch.

2667 Mémoires historiques & économiques sur le Beaujolois. *Avignon*, 1770. *in*-8. *broc.*
2668 Histoire de la ville de Bordeaux, contenant les événemens civils & la vie de plusieurs hommes célèbres, par D. de Vienne. *Bordeaux. Paris*, 1771. *in*-4. *fig. broch.*
2669 Les recherches de Chorier sur les antiquités de la ville de Vienne. *Lyon*, 1658. *in*-12.
2670 Histoire de Rochefort, & les antiquités de son château. *Paris*, 1757. *in*-4.
2671 Relation historique de la derniere peste de Marseille. *Cologne*, 1723. *in*-12.
2672 Abregé chronologique de l'Histoire de Lorraine. *Paris*, 1775. 2 *vol. in*-8. *pet. pap. broc.*
2673 Introduction à la description de la Lorraine & du Barrois. *Nancy*, 1774. *in*-8. *broc.*
2674 Mémoires du Marquis de Beauvau, pour servir à l'Histoire de Charles IV, Duc de Lorraine & de Bar. *Cologne*, 1689. *in*-12.
2675 Mémoires & Consultations pour servir à l'Histoire de l'Abbaye de Château-Châlons. *Besançon*, 1766. *in*-8.

Mélanges de l'Histoire de France.

2676 Eclaircissemens de plusieurs points de l'Histoire ancienne de France & de Bourgogne, ou Lettres critiques à M**. *Liége, Paris*, 1774. *in*-8. *broc.*
2677 Observations sur l'Histoire de France, par l'Abbé de Mably. *Geneve*, 1765. 2 *vol. in* 12.
2678 Pieces fugitives pour servir à l'Histoire de France, par le Marquis d'*Aubaye*. *Paris*, 1759. 3 *vol. in*-4.
2679 Recueil de dissertations sur divers sujets de l'Histoire de France, par M. *Sabbathier*. *Châlons*, 1770. *in*-12.
2680 Curiosités historiques, ou Recueil de pieces utiles à l'Histoire de France, qui n'ont jamais paru. *Amsterdam*. 1759. 2 *tom. en* 1 *vol. in*-12. *pet. pap.*
2681 Recueil de pieces intéressantes pour servir à l'Histoire de France. *Geneve*, 1769. *in*-12.
2682 Cérémonial du Sacre des Rois de France. *Paris*

HISTOIRE.

1775. — Avis sur les Bréviaires. *Paris*, 1775. *in*-12.

2683 Les Mémoires de Pierre de Miraulmont sur l'origine & institution des Cours Souveraines, &c. *Paris*, 1612. 2 vol. *in*-8.

2684 Tablettes historiques & Anecdotes des Rois de France depuis Pharamond jusqu'à Louis XV. *Londres, Paris*, 1766. 3 vol. *in*-12.

2685 Mémoires historiques, critiques, & anecdotes des Reines & Régentes de France. *Amsterd.* 1776. 6 vol. *in*-12.

2686 Lettre de M. de Saint Foix, au sujet de l'homme au masque de fer. *Amsterd. Paris*, 1768. *in*-12.

2687 Histoire amoureuse de France, par *Bussy Rabutin*. *in*-12. *pet. pap.*

2688 Annales de la Cour & de Paris. *Cologne*, 1701. 2 tom. en 1 vol. *in*-12.

2689 Anecdotes Françoises depuis l'établissement de la Monarchie jusqu'au regne de Louis XV. *Paris*, 1768. *in*-8. *pet. pap. broc.*

2690 Monumens érigés en France à la gloire de Louis XV, suivis d'un choix des principaux projets proposés pour placer la Statue du Roi, &c., par M. *Patte*. *Paris*, 1765. *in-fol. gr. pap. fig. rel. écon.*

2691 Recueil de Mémoires & Dissertations qui établissent que c'est par erreur que l'on nomme l'auguste Maison qui regne en France la Maison de Bourbon, que son nom est de France. *Amsterd. Paris*, 1769. *in*-12. *br.*

2692 Histoire des modes Françoises, ou révolutions du costume en France depuis l'établissement de la Monarchie, avec un supplément. *Amsterdam, Paris*, 1773. 2 vol. *in*-12. *br.*

HISTOIRE D'ALLEMAGNE.

2693 Les mœurs des Germains, & la vie d'Agricola, par *Tacite*, traduction de M. *Boucher*. *Amsterdam, Paris*, 1776. *in*-12.

2694 Histoire de la décadence de l'Empire après Charlemagne, & des différens des Empereurs avec les

les Papes, par le P. *Maimbourg*. *Paris*, 1682. 2 vol. *in*-12.

2695 Eloge de Charles V, Empereur, traduit du poëme Latin de Mazénius. *Paris*, 1774. *in*-8.

2696 Histoire des révolutions de la haute Allemagne, contenant les ligues & les guerres de la Suisse. *Zurich, Paris*, 1766. 2 vol. *in*-12. *br.*

2697 Précis de l'Histoire du Palatinat du Rhin, par *Colini. Francfort & Léipsic*, 1763. *in* 12.

2698 Histoire abrégée de la Maison Palatine, par l'Abbé *Schannat. Francfort*, 1740. *in*-12. 2 part en 1 vol.

2699 Dissertation historique & critique sur le prétendu cartel, ou lettre de défi envoyé par Charles-Louis, Electeur Palatin, au Vicomte de Turenne, par *Colini. Manheim*, 1767. *in*-12. *br.*

2700 Mémoires pour servir à l'Histoire de la Maison de Brandebourg, par le Prince *Frédéric. Berlin*, 1762. 2 tom. en 1 vol. *in*-12.

2701 Histoire de la Moldavie & de la Valachie, par *Carra. Jassy*, 1777. *in*-12.

2702 Mémoires du Marquis de Maffei, traduit de l'Italien. *La Haye*, 1740. 2 vol. *in*-8. *pet. pap.*

2703 Histoire de la conversion du Comte de Struensée, traduit de l'Allemand de *Munter*, par Madame *Delafite. Amsterdam*, 1773. *in*-8. *br.*

HISTOIRE DES SUISSES ET DES PAYS-BAS.

2704 Tableau historique & politique de la Suisse, par *de la Chapelle. Paris*, 1766. *in*-8. *pet. pap. broch.*

2705 Histoire de Genève, par *Spon. Genève*, 1730. 2 vol. *in*-4. *fig.*

2706 Abregé chronologique de l'Histoire de Flandres, par *Panckouke. Dunkerke. in*-8. *pet. pap.*

2707 Description de tous les Pays-Bas, appellés la Germanie inférieure ou basse Allemagne, par *Guicciardin*, 1566. *in-fol. fig. broch. cart.*

2708 Mémoires pour servir à l'Histoire de la République des Provinces-Unies & des Pays-Bas, &c. par *Aubry Dumouriez*; avec des notes, par *Amelot* de la *Houssaye.* Londres, 1754. 2 vol. in-12. pet. pap.

2709 Belgicarum Historiarum epitome, autore *Joanne Vanden Sande.* Ultrajecti, 1652. in-12. vel. bl. fig.

2710 Fami. Stradae è Soc. Jes. de bello Belgico Decades. Romae, 1648. 2 vol. in-12. fig.

2711 Histoire des Guerres de Flandres, par le Cardinal Bentivoglio, traduit de l'Italien par *Loiseau.* Paris, 1769. 4 vol. in-12. br.

2712 Guillaume de Nassau, ou la fondation des Provinces-Unies, par *Bitaudé.* Paris, 1775. in-8. pet. pap. rel. écon.

2713 Lud. Smids Schatkamer der nederlandse ond heden of Woorden boek Behelsende nederlandse, *Amsterdam*, 1711. in-8. fig.

HISTOIRE D'ESPAGNE ET DE PORTUGAL.

2714 Campanellae de Monarchiâ Hispanicâ discursus. *Harderuici*, 1640. in-24.

2715 Abrégé chronologique de l'Histoire d'Espagne & de Portugal. *Paris*, 1765. 2 vol. in-8. pet. pap. broch.

2716 Histoire de l'Empereur Charles V. traduite de l'Anglois de *Robertson. Amsterdam, Paris*, 1771, 6 vol. in-12. br.

2717 Histoire de l'avénement de la Maison de Bourbon au Trône d'Espagne, par *Targe.* Paris, 1772. 6 vol. in-12. broch.

2718 Mémoires pour servir à l'Histoire d'Espagne, sous le regne de Philippe V, traduits de l'Espagnol du Marquis de Saint Pierre. *Amsterdam*, 1756. in-12. cartes & fig.

2719 État présent de l'Espagne & de la Nation Espagnole; Lettres écrites à Madrid par le Docteur Clarke. *Bruxelles, Paris.* 1770. 2 vol. in-12.

2720 Relation de la captivité & liberté du sieur d'Aranda, jadis esclave à Alger. *Paris*, 1665. in-18. figures.

2721 Les Délices de l'Espagne & du Portugal, par Dom Juan Alvarès de Colmenar. *Leyde*, 1715, 6 vol. in-8. pet. pap. fig.

HISTOIRE.

2722 Révolutions du Portugal, par l'Abbé *de Vertot*. *Paris*, 1750. *in*-12.

2723 Nouvelles intéressantes au sujet de l'attentat commis sur la personne de S. M. le Roi de Portugal, suivies de plusieurs autres pieces relatives aux Jésuites. 1759. *in*-12.

2724 Relation historique du tremblement de terre de Lisbonne en 1755, &c. *Paris*, 1762. *in*-12.

2725 Réflexions sur le désastre de Lisbonne, 1756. *in*-12. *vel. verd*.

HISTOIRE D'ANGLETERRE D'ECOSSE ET D'IRLANDE.

2726 Angliæ notitia, sive præsens Angliæ status. *Auxonii*, 1686. *in*-18.

2727 Nouvelle Histoire d'Angleterre, depuis la fondation de la Monarchie jusqu'à la paix conclue en 1763, par *Chavanelles*. *Amsterdam*, 1765. 6 *vol. in*-12. broc.

2728 Histoire d'Angleterre depuis le Traité d'Aix-la-Chapelle, en 1748, jusqu'en 1763, par *Targe*. *Londres. Paris*, 1768. 5 *vol. in*-12.

2729 Elémens de l'Histoire d'Angleterre, depuis la conquête des Romains jusqu'au regne de Georges II, par M. l'Abbé *Millot*. *Paris*, 1773. 3 *vol. in*.12. br.

2730 Histoire de la Maison de Tudor sur le Trône d'Angleterre, traduite de l'Anglois de Hume. *Amsterdam*, 1763. *in*-4. 2 *vol*. br.

2731 Histoire du démêlé de Henri II, Roi d'Angleterre avec Thomas Becquet, Archevêque de Cantorbery. *Amsterdam*. 1756. *in*-12.

2732 Histoire du schisme d'Angleterre, trad. de *Sanderus*, par *Maucroix*. *Paris*, 1678. *in*-12.

2733 Imago Regis Caroli, in illis suis ærumnis & solitudine. *Hagæ-Comitis*, 1649. *in*-18.

2734 Nouveaux éclaircissemens sur l'Histoire de Marie, Reine d'Angleterre. *Amsterd. Paris*, 1766. *in*-8. pet. pap..

2735 Apologie de la Reine Anne, traduite de l'Anglois de *Swift*. *Bruxelles*, *Paris*, 1769. *in*-12.

2736 Mémoires du Chevalier Temple, traduits de l'Anglois. *La Haye*, 1729. *in-*8. *pet. pap.*

2737 Lettres historiques pour servir de suite à l'Histoire des révolutions de l'Angleterre & de l'Ecosse. *Edimbourg*, 1759. *in-*8. *pet. pap. br.*

2738 Testament politique de Mylord Bolingbroke, ou considérations sur l'état présent de la Grande-Bretagne. *Londres*, 1754. *in-*8. *pet. pap.*

2739 Variété Angloises. *Londres*, 1770. *in-*12. *br.*

2740 De Mariâ Scotorum Reginâ totâ que ejus contra Regem conjuratione, fœdo cum Bothuelio adulterio, &c. plena & tragica historia. *in-*16.

2741 Recherches historiques & critiques sur les principales preuves de l'accusation intentée contre Marie *Stuart*, Reine d'Ecosse, traduites de l'Anglois. *Paris*, 1772. *in-*12. *br.*

2742 Martyre de la Reine d'Ecosse, Douairiere de France, contenant le vrai discours des trahisons à elle faites à la suscitation d'Elisabeth Angloise. *Edimbourg*, 1588. *in-*12. *pet. pap.*

Histoire des Pays Septentrionaux, Suede, Danemarck, Norvège, Moscovie, Pologne.

2743 Olai magni Gothi historiæ septentrionalium gentium breviarium, lib. XXII, *Lugduni Batavor.* 1645. *in-*16. *vél. bl.*

2744 Histoire abregée de l'état présent de la Suede. *Londres*, 1748. 2 tom. en 1 vol. *in-*8.

2745 Histoire de Gustave Adolphe, Roi de Suede. *Amsterd.* 1764. 4 vol. *in-*12. *broc.*

2746 Histoire de Charles XII, Roi de Suede, par Voltaire. *Amsterdam*, 1760. 2 tom. en 1 vol. *in-*12. *pet. pap.*

2747 Mémoires du Duc de Wittemberg, contenant plusieurs particularités de la vie de Charles XII, Roi de Suede. *Amsterd.* 1740. *in-*12.

2748 Introduction à l'Histoire de Danemarck, par *Mallet*. *Copenhague*, 1755. *in-*4. *cart. & fig.*

2749 Nouvelle description de l'Islande, avec des observations critiques sur l'Histoire naturelle de

HISTOIRE. 197

cette Isle, par *Anderson*, trad. de l'Allemand. *Paris*, 1764. 2 vol. *in*-12. *fig.*

2750 Atlas de Siberie. *in-fol. cart. magnâ. vel. verd.*

2751 Mémoire sur les Samojedes & les Lapons. 1762. *in*-12.

2752 Description historique de l'Empire Russien, traduit de l'Allemand. *Strahlenberg*, 2 vol. *in*-12. *bro.*

2753 Histoire de la Russie depuis l'origine de la nation Russe, trad. de l'Allemand de Michel *Lomonossew. Paris, Dijon,* 1769. *in*-8. *bro. cart.*

2754 Mémoires historiques, politiques & militaires sur la Russie, par le Général *de Manstein. Lyon*, 1772. 2 vol. *in*-8. *cartes.*

2755 Histoire de l'Empire de Russie sous Pierre-le-Grand, par *Voltaire*, 1761. 2 vol. *in*-12. *br.*

2756 Histoire des révolutions de l'Empire de Russie, par M. *le Combe. Paris*, 1760. *in*-12.

2757 Essai politique sur la Pologne. *Varsovie*, 1764. *in*-8. *pet. pap. br.*

2758 Lettres du Roi de Pologne Stanislas premier, où il raconte la maniere dont il est sorti de *Dantzick* durant le siége de cette ville. — Journal historique de la campagne de *Dantzick* en 1734. *Amst. Paris*, 1761. *in*-8. *pet. pap.*

2759 La vie de Stanislas Lesczinski, Roi de Pologne. *Paris*, 1769. *in*-12.

2760 Etat de la Pologne, avec un abrégé de son droit public. *Amst. Paris*, 1770. *in*-12. *br.*

2761 Lettres historiques sur l'état actuel de la Pologne, & sur l'origine de ses malheurs. *Amst. Paris*, 1772. *in*-8. *br.*

2762 Histoire des révolutions de Pologne, par l'Abbé *des Fontaines. Amst.* 1735. 2 tom. en 1 vol. *in*-12. *cart.*

2763 Histoire des révolutions de Pologne depuis la mort d'Auguste III. jusqu'à l'année 1775. *Varsovie*, 1775. 2 vol. *in*-8. *br.*

2764 Memoirs of the Lose of John Lindesay, By Richard Rolt. *London*, 1753. *in*-4. *cart.*

2765 Curiosités de Londres & de l'Angleterre, &c. par *le Rouge. Bordeaux*, 1766. *in*-12.

HISTOIRE.

Histoire moderne des Monarchies hors de l'Europe.

I. HISTOIRE ORIENTALE GÉNÉRALE.

2766 Uſong, Hiſtoire Orientale, par M. le Baron *de Haller*, trad. de l'Allemand. *Paris*, 1772. *in-8. pet. pap.*

2767 Marci Pauli Veneti de regionibus Orientalibus lib. XIII. Accedit Haitoni Armeni Hiſtoria Orientalis quæ de Tartaris inſcribitur & Mulleri de Chataja diſquiſitio. *Coloniæ Brandinburgicæ*, 1671. *in-4. pet. pap.*

2768 Hiſtoire des Etats Barbareſques qui exercent la piraterie, trad. de l'Angl. *Paris*, 1757. 2 *vol. in-12. broch.*

II. HISTOIRE DES ARABES, DES SARRASINS ET DES TURCS.

2769 Hiſtoire des Arabes ſous le gouvernement des Califes, par l'Abbé *de Marigny*. *Paris*, 1756. 4 *vol. in-12.*

2770 Cælii Auguſtini Curionis Hiſtoria Sarracenica & Regni Maroquani. Bellum Melitenſe à Turcis geſtum, &c. *Baſileæ*, 1568. *in-8. vel. bl.*

2771 Hiſtoire de l'Empire Ottoman. *La Haye*, 1709. 2 *tom en 1 vol. in-12. fig.*

2772 Hiſtoire de l'Empire Ottoman, par *Demetrius Cantimir*, traduite par *Dejunker*. *Paris*, 1743. 2 *tom. en 1 vol. in-4.*

2773 Hiſtoire de l'Empire Ottoman, depuis ſon origine juſqu'à la paix de Bellegrade en 1740, par M. l'Abbé *Mignot*. *Paris*, 1771. 4 *vol. in-12. cart. br.*

2774 Tableau de l'Empire Ottoman. *Paris*, 1757. *in-12. pet. pap.*

2775 De Turcarum moribus Epitome, autore Bartholom. *Georgieniz*. *Lugduni*, 1558. *in-24. vel. bl.*

2776 Athenes ancienne & nouvelle, & l'état préſent de l'Empire des Turcs, avec la vie du Sultan Mahomet IV. *Paris*, 1676. *in-12. cart.*

HISTOIRE.

2777 Observations sur la religion, les loix, le gouvernement & les mœurs des Turcs, traduites de l'Anglois. *Londres, Paris,* 1769. 2 part. en 1 vol. *in-*8. *pet. pap.*

2778 Relation des deux rébellions arrivées à Constantinople en 1730 & 1731. *La Haye,* 1737. *in-*8. *pet. pap.*

HISTOIRE ASIATIQUE.

Des Isles de l'Archipel, de la Syrie, de la Palestine & de la Perse.

2779 Histoire des anciens Ducs & autres Souverains de l'Archipel. *Paris,* 1698. *in-*12.

2780 Mémoires géographiques, physiques & historiques sur l'Asie, l'Afrique & l'Amérique. *Paris,* 1767. 4 *vol. in-*12. *br.*

2781 Histoire de l'Isle de Ceylan, par *Ribeyro,* trad. du Portugais. *Paris,* 1701. *in-*12. *fig.*

2782 Histoire générale des Huns, des Turcs, des Mogols & des autres Tartares occidentaux, &c. par de *Guignes. Paris,* 1756. 4 tom. en 5 *vol. in-*4. *broc.*

Histoire des Tartares, du Mogol, des Indes Orientales, de Siam, de la Chine & du Japon.

2783 Martinii Soc. Jes. de Bello Tartarico Historia. *Amstelod.* 1655. *in-*12. *pet. pap.*

2784 P. Maffeii è Soc. Jes. Historiarum Indicarum lib. XVI. *Cadomi,* 1614. *in-*8. *pet. pap.*

2785 Histoire abrégée de la découverte & de la conquête des Indes par les Portugais, par *d'Ussieux. Paris,* 1770. *in-*12. *br.*

2786 Essais historiques sur l'Inde, précédés d'un Journal de voyage de la Côte de Coromandel, par *de la Flotte. Paris,* 1769. *in-*12. *fig. br.*

2787 Histoire de la derniere révolution des Indes Orientales. *Paris,* 1757. 2 vol. *in-*12. *fig.*

2788 Evénemens historiques intéressans relatifs aux Provinces de Bengale & à l'Empire de l'Indostan, traduits de l'Anglois *de Holvell. Amst. Paris*, 1768. 2 part. *in*-8. *br. fig.*

2789 Dissertation sur les mœurs, les usages, le langage, la religion & la philosophie des Hindous, &c. *Paris*, 1769. *in*-12. *br.*

2790 Histoire civile & naturelle du Royaume de Siam, par *Turpin. Paris*, 1771. 2 *vol. in*-12. *br.*

2791 Histoire de la conquête de la Chine par les Tartares Mancheoux, par *Vojeu de Brunem. Lyon*, 1754. 2 *vol. in*-12.

2792 Lettres au Pere Parrenin, Jésuite Missionnaire à Pekin, contenant diverses questions sur la Chine, édition revue par *Dortous de Mairan. Paris*, 1770. *in*-8. *br. fig.*

2793 Eloge de la ville de Moukden & de ses environs, Poëme composé de Kien-Long, Empereur de la Chine, trad. par le Pere *Amyot. Paris*, 1770. *in* 8. *br.*

2794 Histoire naturelle, civile & Ecclésiastique du Japon, traduite de l'Allemand d'Engelbert Kæmpfer, par *Scheuchzer. Amst.* 1758. cartes & plans. 3 *vol. in*-12. *br.*

HISTOIRE D'AFRIQUE.

2795 Anecdotes Africaines depuis l'origine ou la découverte des différens Royaumes de l'Afrique jusqu'à nos jours. *Paris*, 1775. *in*-8. *pet. pap. br.*

2796 Nouvelle Histoire de l'Afrique Françoise, enrichie de cartes & d'observations astronomiques & géographiques, par l'Abbé *de Manuet. Paris*, 1767. 2 *vol. in*-12. *br.*

2797 Histoire de Barbarie & de ses Corsaires, par le Pere *Daniel. Paris*, 1637. *in*-4. *fig.*

2798 L'Egypte ancienne, ou Mémoires historiques & critiques sur les objets les plus importans de l'Histoire des Egyptiens, par *Dorigny. Paris*, 1762. 2 *vol. in*-12.

2799 Idée du Gouvernement ancien & moderne de l'Egypte, avec la description d'une nouvelle pyramide, &c. *Paris*, 1743. 2 *part. en* 1 *vol. in*-8. *fig.*

HISTOIRE.

2800 Chronologie des Rois du grand Empire des Egyptiens, par *Dorigny*. Paris, 1765. 2 vol. *in*-12.
2801 Histoire de Saladin, Sultan d'Egypte & de Syrie, par *Marin*. Paris, 1758. 2 vol. *in*-8. pet. pap. br.
2802 L'Histoire du commerce & de la navigation des Egyptiens, par *Ameilhon*. Paris, 1766. *in*-8. pet. pap. br.
2803 De Abassinorum rebus deque Æthiopiæ Patriarchis lib. XIII. auto. Nic. *Godigno*. Soc. Jes. *Lugduni*, 1615. *in*-8. pet. pap.

Histoire de l'Amérique, ou des Indes Occidentales.

2804 Geor. Hornii de originibus Americanis lib. IV. *Hagæ-comitis*, 1652. *in*-12.
2805 Mélanges intéressans & curieux, ou abrégé d'Histoire naturelle, morale, civile & politique de l'Asie, l'Afrique, l'Amérique & des Terres Polaires, par M. *de Surgy*. Paris, 1763. 10 vol. *in*-12. broch.
2806 Histoire des navigations aux Terres Australes, contenant ce que l'on sçait des mœurs & des productions des contrées découvertes jusqu'à ce jour, &c. Paris, 1756. 2 vol. *in*-4. cart.
2807 Histoire naturelle, civile & géographique de l'Orenoque, par le Pere *Gumilla*, trad. de l'Espagnol. *Avignon*, Paris, 1758. 3 vol. *in*-12. br. fig. & cart.
2808 Histoire de la conquête du Mexique ou de la Nouvelle Espagne, trad. de l'Espagnol de Fernand Cortès, par Don Anton. *de Solis*. 2 vol. *in*-12. fig.
2809 Histoire de la découverte & de la conquête du Pérou, trad. de l'Espagnol de Zarate. Paris, 1742. 2 vol. *in*-12. fig.
2810 Histoire des tremblemens de terre arrivés à Lima, capitale du Pérou, avec la description du Pérou. *La Haye*, 1752. 2 vol. *in*-12. cart. & fig. broc.

Cc

HISTOIRE.

2811 Histoire de la Jamaïque, trad. de l'Anglois. *Londres*, 1751. 2 part. en 1 vol. in-12.

2812 Histoire de la Louisiane, par le *Page du Pratz*. *Paris*, 1758. 3 vol. in-12. fig.

2813 Lettre sur la prise de la Martinique par les Anglois en 1762. — Naufrage & retour en Europe de C. N. de Kearny, par M. *de Querlon*. in-8. cart.

2814 Histoire de la Nouvelle-Yorck, depuis la découverte de cette province jusqu'à notre siecle, trad. de l'Angl. de *Smith*. *Londres*, *Paris*, 1767. in-12. broc.

2815 Histoire générale des Isles de Saint-Christophe, de la Guadeloupe, de la Martinique, &c. par le Pere *Dutertre*. *Paris*, 1654. in-4. cart.

2816 Histoire & commerce des Antilles Angloises. 1758. in-12.

2817 Description générale, historique, géographique & physique de la Colonie de Surinam, par *Fermin*. *Amst.* 1769. 2 vol. in-8. cart. & fig. br.

PARALIPOMENES HISTORIQUES.

Histoire Généalogique & Art Héraldique.

2818 Mémoires sur l'ancienne Chevalerie, par *de la Curne de Sainte-Palaye*. *Paris*, 1759. 2 vol. in-12.

2819 Origine des Armoiries, par le Pere *Ménestrier*. *Paris*, 1679. in-12. fig.

2820 Méthode raisonnée du Blason, ou de l'Art héraldique, par le P. *Ménestrier*. *Lyon*, 1770. in-8.

2821 Abrégé méthodique des Principes héraldiques, ou du véritable Art du Blason, par le Pere *Ménestrier*. fig. *Lyon*, 1661. in-12.

2822 L'Art du Blason justifié, ou les preuves du véritable Art du Blason. *Lyon*, 1661. in-12. fig. enlumin.

2823 Traité de l'origine des noms & des surnoms, par And. *de la Roque*. *Paris*, 1681. in-12.

2824 Les Souverains de monde, ouvrage qui fait connoître la généalogie de leurs Maisons, l'étendue & le gouvernement de leurs Etats, avec les armoiries. *Paris*, 1734. 5 vol. in-12.

HISTOIRE.

2825 Origine de la Noblesse Françoise, depuis l'établissement de la Monarchie, par le Vicomte d'Alès de Corbet. *Paris*, 1766. *in*-12.

2826 Lettres sur l'origine de la Noblesse Françoise, par *Mignot de Bussy*. *Lyon*, 1763. *in*-8. *pet. pap.*

2827 Histoire de la maison de Montmorency, par *Desormeaux*. *Paris*, 1764. 5 *vol*. *in*-8. *pet. pap. broc.*

2828 Histoire des anciens Seigneurs de Coucy, par *Jovet*. 1682. *in*-12. *pet. pap.*

2829 Mémoires historiques de Dubelloy sur la maison de Coucy, sur la Dame de Faïel, & sur Eustache de Saint-Pierre. *Paris*, 1770. *in*-8. *broc.*

2830 Genealogica & historica Grimaldæ gentis arbor, autore *de Venasque*. *Parisiis*, 1647. *in-fol. velin bl.*

2831 Recherches historiques sur la noblesse des Citoyens honorés de Perpignan & de Barcelone, connus sous le nom de Citoyens nobles, par l'Abbé *Xaupi*. *Paris*, 1763. *in*-12.

2832 L'Europe vivante & mourante, suite du Mémorial de chronologie, généalog. & historiq. année 1759. *Bruxelles*. *in*-24.

ANTIQUITÉS.

Rites, Usages & Coutumes des anciens en général, où il est traité des choses sacrées, civiles, militaires & domestiques.

2833 Dictionnaire abrégé d'antiquité, pour servir à l'intelligence de l'histoire ancienne. *Paris*, 1773. *in*-12. *pet. pap.*

2834 Guil. Stuckii antiquitatum convivialium Lib. XIII. in quibus Hebræorum, Græcorum, Romanorum, &c. antiqua conviviorum genera explicantur. *Tiguri*, 1582. *in-fol. vel. bl.*

2835 Cérémonies & Coutumes qui s'observent parmi les Juifs, traduites de l'Ital. de *Leon de Modene*, par *Simonville*. *Paris*, 1684. *in*-12.

2836 Ad. Relandi Palestina ex monumentis veteribus illustrata. *Trajecti Batavor*. 1714. 2 *tom. en* 1 *vol. in*-4. *cartes & fig.*

2837 De coronis & tonsuris Paganorum, Judæorum, Christianorum Libri III. autore Prospero Stellartio. *Duaci*, 1629, *in-8. pet. pap. vel. bl.*

2838 Temples anciens & modernes, ou Observations historiques & critiques sur les plus célebres monumens d'Architecture grecque & gothique. *Londres. Paris*, 1774. *2 vol. in-8. fig. broc.*

2839 Histoire de la disposition & des formes différentes que les Chrétiens ont donné à leurs Temples, depuis Constantin jusqu'à nous, par *le Roy*. *Paris*, 1764. *in-8*.

2840 Recueil d'antiquités Egyptiennes, Etrusques, Grecques & Romaines, par M. *de Caylus*. *Paris*, 1761. *& années suivantes*. *7 vol. in-4. y compris le supplement. fig.*

2841 Leo. Allatii animadversiones in antiquitatum Etruscarum fragmenta, ab *Inghiramio* edita. *Parisiis*, 1640. *in-4. vel. bl.*

2842 Gisber. Cuperi Harpocrates, seu explicatio imagunculæ argenteæ antiquissimæ, sub Harpocratis figurâ ex Ægyptiorum instituto, solem repræsentantis. *Amstelod*, 1676. *in-8. pet. pap. fig.*

2843 Joan. Fasoldi, de plurimis Græcorum gentilium antiquitatibus ritibusque sacris, imprimis de festis diebus, sacerdotibus, &c. Dissertatio XII. decadibus comprehensa. *Genæ*, 1676. *in-18. vel. bl.*

2844 Joannis Nicolai tractatus de Græcorum luctu, lugentiumque ritibus variis. *Thielæ*, 1697. *in-12. fig.*

2845 Joannis Meursii Græcia feriata, sive de festis Græcorum Lib. VI. *Lugd. Batavor. Elzevir*, 1619. *in-4. pet. pap.*

2846 Joannis Meursii Archontes Athenienses, sive de iis qui Athenis summum istum magistratum obierunt, Lib. IV. — Accedunt ejusdem fortuna attica, sive de Athenarum origine, incremento, magnitudine, &c. liber singularis & cecropia, sive de Athenarum arce & ejusdem antiquitatibus, liber singularis. *Lugduni Batavo. Elzevir*, 1622. *in-4. petit pap.*

2847 Joannis Meursii fortuna attica, Athenæ atticæ,

HISTOIRE.

sive de Athenarum antiquitatibus, Archontes Athenienses, cecropia, sive de Athenarum arce & antiquitatibus & de populis Atticæ. *Lugd. Batavor.* 1622. *in-4. pet. pap.*

2848 Joannis Meursii Creta, Cyprus, Rhodus, sive de nobilissimarum harum Insularum rebus & antiquitatibus Commentarii. *Amstel.* 1675. *in-4. pet. pap.*

2849 Joannis Meursii Theseus, sive de ejus vita rebusque gestis, liber posthumus. Accedunt ejusdem Paralypomena de Pagis atticis, &c. Pisistratus, sive de ejus vitâ & tyrannide, liber singularis, *Ultrajecti*, 1684. *in-4. pet. pap.*

2850 Antiquités de la Grece en général, & d'Athenes en particulier, trad. du latin de Bos, par *la Grange. Paris*, 1769. *in-12.*

2851 Relation de l'état présent de la ville d'Athenes, avec un Abrégé de son histoire & de ses antiquités. *Lyon*, 1674. *in-16.*

2852 Observations de plusieurs singularités & choses mémorables trouvées en Grece, Asie, Judée, &c. par *Belon. Paris*, 1688. *in-4. fig.*

2853 Les Ruines de Pæstum, autrement Posidonia, ville de l'ancienne grande Grece, trad. de l'Anglois par *Dumont*. On y a joint des gravures & des détails concernant la ville souterraine d'Herculanum. *Londres. Paris*, 1769. *in-fol. fig. broc. cart.*

2854 Nouveau Recueil historique d'antiquités Grecques & Romaines, en forme de Dictionnaire, par *Furgault. Paris*, 1768. *in-8.*

2855 Marci Zuerii Boxhornii quæstiones Romanæ, quibus sacri & profani ritus, eorumque causæ & origines eruuntur & explicantur. Accedunt Plutarchi quæstiones Romanæ, græcè & latinè. *Lugd. Batavo.* 1637. *in-4. pet. pap. vel. bl.*

2856 Fenestellæ de Magistratibus, Sacerdotiisque Romanorum libellus. Pomponii Leti itidem de Magistratibus & Sacerdotiis Romanorum. *Parisiis*, 1548. *in-8.*

2857 Blondi Flavii de Româ triumphante, Lib. X. Romæ instauratæ, Lib. XIII. Italia illustrata, &c. *Basileæ*, 1531. *in fol. pet. pap.*

2858 Justi Lypsii Saturnalium sermonum Libri II. De Gladiatoribus, &c. *Antuerpiæ*, 1582. *in-4. pet. pap. vel. bl.*

2859 Onuphrii Pannuvii de ludis Circensibus lib. II. de triumphis, lib. unus. *Parisiis*, 1601. *in-8. vel. bl.*

2860 De re vestiariâ libellus, ex Baisio excerptus. Accessit de variis vasorum libellus. *Parisiis*, 1535. *in-8. pet. pap.*

2861 Costume des anciens Peuples, par M. *Dandré Bardon. Paris*, 1772. 2 vol. *in-4. fig.*

2862 Petr. Ciacconius Toletanus de Triclinio, sive de modo convivandi apud priscos Romanos, & de conviviorum apparatu. *Heidelbergæ*, 1590, *in-8. pet. pap. fig. vel. bl.*

2863 De veteri ritu nuptiarum & jura connubiorum, &c. *Amstelod.* 1562. *in-16.*

2864 Bene. Balduini Ambiani calceus antiquus & mysticus. *in-18. fig.*

2865 Pignorii Patavini de servis & eorum apud veteres ministeriis, commentarius. *Amstelod.* 1674. *in-16.*

2866 De Romanorum militiâ & castrorum metatione liber ex Polybii historici excerptus, per Janum Lascarem, & ab eodem latinitate donatus. Ejusdem Jani Lascaris epigrammata græca & latina, &c. *Basileæ*, 1637. *in-8. pet pap. vel. bl.*

2867 Hygini Gromatici & Polybii de castris Romanis quæ extant. *Amstelod.* 1660. *in-4. pet. pap. cart. & pl.*

2868 Lilii Gregorii Gyraldi de re nauticâ libellus. Ejusdem de sepulchris & vario sepeliendi ritu libellus, &c. *Basileæ*, 1540. *in-8. pet. pap. vel. bl.*

2869 Joan. Kirchmanni de funeribus Romanorum lib IV. Accessit funus Parasiticum Nico. Rigaltii. *Brunsvigæ*, 1661. *in-8. pet. pap. vel. bl.*

2870 Blasii Caryophili opuscula de marmoribus antiquis, & Pasch. Caryophili dissertationes de thermis Herculanis & thermarum usu. *Trajecti ad Rhenum*, 1743. *in-4.*

2871 Berosi de antiquitate Italiæ ac totius orbis. *Lugd.* 1554. *in-16.* 2 vol.

HISTOIRE.

2872. Dictionnaire des Antiquités Romaines, ou explication abrégée des cérémonies, des coutumes & des antiquités sacrées & profanes, communes aux Grecs & aux Romains, Ouvrage traduit de Pitiscus. Paris, 1766. 3 vol. in-8. br. cart.

2873 Explication abrégée des coutumes & cérémonies observées chez les Romains, trad. du latin de Nieupoort. Paris, 1741. in-12.

2874 Mœurs & Coutumes des Romains, par *Bridault*. Paris, 1767. in-8. pet. pap. 2 tom. en 1 vol.

2875 Recherches sur l'époque de l'équitation & de l'usage des chars équestres chez les anciens, par le Pere *Fabricy*. Marseille, 1764, in-8. 2 part.

2876 Recherches d'antiquités militaires, avec la défense du Chevalier Folard, par *de Lo-Looz*. Paris, 1770. in-4. fig. br.

2877 Observations nouvelles sur les ouvrages de peinture, de sculpture & d'architecture qui se voyent à Rome & aux environs, ou les monumens de Rome, par *Raguenet*. Londres, 1737. in-18.

2878 Découverte de la maison de campagne d'Horace, par l'Abbé *Capmartin de Chaupy*. Rome, 1767. 3 vol. in-8.

2879 Opera di Andrea Fulvio delle antichita della citta di Roma & delli edificii memorabili di quella, tradotta di Latino in linguâ Toscanâ, per Pau. Dalrasso. In Venezia, 1543. in-8 pet. pap.

2880 Sito & antichita della citta di Pozzuolo & del suo amenissimo distretto dal signor Scipione Mazzella. In Napoli, 1591. in-8. pet. pap. fig. vel. bl.

2881 Mémoire sur la ville souterraine découverte au pied du Mont Vésuve, &c. &c. — Lettres sur quelques monumens d'antiquité, avec fig. Paris, 1758. in-8. br. cart. jaa.

2882 Monteri Parerga historia philologica de Herculaneo, de educatione puerorum apud Germanos, &c. &c. &c. Gottingæ, 1749. in-8. fig.

2883 Recherches sur les ruines d'Herculanum, avec un traité sur la fabrique des Mosaïques, par *Fougeroux de Bondaroy*. Paris, 1770. in-8. pet. pap. fig. br.

2884 Lettres sur la découverte de l'ancienne ville d'Herculane & de ses principales antiquités, par M. *Seigneux de Correbon. Yverdon*, 1770. 2 vol. *in*-12. *br.*

2885 Recueil général, historique & critique de tout ce qui a été publié de plus rare sur la ville d'Herculane. *Paris*, 1754. *in*-12. *br.*

2886 Lettre de l'Abbé de Winckelmann au Comte de Brühl, sur les découvertes d'Herculanum, trad. de l'Allemand. *Dresde, Paris*, 1764. *in*-4. *rel. écon.*

2887 Joh. Gotlob Bohemii de Augustino Olomucensi & Paterâ ejus aureâ in nummophylacio, Dresdæ adservata commentariolus, accedit ejusdem pateræ delineatio. *Dresdæ*, 1758. *in*-8. *br. fig.*

2888 Œuvres diverses de l'Abbé *Oliva. Paris*, 1758. *in*-8. *fig.*

2889 Eliæ Schedii de Diis Germanis, sive veteri Germanorum, Gallorum, Britannorum, Vandalorum Religione Syngrammata IV. *Amstel. Elzevir*, 1648. *in*-8. *pet. pap.*

2890 Mémoires géographiques sur quelques antiquités de la Gaule, par *Pasumot. Paris*, 1765. *in*-12. *cart.*

2891 Recueil d'antiquités dans les Gaules, par *de la Sauvagere. Paris*, 1770. *in*-4. *fig.*

2892 Traité des mesures itinéraires anciennes & modernes, par *d'Anville. Paris*, 1769. *in*-8.

Histoire lapidaire, ou inscriptions & marbres antiques, épitaphes, médailles, monnoies, &c.

2893 Joannis Lucas, de Monumentis publicis latinè inscribendis. *Parisiis*, 1677. *in*-8. *pet. pap.*

2894 Weisii de Poesi hodiernorum politicorum, sive de inscriptionibus lib. duo. *Yenæ*, 1688. *in*-8. *pet. pap.*

2895 Epitaphia Joco-Seria Latina, Gallica, Italica, &c. ex collectione Fran. Sivertii. *Coloniæ*, 1623. *in*-12.

2896 Il cimiterio epitaphii Giocosi di Loredano & di Pi. Michiele. 1645. *in*-16.

HISTOIRE.

2897 Hortus Epitaphiorum selectorum, ou jardin d'Epitaphes choisies. *Paris*, 1648. *in-12. pet. pap.*

2898 Thesaurus Epitaphiorum veterum ac recentium, operâ ac studio. Phil. *Labbe. Parisiis*, 1666. *in-8. pet. pap.*

2899 Histoire de Ptolemée Auletes. Dissertation sur une pierre gravée antique du cabinet de Madame, &c. *Paris*, 1698. *in-12. fig.*

2900 Recueil de pierres gravées antiques, par *Mariette. Paris*, 1732. *2 tom. en 1 vol. in-4. fig.*

2901 Lettre sur le prétendu Solon des pierres gravées. ——— Explication d'une médaille d'or de la famille Cornuficia, par *Baudelot. Paris*, 1717. *in-4.*

2902 Histoire des quatre Gordiens, prouvée & illustrée par les médailles. *Paris*, 1695. *in-12.*

2903 Recueil de médailles de Rois, de Peuples & de Villes, par M. *Pellerin. Paris*, 1762. *& années suivantes.* 11 *vol. in-4. fig. y compris les 2 vol. de supplément, la lettre à l'Auteur, les additions & les observations.*

2904 Histoire métallique de l'Europe, ou catalogue des médailles modernes du cabinet de M. *Poulhariez. Lyon*, 1767. *in-8. broch.*

2905 Nummophylacium mansbergyanum quod collegit Ant. Adam *à Mansberg Cellis*, 1763. *in-8.*

2906 Prisciani Cæsariensis, Rennii Fannii, Bedæ Angli, Volusii Metiani libri de nummis, ponderibus, mensuris eorumque notis, & de vetere computandi per digitos ratione, ab Elia Vineto Santone emendati. *Parisiis*, 1565. *in-8. pet. pap.*

2907 Numismata imperat. Augustarum & Cæsarum à populis Romanæ ditionis græcè loquentibus ex omni modulo percussa, autore *Vaillant. Lutetiæ Parisiorum*, 1698. *in-4.*

2908 Joan. Harduini Soc. Jes. nummi antiqui Populorum & Urbium illustrati. *Parisiis*, 1684. *in-4.*

2909 Musæum Meadianum sive catalogus nummorum veteris ævi, monumentorum ac gemmarum, cum aliis quibusdam naturæ operibus quæ Ric. Mead. comparaverat. *Londini*, 1754. *in-8. fig.*

2910 Recueil des monnoies, tant anciennes que modernes, ou dictionnaire historique des monnoies des quatre parties du monde, par *de Salzade*, Bruxelles, 1768. *in-4. broc.*

2911 Guil. Budæi de asse & partibus ejus lib. v. *Lugduni, apud Gryphium*, 1551. *in-8.*

2912 Dell' origine e della antichita della moneta Viniziana. *In Venezia*, 1750. *in-8. broch. fig.*

2913 Essai sur les monnoies, ou réflexions sur le rapport entre l'argent & les denrées, par *Dupré de Saint-Maur*. *Paris*, 1746. *in-4.*

2914 Table des monnoies courantes dans les quatre parties du monde, avec leur valeur réduite aux espèces de France, par *Abot de Basinghen*. *Paris*, 1767. *in-8. pet. pap.*

Histoire Littéraire, Académique et Bibliographique.

Histoire des Lettres & des Langues; des Sciences & des Arts, où il est traité de leur origine & de leur progrès.

2915 Polidori Vergilii de rerum inventoribus lib. VIII. *Coloniæ Agrippinæ*, 1626. *in-8. pet. pap.*

2916 Bibliotheque grammaticale abrégée, ou nouveaux mémoires sur la parole & sur l'écriture, par *Changeux*. *Paris*, 1773. *in-8. pet. pap.*

2917 Recherches curieuses sur la diversité des langues & religions de toutes les parties du monde, par *Brerewood*, trad. en franç., par Jean *de la Montagne*. *Paris*, 1640. *in-8. pet. pap. vel. bl.*

2918 Lettre de Pékin sur le génie de la langue des Chinois, & la nature de leur écriture symbolique, comparée avec celle des anciens Egyptiens. *Bruxelles*, 1773. *in-4. cart. fig.*

2919 Joann. Passeratii de litterarum inter se cognatione ac permutatione liber. *Parisiis*, 1606. *in-8. pet. pap.*

2920 Bibliotheque françoise, ou histoire de la littérature françoise, par l'Abbé *Goujet*. *Paris*, 1740. & années suivantes. 18 *vol. in-12.*

2921 Histoire de la littérature françoise, par MM. de la Bastide & d'Ussieux. *Paris*, 1772. 2 *vol. in-12. bro.*

HISTOIRE.

2922 Tableau historique des gens de lettres, ou abrégé chronologique & critique de l'histoire de la littérature françoise, par l'Abbé de *Longchamp*. Paris, 1767 & années suivantes. 6 vol. *in*-12. *bro.*

2923 De l'origine des loix, des arts & des sciences & de leurs progrès chez les anciens peuples. *Paris*, 1758. 3 vol. *in*-4. *fig.*

2924 Histoire de l'art chez les anciens, par *Winckelmann.* Paris, 1766. 2 vol. *in*-8. *fig.*

2925 Histoire des principales découvertes faites dans les arts & les sciences, trad. de l'angl., par *Eydous.* Lyon, 1767. *in*-12. *bro.*

2926 Histoire de l'origine & des premiers progrès de l'imprimerie. *La Haye*, 1740. *in*-4.

2927 Annales Typographici ab artis inventæ origine, ad annum 1500. operâ Michael. *Maittaire. Hagæ Comitum*, 1719. *& années suivantes.* 5 tom. en 7 vol. *in*-4.

2928 Essai d'une nouvelle typographie, ornée de vignettes, fleurons, trophées, &c., par *Luce. Paris. Barbou*, 1771. *in*-4. *bro. en cart. bleu.*

2929 Manuel typographique utile aux gens de lettres, par *Fournier le jeune. Paris. Barbou*, 1764. 2 vol. *in*-8. *pet. pap. bro.*

2930 Réflexions sur quelques causes de l'état présent de la peinture en France. *La Haye*, 1747. *in*-12. *pap. verd.*

2931 Dissertation sur l'origine & les progrès de l'art de graver en bois, par *Fournier le jeune. Paris. Barbou*, 1758. —— De l'origine & des productions de l'imprimerie primitive. *Paris. Barbou,* 1759. *in*-8.

2932 Mémoires sur différentes parties des sciences & arts, par *Guétard. Paris*, 1758. *& années suivantes.* 3 vol. *in*-4. *fig.*

2933 Essai sur les moyens de rétablir les sciences & les lettres en Portugal, lat. & franç., par *Teixeira Gamboa. Lisbonne*, 1762. *in*-12.

2934 Histoire du Commerce & de la Navigation, par *Huet. Lyon*, 1763. *in*-8. *bro.*

HISTOIRE.

Histoire & Mémoires des Académies, Ecoles, Universités, Collèges, &c.

2935 Relation contenant l'histoire de l'Académie françoise, par *Pelisson*. Paris, 1672. in-12.

2936 Histoire de l'Académie Royale des Inscriptions & belles lettres, depuis son établissement jusqu'à présent. *La Haye & Paris*, 1718 *& années suivantes*. 15 vol. in-12. fig. bro.

2937 Histoire suivie de l'Académie Royale des Inscriptions & Belles-Lettres, avec les éloges des Académiciens morts, le catalogue & les différentes éditions de leurs ouvrages. *Amsterd.*, 1743. 2 vol. in-12. bro.

2938 Mémoires de littérature, tirés des registres de l'Académie Royale des Inscriptions & Belles-Lettres depuis son renouvellement jusqu'en 1763. *La Haye & Paris*, 1719 *& années suivantes*. 59 vol. in-12. fig. bro.

2939 Memoires pour servir à l'histoire de la faculté de Médecine de Montpellier, par *Astruc*; revus par *Lorry*. Paris, 1767. in-4. bro.

2940 Car. Linnæi amœnitates Academicæ, seu dissertationes variæ Physicæ, Medicæ, Botanicæ, &c. *Holmiæ*, 1756. in 8. fig.

2941 Description de l'Académie Royale des arts de Peinture & de Sculpture, par *Guerin*. Paris, 1715. in 12. fig.

2942 Histoire littéraire des Troubadours, contenant leurs vies, les extraits de leurs pieces, &c., par l'Abbé *Millot*. Paris, 1774. 3 vol. in-12.

2943 Discours contenant l'histoire des jeux floraux & celle de dame Clemence. 1774. in-8. fig.

2944 Commentarii Academiæ scientiarum Imperialis Petropolitanæ, ab anno 1725, ad annum 1738. *Petropoli*, 1728. *& annis sequent.* 10 vol. in-4.

2945 Choix des mémoires & abrégé de l'histoire de l'Académie de Berlin. *Berlin. Paris*, 1767. les 4 premiers vol. in-12. bro.

2946 Mémoires de l'Académie Royale de Prusse, contenant l'Anatomie, la Physiologie, la Physique, &c., par M. *Paul. Paris*, 1770. 7 vol. in-12. bro.

HISTOIRE.

BIBLIOGRAPHIE.

Ou Histoire & Description des livres, leur utilité, leur usage, &c. ensemble des Bibliothéques & de leur institution, &c.

2947 Theoph. Raynaudi Soc. Jes. Erotemata de malis ac bonis libris, deque justâ aut injustâ eorumdem confictione. *Lugd.*, 1653. *in-*4. *vel. bl.*

2948 Bibliotheca bibliothecarum curis secundis auctior; accedit bibliotheca nummaria, curâ & studio Philip. Labbe, è Soc. Jes. *Parisiis*, 1664. *in-*8. *pet. pap.*

2949 Joan. Vogts Catalogus historico-criticus librorum variorum. *Hamburgi*, 1753. *in-*8.

2950 Dictionnaire typographique, historique & critique des livres rares en tous genres, par *Osmont*. *Paris*, 1768. 2 *vol. in-*8.

2951 Bibliographie instructive, ou traité de la connoissance des livres rares & singuliers, par *Debure le jeune*. *Paris*, 1765. suivie du catalogue des livres de la bibliotheque de feu M. Gaignat. 8 *vol. in-*8. *rel. écon.*

Bibliographes généraux, & Ouvrages périodiques.

2952 Alberti Fabricii bibliotheca latina, sive notitia autorum veterum latinorum, quorum scripta ad nos pervenerunt, distributa in libros IV. *Hamburgi*, 1721. 3 *vol. in-*8. *pet. pap.*

2953 Histoire des ouvrages des savans, par *Basnage de Beauval*, depuis 1687 jusqu'en 1769. *Amsterd.*, 1721. 24 *vol. in-*12. *pet.*

2954 Mémoires de littérature, par *de Salengre*. *La Haye*, 1717. 2 *vol. in-*8. *pet. pap. fig.*

2955 Mémoires historiques, critiques & littéraires, par *Amelot de la Houssaye*. *Amsterd.*, 1722. 2 *vol. in-*12.

2956 Mémoires pour servir à l'histoire des hommes illustres dans la république des lettres, avec un catalogue raisonné de leurs ouvrages. *Paris*, 1727. *in-*8. *pet. pap.*

HISTOIRE.

2957 Bibliotheque choisie, par Jean Leclerc, avec les tables générales des auteurs & des matieres. *Amsterd.*, 1718. 28 vol. *in*-12. *pet. pap.*

2958 Les bibliotheques françoises de la Croix Dumaine & de Duverdier, édition revue par M. *Rigoley de Juvigny. Paris*, 1772. & années suiv. 6 vol. *in*-4. *broc.*

2959 Bibliothéque historique de la France, contenant le catalogue des ouvrages imprimés & manuscrits qui traitent de l'Histoire de ce Royaume, par *Jacques le Long*, édition revue par M. *Fevret de Fontette. Paris*, 1768. 5 vol. *in-fol.*

2960 La France littéraire contenant les Académies, les Auteurs vivans, les Auteurs morts, &c. *Paris*, 1769. *in*-8. *pet. pap.* 2 vol. *rel. écon.*

2961 Les Muses françoises, contenant un tableau universel des Théâtres de France. *Paris*, 1764. *in*-8. *pet. pap.*

2962 Histoire littéraire de la Congrégation de Saint-Maur, où l'on trouve la vie & les travaux des Auteurs qu'elle a produits. *Bruxelles, Paris*, 1770. *in*-4.

2963 Bibliothéque des Auteurs de Bourgogne, par l'Abbé *Papillon. Dijon*, 1745. 2 tom. en 1 vol. *in-fol.*

2964 Bibliothéque historique & critique du Poitou, contenant les vies des Savans de cette Province, &c. par *Dreux Duradier. Paris*, 1754. 5 vol. *in*-8. *pet. pap.*

2965 Jugemens des Savans sur les principaux ouvrages des Auteurs. *Paris*, 1685. 5 tom. en 9 vol. *in*-12.

2966 Bibliotheca Italiana o sia notizia di libri rari nella lingua Italiana. *In Venezia*, 1741. *in*-4.

2967 L'esprit des Journalistes de Trévoux, ou morceaux de Littérature répandus dans ce Journal depuis son origine jusqu'en 1762. *Paris*, 1771. 4 vol. *in*-12. *broc.*

2968 Le Conservateur, ou collection de morceaux rares, & d'ouvrages anciens, commençant en Novembre 1756, & finissant en Septembre 1758. 12 vol. *in*-12. *rel. écon.*

HISTOIRE.

2969 Les cinq Années Littéraires de Mr. Clément. La Haye, 1754. 4 vol. in-8. pet. pap. broch.

2970 Journal étranger depuis 1754 jusqu'en 1762. 86 vol. in-12. rel. en pap. verd. manque pour l'année 1754, le mois de Décembre ; 1757, les mois de Mai & Septembre ; 1758, les mois de Juin, Novembre & Décembre ; 1759, toute entière ; 1762, les mois d'Octobre, Novembre & Décembre.

Bibliographes Professionaux, c'est-à-dire, de Théologie, de Jurisprudence, de Philosophie, d'Histoire, d'Antiquités, &c.

2971 De scriptoribus Ecclesiasticis liber unus, autore *Bellarmino. Coloniæ Agrippinæ*, 1713. in-12. vél. bl.

2972 Bibliotheca anti-Trinitariorum, sive catalogus scriptorum & succincta narratio de vitâ autorum qui receptum dogma de tribus in unico Deo æqualibus personis impugnarunt, autore *Sandio. Freistadii*, 1684. in-8. pet. pap.

2973 Bibliothéque Janséniste, ou catalogue alphabétique des livres Jansénistes. *Bruxelles*, 1739. 2 vol. in-12.

2974 Bibliotheca Carthusiana, sive illustrium Carthusiensis ordinis scriptorum catalogus, autore P. *Petreio. Coloniæ*, 1609. in-12.

2975 Bibliothéque historique & critique des Auteurs de la Congrégation de Saint-Maur, par Dom *Filippe Le Cerf de la Vieville. La Haye*, 1726. in-12.

2976 Bibliothéque physique de la France, ou liste des Ouvrages qui traitent de l'Histoire naturelle de ce Royaume, par *Hérissant. Paris*, 1771. in-8.

2977 Essai d'un catalogue de l'œuvre d'Etienne de la Belle, Peintre & Graveur Florentin, par *Jombert. Paris*, 1772. in-8. broch.

2978 Catalogue du cabinet d'Histoire naturelle & d'antiquités de M. le Duc de Caylus. *Paris*, 1772. in-8. broc.

Bibliographes simples, ou catalogues de bibliothèques.

2979 Catalogue d'eſtampes gravées d'après Rubens, auquel on a joint l'œuvre de Jordans & celle de Wiſſcher, par *Hecquet. Paris*, 1651. *in*-12.

2980 Bibliotheca Thevenotiana, ſive catalogus impreſſorum & manuſcriptorum bibliothecæ Mel. Thevenot. *Lutetiæ Pariſior.* 1694. *in*-12. *vél. gris.*

2981 Bibliographia Aniſſoniana, ſeu catalogus librorum, qui proſtant in ædibus ſociorum Aniſſon, &c. tam *Pariſiis* quam *Lugduni.* 1702. *in*-12.

2982 Bibliotheca Bigotiana, ſeu catalogus librorum Dom. Bigot. *Pariſiis,* 1706. *in*-12. *rel. écon.*

2983 Bibliotheca Coiſlinia olim Segueriana, ſive manuſcriptorum omnium græcorum quæ in eâ continentur, accurata deſcriptio ; accedunt anecdota multa ex eâdem bibliothecâ deſumpta, ſtudio & opere Benedicti de Montfaucon. *Pariſiis,* 1715. *in-fol. fig. rel. écon.*

2984 Muſæum ſelectum, ſive catalogus librorum Mich. Brochard. *Pariſiis,* 1729. *in*-8. *avec les prix.*

2985 Catalogue des Ouvrages de Fourmont l'aîné, Profeſſeur en langue Arabe au Collége Royal de France. *Amſterdam,* 1731. *in*-8. *pet. pap.*

2986 Catalogue de la Bibliothéque de M. Bourret. *Paris,* 1735. *in*-12. *avec les prix. rel. écon.*

2987 Catalogue des livres de la Bibliothéque de M. Turgot de Saint-Clair, & de celle de M. de Mairan. *Paris,* 1744. *in*-8.

2988 Catalogue d'une collection conſidérable de curioſités en tout genre, contenue dans les cabinets de feu M. Monnier de la Moſſon, par *Gerſaint.*
—— Catalogue raiſonné des différens effets curieux & rares, contenus dans le cabinet de M. de la Roque, par *Gerſaint. Paris, Barrois,* 1744. *in*-12.

2989 Catalogue raiſonné des bijoux, porcelaines, bronzes, laques, &c. de M. *de Fontpertuis,* par *Gerſaint. Paris,* 1747. *in*-12.

2990 Catalogue raiſonné de toutes les pieces qui forment l'œuvre de Rembrandt, compoſé par *Gerſaint. Paris,* 1751. *in*-12.

HISTOIRE.

2991 Catalogue des livres de M. Crozat de Tugny. *Paris*, 1751. *in-*8.

2992 Catalogue des tableaux & sculptures, des cabinets de MM. de Crozat & Tugny. *Paris*, 1751. *in-*8.

2993 Catalogue des livres du cabinet de M. *de Boze*. *Paris*, 1753. *in-*8.

2994 Catalogue des livres de M. Bonneau. *Paris*, 1754. *in-*8. *avec les prix*.

2995 Catalogue des livres de la bibliothèque de M. Couvay, & de celle de M. Fevret de Fontette, le premier avec les prix. *Paris*, 1755. *in-*8.

2996 Catalogue des livres & estampes de la bibliotheque de M. Pajot. *Paris*, 1756. *in-*8.

2997 Catalogue des livres de MM***. *Paris*, 1769. *in-*8.

2998 Catalogue des livres de l'Abbé de la Caille & autres, &c. *Paris*, 1762. *in-*8.

2999 Catalogue des livres de la bibliothèque de M. le Maréchal d'Estrées, & de celle de M. Mesanguy. *Paris*, 1763. *in-*8.

3000 Catalogue de livres de la bibliotheque de la maison professe des Jésuites. *Paris*, 1763. *in-*8.

3001 Catalogue historique du cabinet de peintures & sculptures de M. de la Live. *Paris*, 1764. *in-*4. *pet. pap. rel. écon.*

3002 Catalogue des livres de la bibliothèque de Madame *de Pompadour*. *Paris*, 1765. *in-*8.

3003 Bibliotheca Senicurtiana, sive catalogus librorum quos collegerat D. *de Senicourt*. *Parisiis*, 1766. *in-*8.

3004 Catalogue des livres de la bibliothéque de M. le Duc de la Valliere. *Paris*, 1767. 2 *vol. in-*8.

3005 Catalogue systematique & raisonné des curiosités de la nature & de l'art, qui composent le cabinet de M. *Davila*. *Paris*, 1767. 3 *vol. in-*8. *fig.* avec les prix.

3006 Catalogue d'une collection de livres choisis de M***. & de M. Dary de la Fautriere. *Paris*, 1770. *in-*8., le premier avec les prix.

3007 Catalogue des livres de M. Crozat, Baron de Thiers, 1771. *in-*8.

3008 Catalogue raisonné de l'œuvre de Sébastien Leclerc, par *Jombert. Paris*, 1774. 2 *vol. in*-8. *br.*
3009 Catalogo della libreria Floncel, osia de libri italiani del fu Signor Abb. Fran. Floncel. *In Parigi*, 1774. 2 *vol. in*-8. *rel. écon.*
3010 Catalogue des livres de la bibliotheque de M. Delaleu, & de celle de M. le Marié. *Paris*, 1775. *in*-8.
3011 Catalogue des tableaux précieux, miniatures gouaches, &c., qui composent le cabinet de feu M. de Gagny, par Pierre *Remy. Paris*, 1776. *in*-12. avec les prix.
3012 Catalogue d'une riche collection de tableaux des Maîtres les plus célèbres des trois Ecoles, composant le cabinet du feu Prince de Conti. *Paris*, 1777. *in*-12. avec le prix.
3013 Catalogue des tableaux & dessins précieux des Maîtres célèbres des trois Ecoles qui composent le cabinet de feu M. Randon de Boisset, par P. *Remy. Paris*, 1777. *in*-12. avec les prix.
3014 Catalogue des tableaux, peintures à gouache, miniatures, &c., du cabinet de M. *Wanschorel. Anvers. in*-8. *br.*
3015 Sept volumes, tant *in*-8. qu'*in*-12, contenant les catalogues de différentes bibliotheques.

Vies & Eloges des Personnages illustres anciens & modernes, dans les Sciences & dans les Arts.

3016 Diogenis Laertii de vitis, dogmatibus & apophtegmatibus eorum qui in philosophiâ claruerunt, lib. X, cum annotationibus *Henrici Stephani*, cumque latinâ interpretatione. *Parisiis*, 1570. *in*-8.
3017 Diogenis Laertii, de vitis, dogmatibus & apophtegmatibus philosophorum. libri X. *Parisiis*, 1585. *in*-18.
3018 Diogenis Laertii, de vitis, dogmatibus & apophtegmatibus clarorum philosophorum, libri X, Grecè & Latinè. *Parisiis*, 1594. *in*-8.
3019 Diogene Laërce, de la vie des Philosophes. *Paris*, 1668. 2 *vol. in*-12.
3020 Les vies des Hommes illustres Grecs & Romains, par Plutarque, suivies des œuvres morales

HISTOIRE. 219

du même Auteur, traduites par *Amyot*. *Laufanne*, 1571. 4 *vol. in-fol.*

3021 Les vies des Hommes illuſtres de Plutarque, traduites avec des remarques, par *Dacier*. *Paris*, 1763. 14 *vol. in*-12, avec le ſupplément, traduit de l'Anglois de Th. Rowe, par l'Abbé *Bellanger*.

3022 Hiſtoire de Scipion l'Africain, pour ſervir de ſuite aux Hommes illuſtres de Plutarque, &c. *Paris*, 1738. *in*-12. *fig.*

3023 Plutarchi Vitarum comparatarum, tom. tertius. *in*-8. *pet. pap.*

3024 Eloge hiſtorique & critique d'Homere, traduit de l'Anglois de Pope. *Paris*, 1749. *in*-12.

3025 Hiſtoire des ſept ſages, par *de Larrey*. *Rotterd.* 1714. *in*-12.

3026 La vie de Socrate, traduite de l'Anglois. *Amſt.* 1751. *in*-12. *pet. pap.*

3027 Vie d'Apollonius de Thyane, par Philoſtrate. *in*-4. *rel. en carton.*

3028 Cornelius Nepos de vitâ excellentium Imperatorum, ex recognitione Steph. And. Philippe. *Lutetiæ Pariſiorum. Barbou*, 1754. *in*-8. *pet. pap.*

3029 C. Nepos de vitâ excellentium Imperatorum. *Paris, Barbou*, 1767. *in*-12. *br.*

3030 Cornel. Nepos, Latin & François, traduction nouvelle, avec des notes géographiques, hiſtoriques & critiques. *Paris*, 1759. *in*-12.

3031 C. Nepos, Latin & François, traduit avec des notes géographiques, &c. *Paris. Barbou*, 1771. *in*-12. *br.*

3032 Mæibomii Mæcenas ſive de Mæcenates vitâ, moribus & rebus geſtis, Liber ſingularis. *Lugd. Batav. Elzevir*, 1653. *in*-4. *pet. pap. vél. bl.*

3033 Vie de Mecenas, par *Richer*. *Paris*, 1767. *in*-12.

3034 Vie des Empereurs Tite-Antonin & Marc-Aurele, par *Gautier de Sybert*. *Paris*, 1769. *in*-12.

3035 Eloge de Marc-Aurele, par M. Thomas. *Amſterdam. Paris*, 1775. Eloge hiſtorique de M. le Duc de Bourgogne, &c. *in*-8. *rel écon.*

3036 Hiſtoire de Cicéron, tirée de ſes Ecrits & des monumens de ſon ſiécle. *Paris*, 1743. 4 *vol. in*-12.

E e ij

HISTOIRE.

3037 Monumenta illustrium virorum & Elogia, curâ ac studio Zuerii Boxorhnii. *Amstel.* 1638. *in-fol. fig.*

3038 Derniers sentimens des plus illustres personnages condamnés à mort. *Paris*, 1775. 2 *vol. in-*12.

3039 Fulgosii facta dictaque memorabilia. *Parisiis*, 1580. *in-*8. *vel. bl.*

3040 La galerie des Femmes fortes, par le P. *Lemoine. Paris*, 1663. *in-*12. *pet. pap.*

3041 Mémoires pour la vie de Pétrarque, tirés de ses Œuvres & des Auteurs contemporains, avec des notes ou dissertations & les pieces justificatives. *Amsterd.* 1764. 3 *vol. in-*4.

3042 La vie de Cassiodore, Chancelier & Ministre de Théodoric le Grand & de plusieurs autres Rois d'Italie. *Paris*, 1694. *in* 12.

3043 Historie di Nic. Machiavelli. *In Vinegia*, 1554. *in-*12. *pet. pap.*

3044 La vie d'Olympia Maldachini, Princesse Panfile, traduite de l'Italien. *Geneve*, 1770. 2 *vol. in* 12. *broch.*

3045 Vie des Hommes & des Femmes illustres d'Italie. *Paris*, 1767. 2 *vol. in-*12.

3046 Delle Lodi del Commendatore Cassiano dal Pozzo orazione di Carlo Dati. *In Firenze*, 1664. *in·*4. *pet. pap.*

3047 D. Erasmi vita & ejusdem epistolæ. *Lugd. Batav.* 1642. Ejusdem Flores, &c. *Lugd. Batav.* 1645. *in-*12. *pet. pap.*

3048 Vie d'Erasme & Analyse critique de ses Ouvrages, par *de Burigny. Paris*, 1757. 2 *vol. in-*12.

3049 De Philip. Melanchthonis Ortu, totius vitæ curriculo & morte implicatâ rerum memorabilium, &c. Narratio. *Lypsiæ*, 1592. *in-*8. *pet. pap.*

3050 Les vies des Hommes illustres de la France, depuis le commencement de la Monarchie, par *Dauvigny* & ses continuateurs. *Amsterdam. Paris*, 1758. & années suivantes. 26 *vol. in-*12.

3051 Œuvres du Seigneur de Brantome, édition considérablement augmentée, & accompagnée de remarques historiques & critiques. *La Haye*, 1740. 15 *vol. in-*12. *pet. pap.*

HISTOIRE.

3052 La vie d'Isabelle de France, sœur de Saint Louis. *Saint-Quentin, Paris*, 1772. *in-*12. *broc.*

3053 Histoire de la vie & actions de Louis de Bourbon, Prince de Condé. *Cologne*, 1694. 2 *tom. en* 1 *vol. in-*12.

3054 Laudatio funebris Ludov. Delphini, nepotis Ludov. Magni à Steph. Sanadone dicta. *Lutetiæ Parisiorum*, 1712. *in-*12. *vél. vert.*

3055 La véritable vie d'Anne-Géneviève de Bourbon, Duchesse de Longueville. *Amsterd.* 1739. 2 *tom. en* 1 *vol. in-*12.

3056 La vie de Madame la Duchesse de Montmorency, Supérieure de la Visitation Sainte-Marie, de Moulins. *Clermont-Ferrand*, 1769. 2 *vol. in-*12. *broch.*

3057 Histoire de Pierre Terrail, dit le Chevalier Bayard, sans peur & sans reproche, par *Guyard de Berville. Paris*, 1765. *in-*12. *br.*

3058 Histoire du Vicomte de Turenne, par l'Abbé *Raguenet. La Haye*, 1738. 2 *vol. in-*8. *pet. pap.*

3059 Vie de Michel de l'Hopital, Chancelier de France. *Londres. Paris*, 1764. *in-*12. *br.*

3060 Histoire de Bertrand du Guesclin, par *Guyard de Berville. Paris*, 1767. 2 *vol. in-*12. *br.*

3061 Histoire de la vie de M. de Fenelon, Archevêque de Cambray. *La Haye*, 1723. *in-*12.

3062 Mémoires pour servir à la vie du Maréchal de Catinat. *Paris*. 1775. *in-*12.

3063 Mémoires & lettres pour servir à l'Histoire de la vie de Ninon de l'Enclos. *Rotterd.* 1751. *in-*8. *pet. pap.*

3064 Vie du Maréchal de Gassion. *Paris*, 1673. 4 *vol. in-*12.

3065 Histoire du Maréchal de Boucicaut, contenant les événemens les plus singuliers du regne de Charles VI, &c. *Paris*, 1699. *in-*8. *pet. pap.*

3066 Vies du Duc de Marlborough & du Prince Eugene de Savoye, trad. de l'Anglois. *Amsterd.* 1714. *in-*12. *fig.*

3067 Vie du Comte de Totleben, contenant ses aventures & ses campagnes, traduite *du Hollandois. Cologne. in-*18.

3068 Mémoires historiques & critiques sur les principales circonstances de la vie de M. de Bellegarde, par *Sécousse*. Paris, 1764. *in*-12.

3069 La vie de Bayle, par *Desmaisaux*. La Haye, 1732. 2 tom. en 1 vol. *in*-12.

3070 Mémoires sur la vie de Pibrac. *Amsterd.* 1758. *in*-8. pet. pap.

3071 Vie de Nic. Claude de Peiresc. Paris, 1770. *in*-12.

3072 La vie militaire, politique & privée de Mademoiselle Eon ou d'Eon de Beaumont, par M. de la Fortelle. Paris, 1779. *in*-8. rel. écon.

3073 Vie de Jer. Bignon, par l'Abbé *Perrau*. Paris, 1757. *in*-12.

3074 Vie de Bossuet, Evêque de Meaux, par *de Burigny*. Bruxelles. 1761. *in*-12.

3075 Vie de Dom Armand Jean le Bouthillier de Rancé, Abbé de la Trappe, par *Marsolier*. Paris, 1758. 2 vol. *in*-12.

3076 Recueil de plusieurs pieces concernant l'origine, la vie & la mort de M. Arnauld. *Liége*, 1698. 2 tom. en 1 vol. *in*-12.

3077 La vie & les actions mémorables de Christ. Bernard Vangalen, Evêque de Munster, par *Le Lorrain*. Rouen, 1679. *in*-18.

3078 Abregé de la vie des plus fameux Peintres, avec leurs portraits gravés en taille-douce, les indications de leurs principaux ouvrages, & la maniere de connoître les desseins & les tableaux des grands Maîtres. Paris, 1762. 4 vol. *in*-8. broc. en cart.

3079 Vies des premiers Peintres du Roi, depuis le Brun jusqu'à présent. Paris, 1752. 2 tom. en un vol. *in*-8.

3080 Eloge de Coustou, l'aîné, Sculpteur du Roi; suivi de descriptions raisonnées de quelques ouvrages de peinture, &c. Paris, 1737. *in*-12.

3081 La vie des Peintres Flamands, Allemands & Hollandois, avec des portraits en taille-douce, par *Descamps*. Paris, 1753. 4 vol. *in*-8.

3082 Eloge historique de Callot, célèbre Graveur. Bruxelles, 1766. *in*-8. br. cart. verd.

3083 Histoire abrégée des plus fameux Peintres,

HISTOIRE.

Sculpteurs & Architectes Espagnols, traduite de l'Espagnol de D. Anton. Palamino Velasco. *Paris*, 1749. *in-12.*

3084 Vies des Architectes anciens & modernes, par *Pingeron. Paris*, 1771. 2 *vol. in-12. broc.*

3085 Description du Parnasse François, exécuté en bronze, suivie d'une liste alphabétique des Poëtes & des Musiciens rassemblés sur ce monument, par *Titon du Tillet. Paris*, 1727. *in-12.*

3086 Mémoires pour la vie de Malherbe, par le Marquis *de Racan*, &c. *in-8. rel. écon.*

3087 Parallele des trois principaux Poëtes tragiques François, Corneille, Racine & Crébillon. *Paris*, 1765. *in-12. broc.*

3088 Mémoires sur la vie de J. Racine. *Lausanne*, 1747. 2 *vol. in-12. pet. pap.*

3089 Histoire des Femmes célèbres dans la Littérature Françoise. *Paris*, 1771. 5 *vol. in-8. broc. en cart.*

3090 Eloges historiques. *in-8. pet. pap.*

3091 Eloges choisis, dont Eloge historique de M. Bossuet, par M. *Talbert. Dijon, Paris*, 1773, &c. &c. 3 *vol. in-8. rel. écon.*

3092 Vie & Lettres de Gellert, trad. de l'Allemand. *Utrecht*, 1775. 2 *vol. in-8. br.*

3093 The Life of Richard Savage son of the Earl Rivers. *London*, 1769. *in-12.*

Collections, Dictionnaires & extraits historiques.

3094 Dictionnaire Théologique, Historique, Poëtique, &c. contenant les vies des Saints Patriarches & Docteurs de l'Eglise, tant Judaïque que Chrétienne, &c. par *de Juigné. Lyon*, 1667. *in-4.*

3095 Dictionnaire historique, littéraire & critique, contenant une idée abrégée de la vie & des ouvrages des Hommes illustres en tout genre. 1758. 6 *vol. in-8.*

3096 Dictionnaire historique, ou histoire abrégée de tous les hommes qui se sont fait un nom par le génie, les talens, &c. par une Société de Gens de lettres. *Paris*, 1772. 6 *vol. in-8.*

HISTOIRE.

3097 Dictionarium historicum, geographicum, poeticum, autore Carolo Stephano, ex recensione *Nicolai Yloydii. Auxonii*, 1671. *in-fol. pet. pap.*

3098 Dictionnaire historique portatif des Femmes célèbres. *Paris*, 1769. 2 *vol. in* 8. *pet. pap.*

3099 Dictionnaire historique & critique, ou recherches tirées des Dictionnaires de *Bayle* & *Chaufepié*, par *de Bonnegarde. Lyon, Paris*, 1771. 4 *vol. in-*8. *br.*

3100 Polybii, Diodori siculi, Nicolai Damasceni, Dionisii Halicarnassei, &c. excerpta ex collectaneis Constantini Augusti Porphirogenetæ, cum notis Henrici Valesii græcè & latinè. *Parisiis*, 1634. *in-*4.

3101 Selecta latini sermonis exemplaria è scriptoribus probatissimis collecta. *Lutetiæ Parisiorum*, 1759. 6 *vol. in-*12.

3102 Orationes ex Sallustii, Livii, Curtii, &c. Historiis Collectæ. *Parisiis*, 1721. *in-*12. *pet. pap.*

3103 Valerii Maximi dictorum factorumque memorabilium libri IX. annotationibus illustrati, operâ & industriâ Joann. Min-Ellii. *Parisiis*, 1749. *in-*12.

3104 Selectæ è prophanis authoribus historiæ. *Paris.* 1727. *in* 12.

3105 Trois porte-feuilles, forme d'atlas, contenant, l'un, des plans de divers édifices, les deux autres des portraits & gravures en tout genre.

F I N.

Lu & approuvé, à Paris, ce 29 Novembre 1780.
FOURNIER, Adjoit.

De l'Imprimerie de P. G. SIMON, Imprimeur du Parlement, *rue Mignon S. André-des-Arts.*